Gunnar Heinsohn   Söhne und Weltmacht

Gunnar Heinsohn

Söhne und Weltmacht

Terror im Aufstieg und Fall der Nationen

orell füssli Verlag AG

6. Auflage 2006

© 2003 Orell Füssli Verlag AG, Zürich
www.ofv.ch
Alle Rechte vorbehalten
Umschlagbild: Unter Verwendung von Jacek Malczewski's Gemälde «Melancholia».
Copyright Muzeum Narodowe w Poznaniu (Polen)
Druck: fgb · freiburger graphische betriebe
Printed in Germany

ISBN 3-280-06008-7
ISBN 978-3-280-06008-7

Bibliographische Information der Deutschen Bibliothek:
Die Deutsche Bibliothek verzeichnet diese Publikation in der Deutschen Nationalbibliographie;
detaillierte bibliografische Daten sind im Internet unter *http://dnb.ddb.de* abrufbar.

Inhalt

Zum Thema

Noch der erste alliierte Krieg gegen den Irak im Jahre 1991 *(Desert Storm)* wird von den USA ohne tiefgreifende Analyse ihrer längerfristigen globalen Risiken geführt. Seit Mitte der neunziger Jahre jedoch will man wenigstens für zwanzig Jahre im Voraus wissen, wie viele Kämpfe noch anstehen und welchen Zuschnitt sie haben werden. Nunmehr gilt die Hauptsorge nicht mehr der Konkurrenz mit China, dem man eine machtpolitische Arbeitsteilung zwischen Atlantischem Becken und Indischem Ozean vorschlägt. Angst hat man vor allem, weil der maximal einzige und überdies zur Völkerfreundschaft erzogene amerikanische Junge (insgesamt 30 Millionen im Alter unter 15) gegen 25 Söhne der Dritten Welt steht. Diese Zweit- bis Viertgeborenen sind passabel ernährt und gebildet. Soweit sie nicht auswandern können, werden sie ihre Heimatländer destabilisieren, da ihrem Ehrgeiz dort kein angemessener Status winkt. Sie leben in über hundert Ländern. Vielleicht zehn von diesen werden ihre Tötungen über die eigenen Grenzen hinaus tragen, um sich an der Bildung von kleineren oder größeren Imperien zu versuchen. Dafür brauchen sie Megatötungswaffen. Auf diese Ländergruppe bereitet sich die westliche Führungsmacht vor.

Der Irak liefert nur ein Beispiel für den neuen Gegnertypus, der ungeachtet massiver Verluste immer mehr junge Männer ins Feld stellen kann. Als seine tödlichste Massenvernichtungswaffe muß bis auf weiteres der entmachtete Diktator Saddam Hussein selbst gelten. Die Raffinesse, durch Behinderungen und Verzögerungen von Waffeninspektoren weitere Megatötungswaffen wenigstens vorzutäuschen, zeigt jedoch, wie gefährlich der Irak für seine Nachbarn sein wollte. In Privatgärten von Physikern vergrabene Bestandteile für die Atomwaffenproduktion belegen die Entschlossenheit, bei passender Gelegenheit nuklear zu rüsten. Daß der

Irak auch in Zukunft über Destabilisierungspotenzial verfügt, folgt jedoch nicht so sehr aus seinen bisherigen Taten, die jeder kennt. Diese selbst sind zum guten Teil Symptom seiner demographischen Entwicklung. Da die meist ausgeblendet bleibt, wird sie hier in den Fokus genommen:

Irak: Politik und Bevölkerung seit 1950

1950	**5 Mio. Einwohner**	1959 Abzug der Briten. 1961-1965 Ausrottung von 60000 Kurden, die ebenfalls durch eine Bevölkerungsexplosion gehen.
1980	**13 Millionen Einwohner**	Angriff unter Saddam auf Iran von 1980-1988 mit etwa 500.000 irakischen Gefallenen.
1988	**17 Millionen Einwohner**	1988-2003 Ausrottung von 250.000 Kurden und Schiiten.
1991	**19 Millionen Einwohner**	Niederlage in Kuweit (1. Golfkrieg) mit etwa 100.000 Gefallenen.
2003	**25 Millionen Einwohner**	Sturz Saddams im 2. Golfkrieg. Unter 10.000 Gefallenen. Ab Juni 2003 Erhebung gegen anglo-amerikanische Truppen.
2025	**45 Millionen Einwohner** (geschätzt)	Erreichen des Höhepunkts demographischer Unruhepotenziale
2050	**55 Millionen Einwohner** (geschätzt)	

Zwischen 1950 und 2003 verfünffacht sich die Bevölkerung des Irak, wobei 3 Millionen Exilanten nicht einmal mitgezählt sind (Al-Mozany 2003, 27). Innere Genozide und Bürgerkriege hindern das Land nicht an der permanenten Mobilisierung neuer Armeen. Diese Dynamik ist auch nach der Niederlage im Frühjahr 2003 in keiner Weise gebrochen. Die Beseitigung des Diktators ändert an den Ambitionen der immer zahlreicher werdenden jungen Männer nichts. Der amerikanisch-britische Sieg bringt lediglich einen Zeitgewinn. Der wird dringend benötigt, weil man bei den nächsten Konflikten über zwei extrem labile Jahrzehnte hinweg den Rücken etwas freier haben will. Erst nach 2025 sollen die Vermehrungskonflikte abflauen.

Da die im Innern schon brennenden Nationen alle zur UNO gehören, kann man nicht vom *East River* her verhindern, daß sie aus Versehen oder mit Absicht zu Lunten für viel größere Explosionen werden. Deshalb strebt man seit *Iraqi Freedom* Koalitionen der Willigen an. Zu ihnen gehören Regierungen mit einem Verständnis der demographischen Tendenzen, einer darauf abgestimmten Wehrfähigkeit sowie – im Idealfall und erst in dieser Reihenfolge - demokratischen Strukturen. Führende europäische Gegner dieser Linie haben zwischen Jahresbeginn und dem 25. Juni 2003 auf dem EU-USA-Gipfel eine deutliche Wende hin zur präventiven Strategie der Amerikaner vollzogen und dafür ihre pazifistischen Sympathisanten daheim flugs fallen gelassen.

Die nachfolgende Analyse will für die Zukunft an Gegenwart und Vergangenheit zeigen, daß es bei überzähligen jungen Männern so gut wie immer zu blutigen Expansionen sowie zur Schaffung und Zerstörung von Reichen kommt. Noch spricht wenig dafür, daß diese Sprengkraft gerade bei der größten Sohneswelle der Geschichte ausbleiben könnte. Ihre Brisanz erwächst gerade nicht aus einer durch Ressourcen- oder gar Landknappheit definierten Überbevölkerung. Ihr Zündstoff liegt vielmehr in jungen Männern, für die Platz, Nahrung und Qualifizierung sehr wohl zur Verfügung stehen, denen akzeptable Positionen jedoch nicht in ausreichender Menge geboten werden können. Diese Sicht verwirft also ausdrücklich malthusianische Vorstellungen einer Überbevölkerungkrise. *Söhne und Weltmacht* soll erhellen, warum einige Nationen sich aktiv, ja angstvoll auf den globalen Ansturm junger Männer vorbereiten, während andere – je nach Perspektive – eher zuversichtlich oder unvorsichtig bleiben.

Danksagung

Für Kritik und Anregungen in verschiedenen Etappen der Texterstellung ist Hartmut Dießenbacher, Ulf Heinsohn, Heribert Illig, Ariane Rouff sowie Ferdinand und Otto Steiger zu danken.

Bremen und Danzig im August 2003

Gunnar Heinsohn

I. Altneuer Weltfeind:
die überzähligen Söhne aus dem *youth bulge*

Dreihundert von insgesamt neunhundert Millionen jungen Männern aus der Dritten Welt werden in den kommenden fünfzehn Jahren entschlossen *außerhalb* ihrer Heimat um Positionen kämpfen müssen. Sie gelten in den USA als Hauptgegner der nahen Zukunft. Sie sind alle schon geboren und werden auch dadurch nicht weniger, daß die 2-prozentige Rekordzunahme der Weltbevölkerung im Jahrzehnt 1962–1971 bis 2003 auf 1,2 % gefallen ist. Diese Verlangsamung erlaubt allerdings eine optimistische Sicht für die Zeit ab 2020/25. Obwohl es bis dahin entschieden bedrohlich ausschaut, wird keineswegs Hoffnungslosigkeit verbreitet. Man unterscheidet sich da von Ankündigungen über Meteoritenschauer und andere *Neos (Near Earth Objects),* die gleich über 10.000 Jahre hinweg die Erde regelmäßig verheeren sollen (Peiser 2000).

Mit der islamischen Speerspitze dieser Jugendarmee tritt nach dem Ende der marxistischen Weltbewegung erstmals wieder ein Herausforderer auf, der das Geschäft des aktuellen Hegemon nicht etwa übernehmen, sondern zerstören will.

Anders als die Kommunisten, die einmal ein Dutzend Nationen mit 35 Millionen Quadratkilometern beherrscht haben, ist die nun auftretende Macht ohne eindeutige Adresse. Eine Reihe von Regierungen unterstützt zwar ihre Angriffe und wird dafür mit Warnungen bedacht, aber der Gegner selbst trägt seit der Präsidentschaft Bill Clintons den englischen Namen *youth bulge.* Er verweist auf einen überdurchschnittlich hohen Anteil an Jugendlichen zwischen 15 und 25 Jahren. Generalleutnant Patrick M. Hughes, Direktor der *US Defence Intelligence Agency*, skizziert die amerikanische Sorge am 5. Februar 1997: «Eine globale Bedrohung und Herausforderung der Vereinigten Staaten und ihrer auswärtigen Interessen […] sind ‹youth bulge Phänomene› […], die auch historisch die Schlüsselgröße für Instabilität gewesen sind» (Hughes 1997). Der General konnte damals nicht wissen, daß sein Land nur ein halbes Jahrzehnt später in Afghanistan gegen junge Männer der Al-Qaida (= die Basis) und der Taliban aus «43 Nationen» auf Tod und Leben würde kämpfen müssen (Drogin 2002, 2). Etliche der Krieger, die jetzt in Guantanamo einsitzen, sind als unter 16-Jährige im Sinne des Gesetzes sogar Kindersoldaten. In gegenwärtig 112 Kampfgruppen hat sich eine «islamistische Internationale» (Congress 1993) weltweit organisiert (Rantburg 2003a). Trotz der Kürze des zweiten Irakkrieges (19. 3. [1. Bombardierung Baghdads] – 9. 4. 2003 [Einnahme Baghdads]) gelangen junge Freiwillige aus etlichen arabischen Ländern in die Schlacht gegen angloamerikanische Truppen, wo sie dann aber von den Eliteinheiten des Regimes nach einem Kapitulationsarrangement mit dem US-Oberkommando fallen gelassen werden (MWAW 2003).

Der so genannte «Jugendboom» bzw. die überproportionale Ausstülpung (*bulge*) der Alterspyramide bei den 15–24-Jährigen werde noch auf «Jahrzehnte» hinaus Gefahrenpotenzial für die USA entfalten (Masterson 2001). Ein *youth bulge* findet sich überall dort, wo die 15–24-Jährigen mindestens 20 Prozent (Fuller 1995) bzw. die Kinder (0–15-Jährige) mindestens 30 Prozent der Gesamtbevölkerung ausmachen. In Deutschland zum Beispiel umfaßt die Alterskohorte der 15–24-Jährigen im Jahre 2003 lediglich zehn Prozent. In den vierzig Spitzenländern des Jugendbooms der islamischen und schwarzafrikanischen Welt aber wird sie in den kommenden fünfzehn Jahren sogar um die 30 Prozent ausmachen (vgl. dazu die Tabelle am Ende von Kapitel II).

Kinder (Jungen und Mädchen) unter 15 *(children bulge)* im Jahre 2003 als Reservoir für den nächsten *youth bulge* (15 – 25/30) bis 2018 im Vergleich zur Gesamtbevölkerung *(extrapoliert aus PRB 2003, 4; alle Zahlen gerundet)*

30 OECD-Staaten plus osteurop. SU-Nachfolgestaaten u. EU-Kand. («Developed World»)	ca. 170 Staaten der übrigen Welt mit und ohne *youth bulge* (mit China) («Less Developed World»)
215 Millionen von 1,2 Milliarden	1800 Millionen von 5 Milliarden

Über 900 Millionen *Jungen* unter 15 Jahren werden 2003 *außerhalb* der dreißig OECD-Staaten (plus Rußland/Ukraine/Weißrußland und zusätzliche EU-Kandidaten) aufgezogen. Die Familien der amerikanischen OECD-Führungsmacht verfügen im selben Zeitraum nur über 30 Millionen Söhne unter 15 Jahren – 20 Prozent davon mit Übergewicht (Dettmer 2002), gegenüber allerdings 61 Prozent Dicken in der Gesamtbevölkerung (Hastings 2003, 40). Die übrigen OECD-Staaten (nebst Ostslawen und EU-Anwärtern) haben noch einmal 70 Millionen Söhne unter 15. Selbst für den unwahrscheinlichen Fall allgemeinen Zusammenhalts steht es immer noch 9:1 für die übrige Welt. Während die entwickelte Welt bei der Gesamtbevölkerung heute noch ein gutes Fünftel der Menschheit umfaßt, wird sie beim Nachwuchs in wenigen Jahren auf ein Zehntel gefallen sein. Nimmt man dort China heraus, verbessert die entwickelte Welt ihre Unterlegenheit von einem Neuntel auf ein Siebtel.

Sohnesreichtum als Kampfvorteil

Es ist der Krieg, der bei der Betrachtung von *youth bulges* vor allem Söhne in den Blick bringt. Es gibt also kein antifeministisches Bestreiten des selbstredend auch weiblichen Wunsches nach Macht und Ansehen. In vielen Guerillakriegen töten junge Frauen mit an der Front und morden auch bei Attentaten, ohne dabei allerdings aus einer Minderheitenposition herauszugelangen. Beim Kolonisieren werden die einheimischen Frauen in der Regel nicht von den Siedlerfrauen vertrieben oder getötet, sondern von den vorher «einwandernden» Männern. Der Kampfvorteil eines männlichen Kriegers gegenüber einem Mutter-Kind-Paar sorgt also dafür, daß in den Berechnungen der Strategen die *Mädchen* eher als Gebärerinnen weiterer Krieger denn als eigenständige militärische Bedrohung zum Zuge kommen.

Die weniger entwickelte Welt wird von den Strategen überdies dadurch im Vorteil gesehen, daß fast jeder Junge in der Ersten Welt der einzige Sohn oder gar das einzige Kind ist, so daß die Angst um sein Überleben jeden nichtzivilen Einsatz so gut wie unmöglich macht (Luttwak 1994; 1995). Seine Aufwachsen ist durch Einfühlung und Hilfestellung gekennzeichnet. Die Friß-oder-stirb-Erziehung ist in der

Ersten Welt weit gehend verschwunden. Hingegen könnten die Familien der Dritten Welt einen oder gar mehrere Söhne verlieren und immer noch weiter funktionieren. Das *Department of the Army – United States of America* vermerkt deshalb in seinem Krisenszenario bis 2020 als erstrangige Bedrohung den *youth bulge* («jung, ohne Karriere, wütend» [DA-USA 2002b]). Die *Army* zieht daraus den Schluß, daß für die USA eine «urbane Kriegsführung [Häuserkampf von Mann zu Mann; G.H.] wahrscheinlich völlig undurchführbar» bleibt (DA-USA 2002a). Drittweltländer können Millionenarmeen junger Männer ins Feuer schicken, die als zweite oder gar vierte Söhne daheim nirgendwo wirklich gebraucht werden, weshalb für sie der Heroismus als wirkliche Chance erscheinen kann. Für Amerikaner, von denen im ersten Golfkrieg circa 400 und im zweiten Golfkrieg circa 100 fallen, gibt es eine solche Orientierung nur ausnahmsweise. Schon bei «nur» 1000 eigenen Gefallenen – zum Teil einzige Söhne – dürften Mütter als Mahnwachen vor dem Weißen Haus aufziehen.

Verhältnis der Kinder unter 15 Jahren *(children bulge)* der weniger entwickelten Welt ohne China zu den Kindern der USA im Jahre 2003

Weniger entwickelte Welt ohne China	USA
Von 3800 Millionen sind 1400 Millionen Kinder	Von 285 Millionen sind 59 Millionen Kinder

Verhältnis 24:1

Das Ausgleichen der raren eigenen Söhne durch militärische Präzision und Feuerkraft mag die Heimatfront beruhigen, schafft aber besondere Legitimationsprobleme. Während die Gegner immer wieder von neuem zahllose Söhne verheizen können, weil unter ihren Kindern die nächsten Massenarmeen schon bereit stehen, riskieren die USA und ihre Verbündeten schnell jedes Ansehen, wenn durch ihre Schläge auch Kinder auf der anderen Seite getroffen werden.

Die Angst der amerikanischen Streitkräfte vor Guerillakrieg und Häuserkampf hat am 3. Oktober 1993 in Mogadischu einen tief sitzenden Impuls erhalten. In einer siebzehnstündigen Schlacht werden bis zu 1000 Freischärler von *US Rangers* und *Delta Force*-Leuten getötet. Diese Einheiten sollen eigentlich nur somalische

Warlords verhaften, sind am Ende aber voll damit beschäftigt, die Besatzung eines abgeschossenen *Black Hawk*-Hubschraubers herauszuhauen. Ungeachtet ihres veritablen Massakers an den Afrikanern geben sich die Amerikaner geschlagen. Sie haben den Einsatz ganz ohne eigene Gefallene kalkuliert. Aber nun werden in den engen Gassen 18 ihrer langjährig für viele Millionen Dollar trainierten Elitesoldaten erschossen und weitere 84 verwundet – teilweise durch Guerillas im Knabenalter (Frontline 2002). Bereits in Vietnam hat man erfahren, daß der Gegner trotz enormer Verluste (1,8 Millionen Mann zwischen 1954 und 1975) immer mehr Soldaten in die Schlacht wirft. Hat die Zahl der Vietnamesen im Unabhängigkeitskrieg gegen Frankreich (1946–1954) nur von 27 auf 30 Millionen zugelegt, so steigt sie vom Beginn des massiven Einsatzes der Amerikaner (1965) bis zu ihrem fluchtartigen Abzug nach 50.000 Gefallenen (1975) von 37 auf 47 Millionen. In jedem Kriegsjahr gewinnen die Vietnamesen 500.000 junge Männer zusätzlich.

Die Illusion von der Hungerbekämpfung als Friedensstifter

Kaum zwei Tode stehen einander so fern wie Hungertod und Heldentod. Die Bewunderer der islamistischen Piloten vom 11. September 2001 sind überzeugt, daß diese jungen Männer den Heldentod gestorben sind. Für das internationale Recht sind sie Massenmörder. Aber ungeachtet all ihres Schmerzes weiß auch die getroffene amerikanische Seite, daß da keine Verelendeten angegriffen haben. Das liegt keineswegs nur an saudischen Petrodollars. Im nicht so gesegneten Indonesien etwa sieht die soziale Zusammensetzung der Terroristen ganz ähnlich aus. Das belegen die im Januar 2003 zugänglich gemachten Protokolle der Verhöre von 17 Jemaah Islamiah-Attentätern, die am 12. Oktober 2002 im balinesischen Kuta 200 Menschen in die Luft jagen. Die jungen Männer stammen keineswegs aus «verarmten oder unterdrückten Milieus», sondern haben nach ihrer Oberschul- und Universitätsausbildung «als Kadetten zwei Jahre bzw. vier Semester lang in einem geheimen Trainingslager namens Muaskar» ihre tödlichen Qualifikationen erhalten (Elegant/Tedjasukmana 2003). Die jungen Männer, die Mitte Mai 2003 in marokkanischen Casablanca 43 Menschen töten, kommen zwar aus dem Barackenviertel Sidi Munem, sind selbst aber herausgehoben durch ihr Dasein als «Student an der Hochschule im benachbarten Mohammedia» (Nowak 2003, 5).

Nicht aus Armut und Mangelernährung kommen die Terroristen. Um Brot wird gebettelt. Getötet wird für Status und Macht. Die zukünftigen *youth bulges* werden von den Strategen gerade deshalb als internationale Bedrohung gefürchtet, weil die große Mehrheit von ihnen nicht um das nackte Überleben kämpfen muß, sondern Kraft, Zeit und Freiheit (dazu Laqueur 2003a) für mehr hat.

Die immer noch 750 Millionen Mangelernährten des Jahres 2003 müssen verstören, ändern aber nichts an der massiven Zunahme entschieden handlungsfähiger junger Männer. Und selbst für die absolut Armen gäbe es auf unserem Planeten keine Probleme, wenn auf ihm wirklich gewirtschaftet würde. 1930 trägt die Erde 2 Milliarden Menschen (USBC 2003a), von denen ein unbekannt großer Teil hungert. Wer damals für das Ende des 20. Jahrhunderts 5,5 Milliarden satte Menschen vorausgesagt hätte, wäre in der Phantastenecke gelandet. Daß sich die uralte Armutsformel *Hungern und Frieren* in einem wachsenden Teil der Welt zu *Verfettung in überheizten Räumen* wandeln würde, wäre für einen schlechten Witz gehalten worden.

Obwohl die absolute Weltbevölkerung zwischen 1990 und 2000 noch einmal um eine Milliarde zulegt, ist die Zahl der Menschen mit lediglich einem US-Dollar Einkommen pro Tag von 1280 auf 1150 Millionen und der Prozentsatz der Hungerbedrohten von 20 Prozent auf 17 Prozent gefallen (ai 2002, 23). Wichtiger noch, wo heute absolute Armut angetroffen wird, kann sie nicht auf überschrittene natürliche Grenzen zurückgeführt werden. Selbst in vielen Ländern mit Hungernden werden mehr Nahrungsmittel produziert, als vor Ort konsumiert werden können (Lappé et al. 1998).

Die Furcht vor den wohlgenährten Revolutionären

Die *youth bulge*-Analysten wenden sich keineswegs gegen die noble Bekämpfung des Hungers. Sie sind sogar zuversichtlich, daß in absehbarer Zeit alle Menschen satt werden. Nicht Mangel an Nahrungsmitteln oder selbst Schulen werden als Gefahren der Zukunft betrachtet, sondern der Mangel an Aufstiegsmöglichkeiten, die den hinzukommenden Ehrgeizigen einen passablen Status gewähren. Die Strategen interessieren sich vorrangig also für die erst nach der Hungerbeseitigung virulent werdenden Konflikt- und Kriegsperspektiven. So kalt das anmutet, vor den Hungernden haben sie keine Angst. Je erfolgreicher jedoch der Kampf gegen Hunger und Analphabetentum verläuft, desto kampfeslustiger werden die nach oben strebenden jungen Männer. Die allgemeine Hoffnung auf das Ende der Kriege durch den Endsieg im Krieg gegen den Hunger gilt den Strategen als liebenswerteste und zugleich naivste der Illusionen. Wohl nirgendwo liegen Kriegs- und Friedensforscher weiter auseinander.

Wenn es gegenüber den Hungernden aus militärischem Blick keine Sorge gibt, so fürchtet man doch die wohlgenährten Revolutionäre, die Hungersnöte absichtlich erzeugen. Vor allem die marxistisch-leninistischen Regime des 20. Jahrhunderts haben allein schon durch Zerstörung des Wirtschaftens Hekatomben von Menschen getötet. Das klassische Beispiel liefert die Zeit zwischen Lenins Befehl zur Beseitigung des Eigentums vom 6. November 1917 bis zur Lockerung dieser Maßnahmen Ende 1920, weil in diesen drei Jahren 6 Millionen Russen verhungern. Noch viel mehr Menschen vernichtet man durch künstlich erzeugte Hungersnöte zum Brechen bäuerlichen Widerstands. Dabei wird das überkommene Mittel des Aushungerns belagerter Städte auf riesige Territorien ausgedehnt. Der künstlich erzeugte Hunger wird in der Praxis das bis heute tötungsintensivste Instrument der menschlichen Gattung (Heinsohn 1999, 17 ff.; Nussbaumer/Rüthemann 2003, 98 ff.). Dabei werden nach der Entwendung von Saatgut und/oder der Zerschlagung der Produktionsstrukturen die zu treffenden Gebiete gegen Belieferung von außen abgeriegelt. In der Ukraine, etlichen Kaukasusregionen und in Kasachstan – in Gebieten also, wo die bäuerliche Wirtschaft und der Traum von nationaler Unabhängigkeit stark waren – tötet die Sowjetmacht mit dem neuen Mittel in einem einzigen Winter (1932/33) bis zu 8 Millionen Menschen, davon 5–7 Millionen Ukrainer (Mace 1986; Conquest 1990, 270 ff.). Im rotchinesischen Großen Sprung nach vorn von 1958–61 sterben mindestens 30 Millionen (Chang 1991, 281), als der Große Vorsitzende Mao Bauern zu Eisenschmelzern umschmieden will. Durchaus seriöse Autoren geben aus einer demographischen Analyse sogar 75 Millionen

Verhungerte an (Domes/Näth 1992, 46). Das marxistisch-leninistische Äthiopien schafft 1985/86 dann noch einmal die Tötung von 2 Millionen Menschen vor allem aus den besonders tüchtigen Ethnien des Hochlandes (Giorgis 1989). Die etwa hundert linken Offiziere, die 1974 in Äthiopien putschen, kommen direkt aus dem *youth bulge* des korrupten Kaiserreichs, das in den zwei Jahrzehnten 1954–74 von 17 auf 27 Millionen Einwohner zulegt (Lahmeyer 2003v) und dann bis 1991, als man bei 50 Millionen steht, ununterbrochen massakriert.

Wird China Gegner oder Partner der USA?

Youth bulges haben nichts mit der absoluten Menge von Söhnen in einer Nation zu tun. So hat China im Jahre 2003 gut 165 Millionen Jungen (bei weniger als 150 Millionen Mädchen) unter 15 Jahren. Aus denen entsteht aber kein *youth bulge* mehr, da die Kinder nur 24 und nicht 30 Prozent der Bevölkerung ausmachen. Chinas 10:1-Verhältnis zwischen Erwerbstätigen und Rentnern des Jahres 1995 soll auf 3:1 im Jahre 2050 fallen (World Bank 1997). Noch weiß niemand, woher dann die zusätzlichen Erarbeiter der Altersversorgung kommen werden. Chinas Söhne sind also schon in Abzug zu bringen, wenn man die aktuellen *youth bulge*-Fälle unter den 900 Millionen Jungen unter 15 Jahren außerhalb der Ersten Welt ermittelt. Das liefert einen Grund dafür, daß über die Einschätzung Chinas – wird es Gegner oder Partner? – unter amerikanischen Strategen weniger Sorge waltet als über die Brisanz des *youth bulge* (dazu mehr unten in Kapitel IV).

Pakistan hat mit 31 Millionen Söhnen unter 15 nicht einmal ein Fünftel des chinesischen Nachwuchses, zieht sich jedoch mit 40 Prozent dieser Altersgruppe an der Gesamtbevölkerung einen gewaltigen *youth bulge* heran. Obwohl auch in Pakistan noch eine Minderheit, werden im Jahre 2001 schon drei Millionen dieser Jungen in mindestens 8.000 Madrassas (Koranschulen) für den «heiligen Krieg» gedrillt (Ansari 2001). In diese Richtung streben aber noch viel mehr. Als an der Haqqania-Madrassa mit 2000 Schülern *(Talib)* jüngst 400 neue Plätze geschaffen werden, bewerben sich darauf gleich «15.000 Jungen» (Oehmke 2003, 23). Die islamistische Partei ihrer Lehrer (MMA = Muttahida Majlis-e-Amal) hat im Oktober 2002 fast

50 Prozent der pakistanischen Wähler hinter sich gebracht und am 11. Januar 2003 ihr Ziel der Vertreibung aller westlichen Personen und Institutionen verkündet (Jamaat-e-Islami Pakistani 2003). In der von ihr beherrschten strategischen *North-West Frontier Province* an der Grenze Afghanistans zersört sie seitdem alles, was als «Verstoß gegen islamische Werte» gesehen wird. Fatwa-anbefohlene Erschießungen von Schrifstellern gehören ebenso in diese neue Linie wie das öffentliche Verbrennen von Make-up und der Kampf gegen die Schulbildung für Mädchen. Die Duldung all dessen durch die Armee gilt als Hinweis darauf, daß hier die «Talibanisierung» ganz Pakistans eingeübt wird (Moreau/Yousafzai/Hussain 2003, 33).

Kain und Abel: Der tödliche Bruderkampf um Positionen

Die Dynamik eines *youth bulge* – das kann nicht oft genug betont werden – resultiert nicht aus Nahrungsmangel. Ein jüngerer Bruder, der als Knecht des Erbsohnes durchaus satt und vielleicht sogar dick werden kann, sucht nicht nach Lebensmitteln, sondern nach einer Position, die Ansehen, Einfluß und Würde verbürgen soll. Nicht Untergewichtige, sondern potenzielle Verlierer oder Deklassierte drängen nach vorne. Gleichwohl kann der langfristige Kampf eines Landes mit Kalorienmangel den Exodus der ausreichend Ernährten noch beschleunigen.

Die Existenz eines *youth bulge* ergibt sich aus dem Verhältnis der zugänglich werdenden Positionen zu der Positionenmenge, die nachrückende Söhne einfordern. Bereits mehr als ein Sohn pro Vater erzeugt Spannungen – und zwar innerhalb der Familie, die es nicht einfach nur mit zwei Jungen zu tun hat, sondern mit dem Erstgeborenen und seinem Bruder. Die Eifersucht oder gar tödliche Feindschaft zwischen beiden ist seit Kain und Abel der Stoff zahlloser Werke der Literatur geworden. Hingegen ist historisch schwer zu belegen, daß zwei oder gar mehr Söhne pro Vater rundherum friedlich im Erwachsensektor ihrer Gesellschaft untergebracht werden können. Schon dort, wo über mehrere Generationen hinweg – sagen wir – zwei Millionen Väter drei Millionen Söhne hinterlassen, gibt es Schwierigkeiten. Wo gar sechs oder neun Millionen Jungen bei zwei Millionen Vätern heranwachsen, wird es ganz ernst.

Ein *youth bulge* resultiert nicht aus arbeitslosen Söhnen. Aber es macht einen Unterschied, ob Nationen mit oder ohne *youth bulge* zusätzlich von einer ökonomischen Krise betroffen werden. Es kann schon zu Gewalt kommen, wo «nur» Arbeitslosigkeit eintritt. Gegen Arbeitslosigkeit kann allerdings mit angemessener Wirtschaftspolitik vorgegangen werden, während diese gegenüber einem *youth bulge* nur sehr begrenzt wirksam ist. Durch eine Verringerung der Kinderzahl steigt gewöhnlich das Prokopfeinkommen, während das Anwachsen der Kinderzahl lediglich dort das Einkommen wieder erhöhen kann, wo schon Entvölkerung eingesetzt hat, also bereits über Jahrzehnte hinweg weniger als zwei Kinder pro Frau geboren werden und Einwanderer ausbleiben.

Youth bulge drängt in die Städte

Nicht alle, ja nicht einmal die größten Megatötungen sind *youth bulges* anzulasten. Die 30–60 Millionen Menschen etwa (Rummel 1990; Courtois 1997), die in der Sowjetunion seit 1922 im Gulag der Vernichtung durch Arbeit zugeführt werden, sollen großartige Produktionswunder zur Ausstechung des Kapitalismus erbringen. Am Ende ist doch keine erfolgreiche Wirtschaft zustande gekommen. Dafür stecken die ostslawischen Regionen jetzt in einem demographischen Supergau (dazu mehr in Kapitel V). Die russischen Unruhen *vor* 1917 allerdings haben mit nichterbenden Söhnen sehr wohl zu tun. Schließlich ist Rußlands Bevölkerung zwischen 1897 und 1913 von 67 auf 90 Millionen hochgeschossen (Lahmeyer 2003d).

Auch der Holocaust ist von Hitler nicht in Gang gesetzt worden, um den Juden genommene Positionen mit Nachwuchs aus polnischen oder ungarischen *youth bulges* zu besetzen (typisch Aly/Heim 1993). Gleichwohl haben regionale Beauftragte beim Judenmorden so argumentiert, um bei den einheimischen Bevölkerungen mehr Unterstützung zu erlangen.

Ein *youth bulge* ist von dem demographischen Druck zu unterscheiden, der bei katastrophischem Verlust von Siedlungsräumen anfällt. Die dann einsetzenden Völkerwanderungen können gewiß zu beträchtlichen Tötungen in den nun angesteuerten Territorien führen. Kennzeichnend aber ist, daß komplette Gruppen unterwegs sind, die als Stammesgesellschaften bei rund zwei aufgezogenen Kindern pro Mutter verharren, also ohne eigenen *youth bulge* sind.

Youth bulges haben in der längsten Zeit der Geschichte zwar viel, aber keineswegs automatisch immer etwas mit Landmangel zu tun. Völker ohne Raum gibt es nur bei einer Produktivitätsstufe, auf der ein hoher Anteil des Gesamtertrags noch von landwirtschaftlichen Arbeitskräften (oder gar Jägern und Sammlern) erbracht werden muß. Eine eigene Position verlangt dann einen eigenen Bauernhof und Hunderttausende oder gar Millionen von Bauernhöfen fressen gewaltige Flächen. Momentan drängt der *youth bulge* ganz überwiegend in Städte, weil dort über 80 Prozent aller Positionen angesiedelt sind. Geträumt wird nicht von den Ackerflächen Kasachstans, sondern von New York, Paris und London, wo es nun wirklich eng zugeht.

Die hitlerdeutsche Rede von einem Volk ohne Raum ist ganz ohne deutschen *youth bulge* ausgekommen. Gleichwohl versteht der Diktator die historische Funktion von Sohnesüberschüssen genau. Aber im Moment des Losschlagens von 1939 werden ostsiedelnde deutsche Söhne für die Zukunft lediglich antizipiert. Durch Todesstrafen auf Abtreibung – bei gleichzeitiger Tötung der Mißgebildeten und aller jüdischen Kinder – will man überzählige Söhne überhaupt erst gewinnen. Im vorgesehenen «Lebensraum» bis zum Ural sollen «hundert Millionen Slawen» eliminiert oder nach Sibirien ausgetrieben werden – so Hitler am 6. 8. 1942 (Speer 1981, 422). Zum Zeitpunkt der Niederlage 1945 hat man an die 10 Millionen Slawen getötet (Huncak 1990; Kumanev 1990; Vitvitsky 1990). Genügend deutsche Siedler finden sich aber nicht einmal für den Ersatz der ermordeten oder vertriebenen polnischen Bauern im Weichseltal und im Posener Gebiet. Deutschland erlebt seinen letzten *youth bulge* von 1919–1933, als sich die jungen Straßenkämpfer der Weimarer Republik aus den zwischen 1900 und 1914 Geborenen rekrutieren. In diesen 15 Jahren nach der Jahrhundertwende liegt der deutsche Kinderanteil (0–14) immer bei etwa 35 Prozent. Seitdem geht es bis auf die gegenwärtigen 14 Prozent herunter. Hitlers Bewegung bis 1933 ist noch *youth bulge* befeuert (Reichardt 2002), sein Krieg ab 1939 verbraucht zunehmend bereits einzige Söhne.

Islamische Länder tragen das Siegesbanner der Fortpflanzung

Youth bulges sind keine alles erklärenden Faktoren, aber Theorien weltgeschichtlicher Großereignisse, die sie schlichtweg ignorieren, greifen zu kurz. Auch weil der Faktor Sohnesüberschuß so beschämend simpel ausschaut und wenig hergibt für theoretische Finessen, läßt man ihn leichthin unausgelotet oder gleich ganz beiseite. Selbst wo er einem irgendwie einleuchtet, behält er etwas Repetitives und Unoriginelles. Dagegen ist nur einzuwenden, daß bei allen Ansprüchen auf Eleganz eines Arguments auf seine Relevanz gleichwohl nicht verzichtet werden kann.

Der Vorwurf des eindimensional-biologistischen Arguments wird ebenfalls gerne gegen die Sicht der überschüssigen Söhne vorgebracht. Das hat auch seine Berechtigung, wenn die kritisierten Autoren nicht angeben können, warum die Zahl der jungen Männer plötzlich ansteigt und in ihrer Hilflosigkeit dann in der Tat auf Kräfte der Natur verfallen. So hat man die Megatötungsfeldzüge von Napoleon bis einschließlich des Ersten Weltkrieges als Mittel zur Vernichtung der ganz unstrittig gerade in dieser Zeit besonders überzähligen jungen Europäer gedeutet: «Die demographische Inflation zieht den Völkermord nach sich» (Bouthoul 1972, 199). Dabei konnte die Herkunft dieser Inflation jedoch nicht erklärt werden. Gleichwohl weist Bouthouls französischer Titel *Infanticide différé* («Nachgeholte Kindestötung») in die Richtung einer verbotenen Geburtenkontrolle. Es falle – so der Franzose – den Regierungen leichter, die Überzähligen in Kriegen zu verbrauchen, als Verhütung und Abtreibung so weit zu legalisieren, daß womöglich nicht einmal mehr die bevölkerungspolitischen Minima – geschweige denn Überschüsse – erreicht werden können. Im III. Kapitel ist zu zeigen, daß es für die *youth bulge*-Erzeugungen der europäischen Neuzeit (ab 1485) selbstredend ohne Biologie nicht geht, ihre welthistorische Extremaktivierung jedoch ganz handfester Politik anzulasten ist. Die demographische Analyse interessiert sich also für die moralischen Verpflichtungen, gesetzlichen Beschränkungen und gewalttätigen Verfahren, mit denen eine Gesellschaft ihren Nachwuchs hervorbringt. Darüber bekommt man mit einem bloßen Blick auf die Menge der Körper bzw. die Biomasse eines Volkes nichts heraus.

Wo nun zwei oder mehr Söhne in den Familien um Zuwendung konkurrieren, gibt es nicht nur Reibereien, sondern auch eine wachsende Bereitschaft, die jungen Männer risikoreich einzusetzen – nicht nur, um ihnen ein Auskommen zu ermöglichen, sondern auch, um den sozialen Frieden zu erhalten. Eine Nation mit *youth bulge* entwickelt also ein ganz anderes Temperament als eine in absoluten Zahlen viel größere Nation, die ohne interne Probleme mit überzähligen Söhnen lebt oder bereits mit einem Sohnesmangel konfrontiert ist. Wiederholt sich ein *youth bulge* – statt ein einmaliger Babyboom zu bleiben – über zwei oder mehrere Generationen, sind kumulierende Effekte unvermeidbar.

Das aktuell quantitativ beeindruckendste Beispiel für *youth bulges* liefern die islamisch geprägten Länder, die in nur fünf Generationen (1900–2000) von 150 auf 1200 Millionen Menschen zugenommen haben und immer noch – neben einigen schwarzafrikanischen Nationen – das Siegesbanner der Fortpflanzung tragen. Zum Vergleich: das immer wieder als Weltbedrohung und «gelbe Gefahr» gezeichnete China hat sich im selben Jahrhundert von 400 auf 1200 Millionen Menschen «nur» verdreifacht, das Territorium des heutigen Indien von 250 auf 1000 Millionen vervierfacht. Lediglich für Einwanderungsländer ergeben sich höhere Werte. So wächst Brasilien mit seinen zahlreichen Genoziden an Eingeborenen bis in die 1990er Jahre (Heinsohn 1999, 95 f.) zwischen 1900 und 2000 von 17 auf 170 Millionen. Südamerika (hier definiert als Gesamtamerika ohne USA/Kanada) kommt mit einer Zunahme von 70 (1900) auf 525 Millionen (2000) noch am ehesten an die islamische Welt heran und geht ihr als Terror- und Bürgerkriegsregion chronologisch direkt vorher. Die USA – mit ihren Reservats-Deportationen und Indianergenoziden bis an den Beginn des 20. Jahrhunderts (Thornton 1987; Churchill 1998) – steigen zwischen 1790 und 1890 sogar um den Faktor 15 (knapp 4 auf über 60 Millionen). Die gesamte Menschheit hat sich zwischen 1800 bis 2000 von 1,5 auf 6 Milliarden vervierfacht.

Ohne selbst in absoluter Armut zu stecken, gehen schon archaische Stammesgesellschaften daran, ihre Söhne in einer Weise einzusetzen, bei der Krieg, Kreuzzug und Genozid noch kaum unterscheidbar sind. Obwohl sie viel von Geburtenkontrolle verstehen und nur wenige Kinder aufziehen (Riddle 1992; 1997), sind sie immer an einer Positionsverbesserung interessiert. Ihre militärischen Operationen zielen zwar auch auf Ernährungsgrundlagen, aber eher im Sinne einer Optimierung, einer Gewinnung von ökologisch interessanterem Lebensraum. Es ziehen also keine Geschwächten los, sondern Krieger, die sich noch besser stellen wollen. Ihre Eroberung von Äckern, Gewässern und Wäldern führt «zur Umverteilung des Landes von den Schwachen zu den Starken». Dafür gibt es mit der «Vertreibung der Schwächeren» und «Ausrottungskriegen» im Wesentlichen nur zwei Mittel (Keegan 1993, 101/387/29). Überlebende junge Frauen und auch Kinder der Geschlagenen können vom Siegerstamm adoptiert werden. Da er selbst ja keine überbordende Populationsdynamik aufweist, ist er daran interessiert, Gefallene zu ersetzen.

Aktueller *Youth bulge* ist größer als alle seine Vorgänger

Jede «Kolonisation» der Weltgeschichte erweist sich bei genauerem Zusehen als Euphemismus für eine Mixtur aus Ansiedlung und Ausrottung. Das gilt auch für das erste vorchristliche Jahrtausend, als Griechen, Phönizier und Römer ihre überzähligen Söhne – die gesunden werden meist aufgezogen, während bereits der Erhalt eines einzigen Mädchens der Sitte Genüge tut – für die Auswanderung ausrüsten. Diese Siedler eliminieren – nach Raub der Töchter und Tötung der Väter und Brüder – die Stämme um das Mittelmeer herum in wenigen Jahrhunderten und stoßen dann in großen Kriegen unter Ebenbürtigen aufeinander. Die schon im Altertum verklärte *Pax Romana* setzt erst ein, als 146 v.u.Z. mit der Schleifung und Ausmordung von Korinth (50.000 Tote bei 120.000 Einwohnern) und Karthago (150.000 von 250.000 Einwohnern) die Metropolen der Griechen und der Phönizier ausgelöscht sind (vgl. näher Heinsohn 1984, 154 ff.).

Die deutsche Kolonisation Livlands durch nachgeborene Söhne vor allem aus dem Gebiet Bremen/Niedersachsen ab 1201 verfährt nicht weniger genozidal als die konkurrierenden Mächte des Altertums. Selbst die von deutschen Katholiken frisch Getauften – in diesem Fall Letten – haben bei den noch zu bekehrenden Esten im Namen der Heiligen Jungfrau immer wieder «Männer, Weiber und Kinder [...] vom Morgen bis zum Abend» umgebracht, bis die «Hände und Arme der Tötenden müde vom ungeheuren Morden des Volkes endlich erlahmten» (Heinrich von Lettland 1959 [1227], 95).

Die Ostkolonisation von 1150–1350 zeigt exemplarisch, wie eine Expansion durch das schlichte Abklingen eines Sohnesüberschusses auch wieder aufhört. «Das größte Werk des deutschen Volkes im Mittelalter» kommt «infolge des großen Menschenverlustes durch die Pest von 1348» abrupt zum Stillstand (Brockhaus 1932, 782). Von damals zusätzlich deutsch durchsiedelten 900.000 Quadratkilometern bleiben am 1945er Ende mit Brandenburg, Mecklenburg und Teilen Österreichs nur zehn Prozent.

Für die Eroberung der Welt durch Abkömmlinge der europäischen *youth bulges* aus den vierhundert Jahren zwischen 1493 und 1900 werden gerade mal 50 Millionen, allerdings zu allem entschlossene Menschen ausgeschickt (dazu die Kapitel III und IV). Die blutigste Phase der Eroberung zwischen 1500 und 1750 besorgen – bei Umrechnung der spanischen Zahlen für Lateinamerika auf die ganze Welt – kaum mehr als 200.000 junge Männer (Romano/Tenenti 1967, 204). 50 Millionen junge Leute könnte das heutige Indien (345 Millionen Kinder unter 15) an einem einzigen Tag freigeben und wäre daheim immer noch mit einem heftigen Bevölkerungswachstum beschäftigt.

Der neue *youth bulge*-Weltfeind – man sieht es schnell – ist also ein alter Bekannter und zieht sehr lange schon seine Spur durch die Geschichte. «*Young men desperate for positions*» (Goldstone 1991, 120) heißen seine Mitglieder bei den Revolutionsforschern. Diese Kennzeichnung ist nach Lektüre des *Leviathan* formuliert, in dem Thomas Hobbes schon 1651 argumentiert, daß nicht das Elend an sich zur Rebellion führt, sondern unter den Elenden allein die Starken gewalttätige Bewegungen aufbauen: «Arme und zugleich harte [*needy and hardy*] Männer – unzufrieden mit ihrer gegenwärtigen Lage – [...] sind am ehesten geneigt, Kriegsursachen zu schüren sowie Unruhe und Aufruhr zu stiften» (Hobbes 1969 [1651], Kap. XI, § 4).

Es spricht wenig dafür, daß die unzufriedenen Heißsporne von heute auf Großtaten verzichten werden, denn «der Krieg versorgt noch jedermann, durch Sieg oder Tod» (Hobbes 1969 [1651], Kap. XXX, § 17). So ist John Helgerson (2002, 4), Direktor des *National Intelligence Council*, am 30. April 2002 überzeugt, daß die USA vor langjährigen Konflikten mit den jungen Radikalen stehen: «Große Jugendbevölkerungen werden sich für US-Interessen am zerstörerischsten in Afghanistan, Kolumbien, Irak, Mexiko, Pakistan, Saudi-Arabien, der West Bank und Gaza auswirken – alles Regionen, in denen unbeschäftigte und entfremdete Jugendliche einen fruchtbaren Boden für extremistische Bewegungen bereiten.»

Europas fatale Unterschätzung des *youth bulge*

Wegen des sehr viel höheren Mädcheninfantizids vor allem in Indien dürften in den kommenden 15 Jahren etwa 720 Millionen Jungen aus *children bulges* der weniger entwickelten Welt (ohne China) in das kampffähige Alter der *youth bulges* überwechseln. Selbst im optimistischen Szenario, daß für jeden ausscheidenden Vater in diesen Regionen sogar mehr als ein Sohn in der Heimat eine für ihn akzeptable Position findet, werden mindestens 300 Millionen junge Männer – zweite bis vierte Brüder – in die Territorien der entwickelten Welt drängen. Dort erreichen im selben Zeitraum gut 100 Millionen Jungen das Jugend- und Erwachsenenalter. Die meisten von ihnen werden mit imponierendem pädagogischem Aufwand und mit immer optimistischer stimmenden Resultaten zu Frieden und Gewaltlosigkeit erzogen.

Jungen und Mädchen der Welt (ohne China) unter 15 Jahren
***(children bulges)* im Jahr 2003 (extrapoliert und gerundet aus PRB 2003)**

Weniger entwickelte Welt (ohne China)	Entwickelte Welt (ohne China)
1400 Millionen (= *children bulge* von 36Prozent) von 3800 Millionen Gesamtbevölkerung	215 Millionen (Kinderanteil von 18Prozent) von 1200 Millionen Gesamtbevölkerung

Diese dramatische 3:1 Ausgangslage zugunsten des hereindrängenden Jungen gegenüber dem eigenen Nachwuchs der Ersten Welt und auch die Analyse der amerikanischen Strategen über anstehende *youth bulge*-‹Armeen› ist in Europa weder kritisiert noch widerlegt, sondern ignoriert worden (Ausnahmen bilden – allerdings ohne Rekurs auf die US-Forschung – Dießenbacher 1998 und im Anschluß an ihn Schmid 2000). Man registriert stattdessen mit Erleichterung die in der Tat abnehmende Geschwindigkeit des Weltbevölkerungswachstums. Man verspürt – je nach Temperament – bereits Genugtuung oder Sorge darüber, daß ab dem Jahre 2050 nicht nur die westliche Staatengruppe, sondern der überwiegende Teil der Welt Probleme bei der Beschaffung junger Arbeitskräfte für die Versorgung der Alten haben werde. Man hält also die «Bevölkerungsbombe» (Ehrlich 1968) für entschärft. Das ist auch richtig. In Zukunft wird es aller Wahrscheinlichkeit nach nicht noch ein zweites Mal einen solchen «Sprengsatz» geben. Obwohl die *absolute* Zahl der Kinder unter 15 bis zum Jahre 2050 jedes Jahr höher ausfällt als im Jahre 2003, wird der *Anteil* der Kinder an der Weltbevölkerung selbst in der UNO-Hochschätzung lediglich bei 25 und in der mittleren Schätzung sogar nur bei 21 Prozent liegen. Schon 2005 wird die Erde als Ganzes nur noch einen Kinderanteil von 28 Prozent haben (UNPD 2003). Alle drei Zahlen liegen unter der für einen Welt-*youth bulge* erforderlichen *children bulge*-Schwelle von 30 Prozent.

In der Genugtuung über diese Entwicklung wird übersehen, daß die so lange beschworene, wirkliche Bevölkerungsbombe eben jetzt hochgeht. Im Jahre 2003 treibt die Welt als *Ganzes* mit 30 Prozent ihrer 6,3 Milliarden Einwohner im Kindesalter unter 15 Jahren (*children bulge*) auf einen *youth bulge* zu. Diese Kinder treten bis 2018 in die Lebensjahre 15–24 ein. Die weniger entwickelte Welt ohne China liegt 2003 sogar bei 36 Prozent bzw. 1,4 Milliarden Kindern von 3,8 Milliarden Menschen (PRB 2003, 4). Von gut 700 Millionen Söhnen unter 15 der schon immensen Geburtsjahrgänge 1972 bis 1987 ist man auf über 900 Millionen Söhne für die Jahrgänge 1988 bis 2002 *außerhalb* der entwickelten Welt (mit China) gestiegen. Eben diese «vergessene Zeitbombe» (Kulke 2001) will in den kommenden 10–15 Jahren Geschichte machen: «Wenn auch die Gesamtfertilität sinken sollte, die starken und chancenlosen Jahrgänge sind geboren, gehen einer ungewissen Existenz entgegen und bleiben jahrzehntelang ein Störfaktor» (Schmid 2000, 486).

Samuel Huntington und Gary Fuller: die aktuelle amerikanische Sicht

Warnungen vor dem *youth bulge* liegen vom amerikanischen Führungspersonal seit fast einem Jahrzehnt vor. Die *Central Intelligence Agency* (CIA) publiziert 1995 Gary Fullers Aufsatz «Demographische Hintergründe für ethnische Konflikte». Angeregt auch durch Nazli Choucris Arbeiten (1974; 1984) untersucht der Politologe aus Hawaii Massentötungen und genozidale Massaker durch Singhalesen (ab 1971) und Tamilen (ab 1985) auf Ceylon (Sri Lanka). Hunger spielt keine Rolle. Vielmehr verbessern sich Ernährung und medizinische Versorgung. Das Töten kulminiert, als die jeweiligen *youth bulge*-Gipfel der 15–25-Jährigen über 20 Prozent steigen (bei Singhalesen über 21 Prozent, bei Tamilen sogar über 22). Zuvor hatten also – um die Vergleichbarkeit mit der großen Tabelle im II. Kapitel zu erleichtern – die Kohorten der 0–14-Jährigen (*children bulges*) bei 35 bzw. 37 Prozent gelegen. (Zu *youth bulge*-Recherchen in der Folge Fullers an insgesamt 17 asiatischen Staaten vgl. Xenos/Kabamalan 1998a;b; s. a. Dießenbacher 1998).

Zwischen 1946 und 2002 verdreifacht sich die Bevölkerung Sri Lankas von 6,7 auf 20 Millionen Menschen (Lahmeyer 2003f). Gut 70.000 junge Singhalesen und Tamilen bringen sich zwischen 1970 und 2002 zu Tode. Wenn nicht gleichzeitig fast eine Million junger Tamilen hätte emigrieren können (Economist 2003c, 26), sähen die Zahlen noch düsterer aus. Obwohl es seit September 2002 eine Friedenskonferenz im thailändischen Bangkok gibt, rekrutieren die *Tamil Tigers* auch Januar 2003 immer noch Jungen unter 15 Jahren für die nächste Runde der Schlacht (WW 2003, 1).

Samuel Huntington gelangt an Fullers Sri Lanka-Studie von 1995 erst während der Schlußredaktion seines 1996er *Kampfes der Kulturen* (*Clash of Civilizations*). Während die Öffentlichkeit seinen «alten» Hauptgedanken religiös-kultureller Konfliktpotenziale heftig diskutiert und die Theologen fragt, was denn wirklich in Koran und Bibel stehe, hat der berühmte Autor sich längst einem anderen Hauptgedanken verschrieben. Dieses Umschwenken in letzter Minute kann die Gliederung seines Buches gar nicht mehr und seinen Umfang nur noch geringfügig beeinflussen. Das Neue muß deshalb in nachgeschobenen Passagen (S. 181–89 bzw. 422–33) des 5. und des 10. Kapitels gleichsam versteckt werden. Da dicke Bücher nur ausnahmsweise so weit gelesen werden, ist die – vielerorts bis heute andauernde – Nichtwahrnehmung dieses Gesinnungswandels leicht verständlich.

Huntington schwenkt mit einer eigenen Analyse zum Kosovokonflikt, der für ihn zwischen *youthbulge*-Albanern und GeburtenrückgangsSerben abläuft, ganz auf Fullers Sicht über (Huntington 1996, 425–429). Für ihn folgt ein serbischer Völkermörder gegenüber albanischen Knaben etwa folgendem Kalkül: «Ich kann mich gerade noch gegen euren Vater wehren, aber ich habe nur einen Sohn, der gegen euch drei Brüder keine Chance haben wird, weshalb ich euch alle umbringe» (s. a. Dießenbacher 2001).

In Huntingtons Fuller-Sichtweise werden Religion und Kultur nachrangig: «Während der Aufstieg Ostasiens durch [...] Wirtschaftswachstum angeheizt worden ist, ist die Resurgenz des Islam durch nicht minder spektakuläre Raten des Bevölkerungswachstums angeheizt worden. / *Das riesige Reservoir an oft beschäftigungslosen Männern zwischen 15 und 30* ist eine natürliche Quelle der Instabilität und Gewalt innerhalb des Islam wie gegen Nichtmuslime. Welche anderen Gründe auch sonst noch mitspielen mögen, *dieser Faktor allein erklärt zu einem großen Teil die muslimische Gewalt*» (Huntington 1996, 181/433; Hervorhebungen G.H.).

Religion dient der Gewaltentfaltung als Legitimation

Es stimmt schon, daß der Religionsstifter des Islam als siegreicher Heerführer und Machtpolitiker vor die Welt tritt, während der christliche als Wanderprediger hingerichtet wird. Der eine tötet siegreich, der andere vergibt seinen Henkern. Religion und Staatsgewalt liegen im Islam von Beginn an in einer Hand, während die christliche Kirche gegen die römische Herrschaft heranwachsen muß und auch danach nur in Ausnahmefällen direkt die Regierungen stellt. Das alles wirkt bis heute nach, und bei passenden historischen Gelegenheiten mögen daraus unterschiedliche Reformmöglichkeiten erwachsen. Gleichwohl unterscheiden sich beide Großkulturen in der Geschichte ihrer Gewaltentfaltung nur graduell.

Vielleicht läßt sich Huntingtons ursprüngliche These so umformulieren, daß ein *youth bulge*, einmal in Bewegung geraten, sich Rechtfertigungen für sein furchtbares Tun auch aus der Religion und Moral seiner Herkunftsgebiete zurechtschneidert. Die Religion liefert dann zusätzliches Öl für ein Feuer, dessen Ausgangsbrennstoff nicht von ihr stammt. Unter diesen Brandbeschleunigern gibt es dann durchaus Spezialitäten: Wenn etwa ein palästinensischer Attentäter schon *vor* Vollzug der Tat die Paradieseinweisung von einem besonders ehrwürdigen Mullah mit Brief und Siegel verbürgt bekommt, hat man ihm den Rückzug verstellt. Denn ohne Tat verliert er das Heil für immer, während seine Brüder, die sich nicht zum Töten gemeldet haben, auf den traditionellen Wegen in eine gute Ewigkeit streben können. So gewiefte Mittel haben andere nicht, aber 2000 japanische Kamikazes von 1944/45 und bald 200 tamilische Selbstsprenger zeigen, daß derselbe Effekt auch anders erreicht werden kann (Reuter 2002).

Spielt die jeweilige Ethik wenigstens eine mildernde Rolle? Vielleicht liegt es partiell an der jüdisch-christlichen Erziehung, wenn kolumbianische Katholikinnen rufen: «Wir gebären nicht, um unsere Kinder in den Krieg zu schicken» (Reuters/AFP 2002, 8). Entsprechend mag es am Islam liegen, wenn zur Fortsetzung von Judentötungen durch palästinensische Bomber «die zwölfjährige Palästinenserin Sabriin [...] Mutter von vielen Kindern werden möchte, ‹die als gute Moslems kämpfen›» (Günther 2002, 2). Vielleicht unterscheiden sich aber auch nur die Phasen im jeweiligen *youth bulge*-Abbau. In Kolumbien – 1945 hat es gerade 10 und 2003 schon 40 Millionen Einwohner (Lahmeyer 2003r) – ist der *youth bulge* mit einer Bevölkerung von «lediglich» 32 Prozent unter 15 Jahren (2003) über seinen Extrempunkt schon hinaus. Überdies haben sich über 40.000 der Aktivsten zwischen 1964 und 2003 gegenseitig eliminiert und so den Druck deutlich vermindert. Gleichwohl basteln die bald 20.000 jungen Kämpfer der FARC an einem kleinen Imperium nicht nur in Kolumbien, sondern auch in Gebieten Brasiliens, Perus und Venezuelas, wo sie sogar von der revolutionären Chavez-Regierung unterstützt werden (Webb-Vidal 2003, 6).

Die Palästinenser im Gazastreifen hingegen kämpfen im *youth bulge*-Bereich mit etwa 50 Prozent unter 15 Jahren um den aktuellen Welthöchststand außerhalb Schwarzafrikas. Im Jahre 2002 kommen auf 1000 Araber in Gaza 42 Geburten (1998 sogar noch 50), dagegen 2002 in Deutschland und Österreich 9, der Schweiz 10, den USA 15 (PRB 2003). In der übrigen islamischen Welt hat 2002 lediglich Afghanistan (43 auf 1000) eine höhere Geburtenrate als Gaza, in der arabischen Welt liegt Yemen mit 44 Geburten auf 1000 noch vor dem Palästinensergebiet. Womöglich gilt das auch für Saudi-Arabien, wenn man nur die arabische Bevölkerung (18 von 23,5 Millionen) betrachtet, da die 5,5 Millionen Fremdarbeiter von der Fortpflanzung weitgehend ausgeschlossen sind. Ohne die Ausländer sind womöglich 55 Prozent der Menschen im Ölland unter 15 Jahre alt. Zwischen 1963 und 2003 steigt die innersaudische Gesamtbevölkerung von 5 auf 18, die jenige Jemens von 5,5 auf fast 19 Millionen (Lahmeyer 2003n; 2003o). Die Überrepräsentation von Palästinensern, Yemeniten und Saudis in Führungspositionen des transnationalen Terrorismus müssen also nicht nur mit Petromilliarden, wahhabitischem Extremislam und Besatzungsleid korreliert werden, sondern auch mit den verfügbaren und relativ aufwändig erzogenen Söhnen (85 Prozent Schuldbildung für männliche Saudis und noch mehr für die Palästinenser).

«Die Gebärmütter der Frauen entscheiden den Krieg»

Die palästinensische Bevölkerung im Gazastreifen, Ost-Jerusalem und der West-bank (also ohne die Araber im eigentlichen Israel) ist seit der Besetzung durch Israel im Jahre 1967 bis 2002 von 450.000 auf 3,3 Millionen angestiegen (Lahmeyer 2003g). Da Israel überhaupt erst die palästinensische Bevölkerungsexplosion ermöglicht, wird man die These von einer vorrangig islamischen Haltung statt demographischer Not hinter dem tödlichen Einsatz palästinensischer Kinder mit einem Fragezeichen versehen müssen. Schließlich hat der eher unfromme Arafat ganz persönlich erklärt, daß keineswegs die Gottheit, sondern seine «Geheimwaffe» bzw. «die Gebärmütter der Frauen seines Volkes den Krieg entscheiden werden» (Sarig 2002, 6). Überdies gibt es weltweit immerhin 50 Länder mit über 300.000 Kindersoldaten (HRW 1998), die fast alle Religionen abdecken.

Israelische Juden wiederum, denen es vor dem kriegerischen Einsatz ihrer eigenen Kinder graut und die es bedrückt, wenn bei Gegenschlägen palästinensi-sche Kinder zu Tode kommen, unterliegen dabei sicher auch der aus dem Judentum kommenden Ethik der Lebensheiligkeit: «Siehe, ich habe dir heute vorgelegt das Leben und das Gute. [...] Ich nehme Himmel und Erde heute über euch zu Zeugen: Ich habe euch Leben und Tod, Segen und Fluch vorgelegt, damit du das Leben er-wählst. / Du sollst dich nicht rächen noch Zorn bewahren. / Du sollst deinen Näch-sten lieben wie dich selbst» (*5. Mose* 30: 15/19 / *3. Mose* 19: 18 / 33).

Bevölkerung in Israel und den Palästinensergebieten zusammen (2002)

Juden über 15 Jahre 3,9 Millionen	Palästinenser unter 15 Jahren 2,05 Millionen
Palästinenser über 15 Jahre 2,3 Millionen	Juden unter 15 Jahren 1,2 Millionen

Das Zeitalter muslimischer Kriege könnte in 20 Jahren vorbei sein

Ungeachtet aller Ethik gilt aber auch, daß die jüdische Seite – relativ – nur sehr wenige Kinder zur Verfügung hat. Demographisch ist man mit 600.000 Jungen unter 15 längst zum David geworden. Der palästinensische Goliath kommt – unter Einbeziehung von weiteren 750.000 Kindern in der Flüchtlingsdiaspora – auf eine 3:1-Überlegenheit und kann ganz anders kalkulieren. Kein Waffenstillstand kann diesen Vorteil aufheben. Wo Israelis einen Bombenmeister getötet haben, wird zuversichtlich repliziert: «Palästinensische Mütter werden nicht aufhören, Ingenieure zu gebären» (Harel/Lis 2002). Nüchterne Israelis haben das längst gesehen und sogar die Abtretung israelischer Gebiete mit großer arabischer Mehrheit an die Palästinenser vorgeschlagen, um endlich der Töterei ausweichen zu können (Schecter 2001; Soffer 2002). Das würde ihnen gegen die Wünsche nach Totalbeseitigung ihres Landes durch die meisten Muslime der Welt (Bortin 2003) allerdings nicht helfen.

Angesichts der demographischen Kritik an seiner ursprünglich religiös-kulturellen Konflikttheorie hat Huntington sich zwar spät, dann aber um so entschiedener auf die jungen Männer konzentriert. Und *youth bulge*-Söhne zeigen sich in der Tat weit gehend unbeeindruckt davon, ob ihre Mütter für oder gegen die Töte-reien eintreten. In Wirklichkeit entscheide – Kultur hin, Religion her – die schiere Zahl der zur Spitze Drängenden. Zum «Clash» mit dem Westen tauge also nur, wer eine entsprechende Ökonomie und/oder einen *youth bulge* vorzuweisen habe. Ein halbes Jahrzehnt nach seinem Bestseller, als er für ein Nachrichtenmagazin ganz knapp formulieren muß, entfernt der Harvard-Professor sich denn auch noch ein Stück weiter von einer spezifisch kulturellen bzw. islamischen Komponente des

Terrors, obwohl sein Artikel «Zeitalter muslimischer Kriege» getitelt wird: «In allen Gesellschaften sind junge Männer die entscheidenden Gewalttäter; in muslimischen Gesellschaften finden sie sich in überreichlicher Zahl. / In den 2020er Jahren wird der muslimische *youth bulge* schrumpfen. Das Zeitalter muslimischer Kriege könnte dann Vergangenheit sein und von einer neuen Ära beerbt werden, in der andere Gewaltformen unter den Völkern der Welt dominieren» (Huntington 2001/2002, 12/13; Hervorhebung G.H.).

Die Zeit spielt gegen den Anti-Terror-Krieg

Als gäbe es einen untergründigen Dialog zwischen der demographischen Analyse und einem Führer der islamistischen Bewegung, hat Osama Bin Laden in einer – am 7. Oktober 2002 ausgestrahlten – Ankündigung nicht etwa mit seinen Frommen, Wahren und Gerechten gedroht, sondern gleich umfassend mit der «Jugend des Islam» oder gar der «Jugend Gottes» (Her 2002, 6).

Es sind nun die Jahre bis 2020, für die Amerikas Strategen sich lange vor dem 11. September 2001 zu wappnen beginnen. Wie sehr man sich auf die generellen Kampfpotenziale junger Männer und nicht etwa auf eine schnell besiegbare einzelne Wehrmacht konzentriert, zeigt das Rechnen mit sehr langen Zeiträumen. Schon kurz nach dem Angriff auf das *World Trade Center* (11.9.2001) spricht US-Präsident George W. Bush in seiner *Freedom at War With Fear*-Rede von einem Terrorkrieg auf «Jahre hinaus» (20.9.2001). Richard Myers, Vorsitzender der Oberkommandierenden aller US-Streitkräfte, veranschlagt dafür sogar «unser ganzes Leben» (21.10.2001). Am 29. Januar 2002, als der Afghanistankrieg schon zwei Monate gewonnen ist, klingt Bush in seiner *State of The Union Adress* geradezu zaghaft. «Unser Krieg gegen den Terror hat gut begonnen, aber er hat gerade erst angefangen. [...] Wir werden umsichtig handeln. Aber die Zeit ist nicht auf unserer Seite» (Bush 2002a).

Eine gute Woche später – am 6. Februar 2002 und wiederum vor dem amerikanischen Kongress – begründet CIA-Direktor George Tenet (2002a) – Sohn griechischer Einwanderer – die Sorge seines Präsidenten: «In den kommenden zwei Jahrzehnten werden diese Regionen [Mittlerer Osten und Subsahara-Afrika] die größten Bevölkerungen an jungen Leuten haben, unter denen die Wahrscheinlichkeit, Terrorist zu werden, am höchsten ist» (Ergänzung in Klammer G.H.).

Diese Einschätzung nimmt eine aktuelle globale Momentaufnahme auch für die Zukunft ernst. Schon heute wird in 60 von 67 der größeren *youth bulge*-Nationen Bürgerkrieg oder Völkermord betrieben (dazu das nächste Kapitel). Die Strategen reagieren also auf ohnehin schon laufende Großtötungen und dabei vordringlich auf die Fälle, die ihre nationalen Grenzen überschreiten. Wenn das auch nur bei zehn Prozent der Fall ist, hat man es potenziell alsbald mit einem halben Dutzend Kriegen zu tun (zu den wahrscheinlichen Gegnern mehr in Kapitel V). Von solchen Feinden will man zu einem gegebenen Zeitpunkt nie mehr als einen bekämpfen müssen. Aber selbst dann traut man sich einen Sieg nur zu, wenn der herausgeschickte einzige Sohn gegen die zweiten und dritten Söhne des Gegners mit überwältigender Feuerkraft auftreten kann. Nach dem erhofften Sieg muß – möglichst mehrere Jahre lang – Atem für den nächsten Waffengang geschöpft werden, auf den eine weitere Verschnaufpause folgt. Da im Frühjahr 2003 der zweite Feldzug gegen den Irak so erfolgreich verlaufen ist, wird man in den nächsten Kriegen – so hofft man – stärker als zuvor dastehen. Dieses *win-hold-win* [den momentan greifbarsten Herausforderer präemptiv besiegen, den nächsten Gegner in Schach halten, dann diesen besiegen etc.] kennzeichnet die amerikanische Strategie und bedeutet ein partielles Abgehen von der alten *two-war-strategy*, weil man sich zwei gleichzeitige Siege nicht mehr zutraut.

II. Wo leben die jungen Männer?

Von den 6,3 Milliarden Menschen des Jahres 2003 erblicken 4 Milliarden in den 35 Jahren nach 1968 das Licht der Welt, als die Studentenbewegung der 68er gerade beginnt und sich bereits für ganz besonders zahlreich, jugendlich und wirkungsmächtig hält. Einigkeit besteht darüber, daß es eine solche Menge Jugend wie im Jahre 2003 auf dem Planeten Erde noch niemals gegeben hat und wohl auch nicht mehr geben wird. Jedes Jahr hat die Weltbevölkerung seit 1968 zwischen 75 und 87 Millionen (jeweils Überschuß der Geborenen über die Gestorbenen) zugenommen. Im Jahre 2002 werden knapp 134 Millionen Kinder geboren, 54 Millionen Alte sterben (PRB 2003). Der Überschuß von 80 Millionen entspricht der Gesamtbevölkerung Deutschlands. Aber 2004 sollen der Überschuß nur noch 74 Millionen betragen und am Ende von noch einmal 35 Jahren, im Jahre 2038, lediglich 49 Millionen (USBC 2003b).

Bei gleichzeitiger Verbesserung von Ernährung und Gesundheitswesen haben – wie oben gezeigt – die islamischen Länder ihre Einwohnerschaft im 20. Jahrhundert von 150 auf über 1200 Millionen verachtfacht. Das dürfte – obwohl wir sehr lange zurückreichende Daten nicht haben – die höchste Zuwachsrate der Menschheitsgeschichte für eine umrissene Religionsgemeinschaft markieren. Europa, das sich bis 1900 mit 460 Millionen Menschen auf ein Viertel der Weltbevölkerung vermehrt hatte (dazu weiteres im III. Kapitel), ist (ohne Sowjetunion/Rußland in Asien) in den 100 Jahren bis 2000 «nur» auf 660 Millionen gestiegen und hat sich so aus einer bald dreifachen «Übermacht» gegenüber dem Islam in eine zweifache «Unterlegenheit» gedreht.

In den 2020er Jahren wird der Islam ein Viertel der Menschheit umfassen. Das entspricht dem Anteil Europas auf dem Höhepunkt seiner Weltherrschaft

(1900) oder dem Anteil des Britischen Imperiums auf seinem Gipfel von 1920 (nach den Einverleibungen deutscher Kolonien und osmanischer Provinzen). Es kann vor diesem Hintergrund kaum verwundern, daß der Arzt und Hamas-Kommandeur Abdel Aziz Rantisi aus Gaza vor und nach seiner Errettung vor Hubschrauberattacken nicht nur voller Zuversicht an der Vernichtung Israels arbeitet, sondern mit dem globalem Blick des Avantgarde-Führers stolz verkünden kann: «Ich glaube ganz entschieden, daß dieses Jahrhundert das Jahrhundert des Islam sein wird» (Rees/Hamad 2002/2003, 89).

Töten für eine gerechte Sache

Die Kampfformel der verzweifelt um Positionen ringenden jungen Männer ist uralt und wird sich auch für Muslime kaum ändern: «Laßt uns nach oben oder ihr werdet dort keine Ruhe finden. Überlaßt uns einen gerechten Anteil des vom ‹Volke› Geschaffenen, sonst werden wir euch alles nehmen. Selbst wenn wir unterliegen, werden wir Beute, die wir nicht festhalten können, zerstören.» So lassen im Herbst 2002 die islamischen Rebellen des bereits weit gehend ruinierten Nordteils der Elfenbeinküste nur noch Ausländer ins benachbarte Burkina Faso ausreisen. Die wenigen einheimischen Ivorer jedoch, die sich eine solche Absetzbewegung überhaupt leisten können, werden vom Grenzkommandanten mit den Worten wieder nach Hause geschickt: «Wenn dieses Land brennen muß, dann sollen alle dabei sein» (Scheen 2002b, 3). Kurze Zeit später feuern syrische Männer in Damaskus ihren jugendlichen Diktator Baschar Assad an: «Baschar, Baschar, setz´ die Welt in Brand» (Macleod 2003, 40). Die Demonstranten lieben den 37-jährigen Diktator, weil er sich gegen Amerikas Invasion vom März 2003 und auf die Seite Saddams Husseins stellt. Dieser Schulabbrecher wiederum hat schon mit 19 einen Menschen getötet, putscht sich mit 42 zum Staatschef und beginnt mit 43 seinen ersten Krieg (Coughlin 2002). So etwas kann die jungen Leute begeistern.

So primitiv der jugendliche Grundmechanismus auch arbeitet, so simpel kommt er gleichwohl nicht daher. Das zwar übermächtig starke, aber dennoch niedrige Motiv will höhere Weihe, ja nichts weniger als Anstand und Wahrhaftigkeit verkörpern. Noch die Drahtzieher der Attentate vom 11. September 2001 wissen um diese Notwendigkeit. Deshalb besagt ihr Befehl: «Wie Mustafa, einer der Anhänger des Propheten, sagte, töte und denke nicht an den Besitz derjenigen, die du töten wirst» (dpa, 30.9.2001). Die Bewegten brauchen eine gerechte Sache. Fast immer gibt es die und führt nicht nur Reporter, sondern auch spätere Revolutionsforscher leicht in die Irre. Denn eine Logik, die aus der Gerechtigkeit einer Sache zwangsläufig zum Töten für dieselbe führt, gibt es nicht. Warum gerade jetzt und nicht dreißig Jahre früher – oder später – Gewalt für die Beseitigung eines Mißstandes eingesetzt wird, bleibt in der sich stringent fühlenden Argumentationskette vom Unrecht direkt hin zum Blutvergießen unerklärt. Getötet wird aber nicht jemand, weil er eine für unpassend gehaltene *Meinung* zur Gerechtigkeit hat, sondern weil seine *Position* nicht mehr teilbar ist, wodurch er bei den «Gerechten» ein Er-oder-wir-Kalkül provoziert.

Auch Selbstmordattentäter bestehen darauf, daß die zu zerreißenden Opfer die Bösewichte sind, sie aber die Guten. Selbst wenn sie um den Faktor hundert oder tausend mehr töten als normale Mörder, wollen die Anführer bewegter Massen nicht einfach nur als Kriminelle in Aktion treten. Obwohl spätere Bewunderer sie gerade als Großtöter in respektvoller Erinnerung behalten mögen, pflegen sie selbst ein anderes Selbstbild. Ja, wir töten Menschen, sagen sie, aber wir tun das für das Erreichen einer höheren Menschlichkeit. Klassisch sind hier die jungen Bolschewiki aus dem russischen *youth bulge* der Jahre ab 1897. Am 18. August 1919 schreibt *Das Rote Schwert*: «Wir haben eine neue Moral. Unser Humanismus ist absolut, denn er gründet sich auf den Wunsch nach Abschaffung jeder Unterdrückung und Tyrannei. Uns ist alles erlaubt, denn wir sind die Ersten in der Welt, die das Schwert nicht erheben, um zu unterdrücken und zu versklaven, sondern im Namen der Freiheit und zur Abschaffung der Sklaverei. Wir führen nicht gegen Einzelne Krieg, wir wollen die Bourgeoisie als Klasse vernichten» (Shub 1962, 379). Im Gegenzug können die kleinen Gangster von den prinzipiengeleiteten großen Tötern durchaus schnell lernen. So rechtfertigen junge afghanische Autodiebe den Raub eines Fahrzeugs der *Deutschen Gesellschaft für Technische Zusammenarbeit* (GTZ) damit, daß «sie helfe, Schulen für Mädchen zu bauen», was irgendwie ja gegen den Islam verstoße (Lohse 2002, 3).

Die Rückkehr junger Männer zu alten heiligen Büchern

Mit dem Auftauchen der überschüssigen Söhne werden die Lästigkeiten und Ungleichheiten in der Gesellschaft, mit denen sich bis dahin fast alle mehr oder weniger grummelnd arrangiert haben, zum Skandal. Nun mutiert die Heimat, die lediglich nicht plötzlich und sprunghaft mehr anbieten kann als zuvor, zu einem Ort «struktureller Gewalt», einem System, das «euch kaputt macht», einem niederzuwerfenden Feind. Für die Rechtfertigung in Bewegung geratener Sohnesmassen hat sich noch jede denkbare Ideologie als intellektuell allemal ausreichend erwiesen: Nationalismus, Anarchismus, Faschismus, Kommunismus, Tribalismus, Ökologismus, Islamismus, Hinduismus, Evangelismus, Antiglobalismus, Attacismus, Marktgläubigkeit, immer wieder Antijudaismus und was alles noch kommen wird. «Gebrauchsideologien von Gerechtigkeit, Gewissensnot und tief geschauten Glaubenswahrheiten» stellen sich schon beizeiten ein (Dießenbacher 1998, 212). Die Bewegungen machen, was für Daseinserhöhungen organisierte Männerbünde immer schon getan haben. Sie kämpfen, gehen dabei unter oder siegen eben und sehen dann weiter. Und es sind da niemals Kampfbünde von Alten am Werk. Auch die Schwarzhemden Mussolinis und die Braunhemden Hitlers sind zu 80 Prozent unter 30 Jahre alt (Reichardt 2002). Was immer die behaupteten Ziele besagen, zu allererst ist man Bewegung. Man nennt sich ja auch so, ob als *movement* oder – etwa im Polnischen – *ruch*, was reine Aktivität als solche bedeuten kann.

In jeder dieser Bewegungen werden fixe Pamphlete und selbst dickleibige Wälzer geschrieben. Plötzlich werden altehrwürdige heilige Bücher, die lange niemand öffnen mochte, wieder als passend empfunden, und die nicht für zuträglich gehaltenen Passagen werden passend gemacht. Für eine gottgewollte oder wissenschaftlich bewiesene Gleichheit aller Menschen wird gekämpft oder eben für eine von anderen Wissenschaftlern und anderen Göttern gerechtfertigte Vorherrschaft dieser Kaste, jener Religion und solcher Produktionsform. Gerade die Beliebigkeit der Gedankenwelten zeigt, dass nicht sie es sein können, die den Bewegungen ihren Schwung verleihen.

Fast niemals fehlt ein rechtfertigender Griff in die Geschichte. Reminiszenzen für eine «endlich» fällige Rache erfahren hohe Auflagen. Was irgendwann einmal Zehntausende getroffen hat, kann heute eine Milliarde mit Hass erfüllen. Heldentaten kleiner Gruppen – etwa die bis zur eigenen Auslöschung kämpfenden Spartaner unter Leonidas bei den Thermopylen 480 v.u.Z. – inspirieren viele Jahrhunderte später auch ganz andere Ethnien. Araber invozieren für die erhoffte Ausrottung Israels Saladins Jerusalemeroberung des Jahres 1187. Revolutionäre Peruaner – pikanterweise zumeist europäischer Herkunft – nobilitieren sich mit dem letzten Inka Tupac Amaro, der 1572 getötet wird. Moslemische Frauen, die bei einer Konferenz im spanischen Cordoba die Kathedrale zu ihrem Bethaus machen wollen, daran aber gehindert werden, fordern empört «ihre» Moschee zurück und schwören Rache. Bereits seit 1236 fungiert die *Mezquita* – einstmals drittgrößte Moschee der Welt – als Kirche. Aber heute haben Araberinnen die Kinder und nicht die Frauen Spaniens.

Die Benutzung von Erinnerungen der Völker für die Begründung aktueller Gewalt erfolgt nicht dauerhaft, sondern in unregelmäßigen Wellen, deren plötzliches Anschwellen als rätselhaft empfunden wird (Laqueur 2003b, 28). Dabei sind es herangewachsene Massen, die zwanghaft nach diesen Bildern suchen. Sie werden schnell fündig und in Schulungskursen über Nacht «gebildet», obwohl sie ganz etwas anderes antreibt als genuine historische Neugier. Es sind vorandrängende Bewegungen, die nach moralischer Überlegenheit suchen. Und diese Bewegungen kommen nicht aus den Büchern. Die verstauben als trockenes Wissen in den Regalen, solange akzeptable Positionen gefunden werden.

Das früher Attackierte wird heute verteidigt

Nach Ablaufen der Bewegung werden die Machwerke fast ebenso schnell und gleich tonnenweise vor die Antiquariate gekippt. Jeder weiß plötzlich, daß in den meisten nur Unsinn steht und nichts verloren geht, wenn er den Entsorger bestellt. Die Braun-, Rot- oder Grünbuchverleger raufen sich die Haare und ahnen schon, daß die nächste Konjunktur wiederum nicht von einer bewiesenen Wahrheit, sondern von der ultimativen und einzig wahren Bewegung abhängig sein wird. Wenigstens in der Zwischenzeit verkaufen sich wieder Sachbücher, Natur- und Ingenieurwissenschaften, Jura und Medizin, Ökonomie und Geschichte statt deren Klitterung. Natürlich werden auch in den Gipfelzeiten einer Bewegung schlagende Kritiken ihrer Revolutionsideen geschrieben. Diese Widerlegungen verhallen deshalb ungehört, weil eine irrsinnige Bewegung eben nicht von einer Irrlehre erzeugt wird, sondern diese erst hervorbringt oder massenhaft nach ihr greift.

Erst nach der Kampfzeit, den Blutsaufereien und der anschließenden Ernüchterung über die grandiosen Welterlösungsszenarien werden Lebensheiligkeit, Freiheit, Gleichheit vor dem Gesetz und Garantie des Eigentums wieder ehrenwerte politische Ziele. Von neuem beweisen sich John Locke's *rights to life, liberty and property* (Grundrechte auf Leben, Freiheit und Eigentum; 1967 [1689], II: §§ 22–51). Sie bieten eine unübertroffene Kurzformel für Zivilisation, weil die nach diesen Rechten strukturierten – also sie auch vollstreckenden – Gesellschaften sich allen zweiten und dritten Wegen als überlegen erwiesen haben. Aber auch sie können selbst bei bester Organisation und damit stetigem Wachstum bzw. hoher Zinsenbedienungsfähigkeit keine Dauer-*youth bulges* verkraften. Das hat durch das Ausschwärmen nichterbender Männer aus Europa die übrige Welt ab 1493 furchtbar zu spüren bekommen (dazu unten mehr in den Kapiteln III und IV).

Ob diejenige Fraktion eines *youth bulge* siegt, die auf Übernahme der Pfründen drängt oder der andere Teil, der durch ihre Verteidigung sein Auskommen sucht, ändert nichts daran, daß es Tote gibt – mal hunderte und mal Millionen. Des Autors 68er-Generation des Babybooms war entschlossen, nicht – um Himmels willen, nein – Mitglied der Arbeiterschaft zu werden, aber ihr doch als führungsstarke Vorhut zu dienen. Die höchsten Ämter würde man einnehmen und – ja – auch Villen und Fünfsterne-Hotels bewohnen oder Erster Klasse nach Bangkok fliegen, solange nur die genossene Entspannung sich im Dienste des Volkes auswirke. Am Ende siegt die Wirklichkeit, da der Nachweltkriegs-Babyboom ein Einmalereignis bleibt. Es handelt sich um eine ganz schwache Ausbuchtung der Bevölkerungspyramide, alles in allem noch nicht einmal zwei Söhne pro Vater. Obendrein ereignet er sich im reichsten Territorium der Menschheit. Er produziert relativ wenige Todesopfer, weil die Positionen dann doch reichen. Es findet keineswegs eine unanständige Anpassung an die Verhältnisse statt, sondern man erfährt nach wenigen Kampfjahren ganz hautnah, daß die Verhältnisse, in denen man doch recht passabel aufgewachsen ist, auch für das spätere Fortkommen ausreichen werden. Das ist dann immer der Zeitpunkt, zu dem man von *la lotta continua* [Der Kampf geht weiter] zu herrschaftsfreien Dialogen überwechselt und die Protagonisten beider Linien sich gegenseitig Verdienstmedaillen an die Brust heften. Das früher kreativ Attackierte wird heute nicht minder eloquent verteidigt. Spätestens nun wird allen Beteiligten deutlich, daß der Antrieb der Bewegung wenig zu tun hatte mit ihren wortgewaltigen Begründungen.

Deutschland liefert dabei mit seinem 1998 gekürten Außenminister Joschka Fischer ein charmantes Beispiel dafür, daß keineswegs zu wenig Essen und Unterdrückung zum Treibsatz für eine Bewegung wird, sondern gerade eine zuvor nie gekannte Freiheit und eine wuchtige Körperfülle für die Aussicht auf Macht und ihre Vergünstigungen eingesetzt werden: «*It's still the same old story, a fight for love and glory.*» Ein Menschenrecht auf Wichtigkeit gibt es nun einmal nicht, aber eben um die wird gerungen. Alphamännchen sein selbst beim Kampf für die «klassenlose Gesellschaft», darum geht es. Die Unterernährten – damals wie heute in Deutschland ein Rarissimum – mögen mit Revolutionären sympathisieren, aber sie gehören in der Regel nun einmal nicht zu ihnen. Sie werden von den Konfliktparteien weder als Mitkämpfer noch als Gegner respektiert. Es sind also Bedeutung und wirklicher Reichtum, für die gekämpft und auch getötet wird. *Oro, gloria y evangelio*, Gold [Geld], Ruhm und Evangelium erstreben die jungen Spanier um die Wende zum 16. Jahrhundert (Romano/Tenenti 1967, 210). Diese Reihenfolge hat sich nie geändert. Lediglich die frohen Botschaften variieren. Damals «in der alten [europäischen] Heimat [...] durch das Erstgeburtsrecht Ausgeschlossene» machen sich an das «*ir a valer mas*», gehen weg, um «mehr zu gelten» (Romano/Tenenti 1967, 209/203).

Gewiß kann persönliche Geltung auch durch originelle Beiträge zur Zivilisation erlangt und das Nichtmitwirken dabei schmerzlich empfunden werden. Darin jedoch die Hauptquelle für islamistischen Haß zu sehen (etwa Meddeb 2002), überschätzt die Kreativität des Westens. Dort gibt es zwar jede Menge akzeptable Positionen, aber unter hunderttausenden Bewerbern wohl auch nicht mehr als einen wirklich Innovativen. Der mag beneidet werden. Mit Bomben bewirft man ihn nicht. Ohnehin hält die Vorstellung vom Islamismus als alternativem Raum für im

Westen abgelehnte Kreative der Überprüfung nicht stand. Die kulturellen Großleistungen des Islam etwa findet Amir Taheri, ehemals Herausgeber der iranischen Zeitung *Kayhan*, bei den Extremen gerade nicht: «Heute können die Islamisten keinen einzigen ernsthaften Denker oder schöpferischen Künstler vorweisen. Es gibt keine islamistischen Romanciers, Dichter, Filmemacher und Architekten, auch – und das ist noch viel offensichtlicher – keine islamistischen Komponisten, Maler und Bildhauer. Das einzige, was der Islamismus hervorbringt, sind Selbstmordbomber und Straßenkiller» (Taheri 2003, 12).

Die Furcht deutscher Männer vor einer Familie

Ungeachtet seiner Selbst- und Fremdtäuschungen reißt der westliche Kümmer-*youth bulge* des Babybooms eine unstrittige Verkrustung tatsächlich auf. Dieser Durchbruch hat sich als weibliche Emanzipationsbewegung präsentiert, die nach «Jahrtausenden patriarchalischer Unterdrückung» den Kampf um Befreiung «endlich» aufgenommen und dann auch gleich zu einem passablen Sieg geführt habe. Nach dem Erfolg dieser sexuellen Revolution hält die Erste Welt Zehntausende von Dauerstellen für Frauenbeauftragte bereit. Auch hier also werden ganz handfeste Motive durch Überhöhung verborgen. Und was eignete sich dazu besser als eine Jahrtausendleistung von viel zu lange schon Unterdrückten?

Was ist wirklich abgelaufen? Frauen, die ihre Jungfernschaft bewahren, haben über ein paar Jahrhunderte europäischer Geschichte eben dadurch Aussichten auf einen ehelichen Versorger. Dieser benötigt eine eindeutige Beziehung zum Erbsohn und deshalb die Garantie, daß der einzige Sexualpartner seiner Gattin er selbst ist. Das weibliche Geschlecht muß sich Sexualunterdrückung gefallen lassen, aber im Gegenzug gibt es – ungeachtet der eigenen Vertragsunmündigkeit – einen Status als versorgte Ehefrau.

Diesen Kontrakt «züchtige Hausfrau» gegen Versorgung unterminiert schon seit Anfang des 19. Jahrhunderts die Transformation des europäischen Arbeitslebens in eine mehrheitlich von Lohnabhängigen bestimmte Welt. Diese haben kein Eigentum bzw. keine eigene Wirtschaft, die ihnen im Erbkontrakt mit dem übernehmenden Sohn Alters- und Krankheitsversorgung einträgt. Rein ökonomisch verliert diese zur Mehrheit werdende Schicht das Motiv zur Fortpflanzung, die sich nun in eine bloß noch emotionale und biographische Option verwandelt. Entsprechend beginnt gegen 1875 in Europa der moderne Geburtenrückgang. Da auch bei «nur» drei oder vier statt vorher sechs oder acht Kindern pro Mutter eine Bevölkerung weiter kräftig zunimmt, bedarf es gegen 1900 eines regelrechten Entdeckers (Wolf 1931, 61), um das Phänomen ins öffentliche Bewußtsein zu heben, in dem es bis heute eine gänzlich ungebrochene Rolle spielt.

Seit den zwanziger Jahren des 20. Jahrhunderts zeigen Untersuchungen, daß zunächst die höheren Angestellten nach einer Partnerin suchen, die bereit ist, selbst zu verdienen und bei der Fortpflanzung in der Tendenz gegen Null zu gehen. Da diese Berufsgruppe um die attraktivsten Arbeitsplätze kämpft, versuchen ihre Mitglieder sich dadurch Konkurrenzvorteile zu verschaffen, daß sie Zeit, Energie und Geld nicht für Familien, sondern für Qualifikation einsetzen. In dem Maße, in dem diese Gruppe wächst, nimmt die Zahl männlicher Versorgungsangebote an potenzielle Ehefrauen ab. Wollen diese Frauen gleichwohl überleben, müssen sie selbst erwerbstätig werden können, also Arbeits-, Miet- und Kaufverträge abschließen dürfen. Dafür ist die Gleichberechtigung zu erkämpfen. Sie besagt nichts anderes, als daß Frauen dieselbe Vertragsmündigkeit gewinnen wie Männer. Dieser Prozess wird in der Ersten Welt noch im 20. Jahrhundert weit gehend abgeschlossen.

Seitdem entwickeln Frauen zunehmend dasselbe Verhaltensmuster wie Männer. Um Konkurrenten – jetzt beiderlei Geschlechts – für attraktivere Karrieren ausstechen zu können, suchen sie eher bestmögliche Qualifikationen als eheliche Versorger. Dieser Kampf um materielle Gleichberechtigung – begonnen von den sozial ranghöheren Frauen – ist ungebrochen im Gange. Von 1875 (Deutsches Reich) bis 1975 (Westdeutschland) sacken die Geburtenzahlen pro 1000 Einwohner von 40 auf 8 herunter. (Warum vor 1875 auch Eigentümer mehr als *zwei* Kinder aufweisen, liegt an der «europäischen Bevölkerungsexplosion» seit der Wende zum 15. Jahrhundert, die im III. Kapitel zu durchleuchten ist.)

Der überkommene weibliche Verzicht auf voreheliche Sexualität wird mit dem Entfallen männlicher Versorgungsangebote hinfällig. Für eine Jungfernhaut bietet kaum noch jemand etwas. Also rebellieren die Mädchen gegen die herkömmliche Sexualerziehung und die Jungen profitieren davon ebenfalls. Das gegenwärtige Paradox von den reichsten Territorien der Erde, die nicht imstande sind, sich aus eigener Fortpflanzung zu reproduzieren, löst sich also darin auf, daß Erwerbsquoten von Männern und Frauen von über 80 Prozent zwar den Reichtum steigern, aber die Verausgabung gerade der konkurrenztüchtigsten Lebensjahre für Vermehrung und Erziehung so gut wie unmöglich machen.

Mittlerweile fürchten etwa unter deutschen Männern 62 Prozent der 20–30-Jährigen und 71 Prozent der 31–45-Jährigen zwar nicht Liebesbeziehungen, aber familiäre Bindungen (Petersen 2002, 25). Das liegt auch daran, daß der Kindswunsch selbst ja nicht verschwunden ist und von den jungen Frauen an ihre mehr oder weniger gleichaltrigen Partner spätestens zwischen dem 25. und 35. Lebensjahr ganz massiv herangetragen wird. Danach beginnt die Fortpflanzung suboptimal zu werden. Bei 42-jährigen Frauen sind bereits 90 Prozent aller Eier abnormal (Gibbs 2002, 43). Dieses enge Fenster einer biologisch und sozial auf zehn Jahre reduzierten Vermehrungszeit ist identisch mit dem Zeitraum, in dem die jungen Männer *und* ihre Partnerinnen in der Konkurrenz nach oben kommen müssen oder eben Verlierer werden. Selbst diejenigen, die Vaterschaftswünsche haben, müssen – mitten im härtesten Konkurrenzkampf ihres Lebens stehend – das Ansinnen zurückweisen oder können ihm nur widerwillig nachkommen.

Es ist diese Zwickmühle, aus der auch die einfallsreichste Familienpolitik nicht heraushilft. Sie wird es im Gegenteil immer schwerer haben, da Berufe ohne Ausbildungserfordernisse abnehmen, weshalb die Kinderlosigkeit, die auf den höheren Qualifikationsstufen begonnen hat, längst nach «unten» durchgedrungen ist. Die einzige feste Bezugsgröße für Familienpolitik bleibt deshalb der emotionale Wunsch der Frauen nach Kindern. Da sich dieses psychische Bedürfnis mit einer einzigen Geburt bereits weit gehend erfüllt, tendieren die westlichen Gesellschaften eben zu Einzelkindern. Und aus dieser Perspektive liefern die *youth bulges* der weniger entwickelten Welt für die OECD-Staaten keineswegs nur ein Bedrohungspotenzial, sondern eröffnen zugleich ihre – allerdings nur vorübergehende und partielle – demographische Sanierung (dazu mehr in Kapitel VI).

46

Europa kompensiert Bevölkerungsschwund mit Einwanderern

Zuvor jedoch drängen Politikberater nach vorne. So hat Hans Werner Sinn, Direktor des Ifo-*Instituts für Wirtschaftsforschung* in München, eine Halbierung der Renten für Kinderlose vorgeschlagen (Sinn 2002). Da nicht genügend zukünftige Rentenverdiener geboren werden, sollen die Bürger mit weniger als zwei Kindern ihre Pensionen durch Eigenvorsorge auffüllen. Sie – bzw. ihre Versicherungen – sollen Staatsanleihen zeichnen, Anteile an Firmen (Aktien) erwerben oder Mietwohnungen bauen und im Ruhestand von den Zinserträgen, Dividenden und Mieteinnahmen leben. Wie aber die Ungeborenen, die keine Rente erarbeiten können, plötzlich quicklebendig Steuern für die Bedienung der Staatspapiere zahlen, in den Fabriken Dividenden hervorbringen und die vielen Wohnungen beziehen, bleibt ein nicht weiter erklärtes Wunder.

Die Kinderlosen dürften den angedrohten Rentenverlust nicht tatenlos hinnehmen. Die *Lex Julia* des Kaisers Augustus aus dem Jahre 14 v. u. Z bedroht Nachwuchsverweigerer damit, daß sie ihr eigenes Erbe nicht antreten dürfen (Heinsohn/Knieper/Steiger 1986, 24 ff.). Ausnahmen aber müssen gemacht werden – damals für Prostituierte. Daraufhin lassen sich die feinen Damen Roms in die Hurenregister eintragen. Das Imperium geht weiter unter: «Bis man zu den Zeiten kam, in denen wir weder unsere Krankheiten noch ihre Heilmittel ertragen können», kommentiert das Livius (60 v. u. Z bis 17 u. Z.) in der Einleitung zu seiner *Römischen Geschichte*. Heute bietet sich für die Tüchtigsten vielleicht kein Ausnahmeregister, aber doch die zeitige Auswanderung in den nordamerikanischen Raum an, wo Eigenvermehrung und Immigration bis auf weiteres gesichert sind (dazu mehr in Kapitel VI).

Damals im Römischen Reich verschwindet mit der Bankrottierung der Bauern die kleine ökonomische Einheit, auf der das römische Familienleben beruht. Nach der Vollstreckung in ihr verpfändetes Land bleiben diesen Bauern nur noch ihre *proles* (Kinder) und nach dem Wegsterben dieser Proletarier wächst dann nichts mehr nach. Am Ende soll das Imperium zwischen Schottland und Persien 2000 Familien gehört haben. Auf immer größer werdenden Latifundien der erfolgreichen Konkurrenten hat gerade noch der Aufseher der Sklavenkaserne eine eigene

Familie. Sklavenzuchtversuche scheitern an den langwierigen Preiserwartungen, weil nach Investitionen in zehn oder mehr Lebensjahre plötzlich ein einziger großer Sieg in Parthien Zehntausende billigst auf die Sklavenmärkte des Imperiums spülen und die Aufzuchtkosten zum Verlust machen konnte. Am Ende erfüllt sich des älteren Plinius (23–79 u.Z.) Diagnose *latifundia Italiam perdidere* (die Latifundien haben Italien bzw. das Reich zugrunde gerichtet; *Naturgeschichte*, Buch XVIII: 35).

Nun dürfte heilige Einfalt bleiben, was mit Entrentung der Kinderlosen kühner Einfall sein soll, weil zumindest die partielle demographische Stabilisierung Europas schon seit über dreißig Jahren im Gange ist. So hat zum Beispiel die Türkei ihren *youth bulge* – von 28 Millionen Einwohnern im Jahre 1961 geht es auf 68 Millionen 2002 (Lahmeyer 2003t) – nur teilweise in Bürgerkriegen gegen Kurden, andere Minderheiten, Linke etc. verbraucht. An die fünf Millionen junge Menschen aus der Türkei können auch dadurch vor noch blutigeren Konflikten gerettet werden, daß Europa sie zum Ausgleich seines Bevölkerungsschwundes nicht nur dringend benötigt, sondern auch hereinläßt. Auch die lateinamerikanischen *youth bulges* dieser Jahre konnten und können sich teilweise durch die Auswanderung nach Nordamerika vor heimischen Kämpfen in Sicherheit bringen. Dennoch läßt sich dadurch in etlichen Fällen die archaische Lösung durch gegenseitiges Wegtöten der jungen Leute nicht verhindern.

Selbst dort, wo eine Seite tatsächlich schnell siegt, hört das Töten nicht unbedingt auf. Die Revolution frißt dann keineswegs ihre Kinder, sondern nur die Brüder aus dem siegreichen eigenen *youth bulge*: Einen Positionsinhaber hat man erfolgreich beseitigt, aber auf seinem Platz wollen nun gleich zwei oder drei dem Volke dienen. Da das nicht geht, müssen sich diese drei aufspalten in Verteidiger der Kampfzeitideale und Verräter an der Revolution. Die Vorwürfe werden natürlich auf Gegenseitigkeit erhoben. Klassisch sind die Bürgerkriege gleich nach den erfolgreichen Entkolonialisierungskriegen. Jetzt erst kommen die Psychopathen ganz nach vorne, die sich bis dahin unter den bloß ehrgeizigen Vielen verstecken können. Und im Normalfall gewinnen die Ruchloseren, wie die Elitenforschung schon früh gesehen hat: «Es ist schwieriger, eine herrschende Klasse zu überwältigen, die sich umsichtig der Gerissenheit, des Betrugs und der Korruption zu bedienen weiß. Äußerst schwierig wird es, wenn es ihr gelingt, sich die Mehrheit derer zu assimilieren, die in der beherrschten Klasse dieselben Gaben besitzen» (Pareto 1975 [1916], 118 f.).

Südamerika hat *youth bulge*-Gipfel hinter sich

Südamerika durchläuft seit den sechziger Jahren des 20. Jahrhunderts seinen *youth bulge*-Gipfel. 1925 gibt es dort (Gesamtamerika minus Kanada/USA) ca. 100 Millionen Einwohner, 1975 sind es bald 320 Millionen. Die Ehrgeizigen aus den jungen Generationen spalten sich vielerorts ganz klassisch in Gerechtigkeitskämpfer (Guerilla) und Gesetzesverteidiger (Polizei/Armee) auf – erstere mit dem kommunistischen Lager und der westlichen Babyboom-Linken auf ihrer Seite und letztere unterstützt von der offiziellen Ersten Welt.

Betrachten wir mit El Salvador ein typisches Beispiel, in dem zwar viel getötet wird, aber – anders als etwa auf Kuba (1959; dazu unten mehr) oder in Nicaragua (von 1,0 auf 2,5 Millionen zwischen 1949 und 1979 [Sandinistenrevolution]) – keiner wirklich siegt. Im Jahre 1960 sind 45 Prozent der Bevölkerung El Salvadors unter 15 Jahre alt (*children bulge*) – vergleichbar mit dem heutigen Sudan oder Somalia. Die Bevölkerung steigt zwischen 1960 und 1975 von 2,5 auf 4,1 Millionen. Die Prokopfproduktion nimmt trotz des enormen absoluten Bevölkerungswachstums zwischen 1960 und 1972 um 27 Prozent zu (Viel 1976, 199/200/205). Die jungen Männer werden also nicht nur dramatisch zahlreicher, sondern sind auch besser versorgt als ihre Vorgänger. 130.000 Siedler weichen nach Honduras aus. 1969 bringt ein kleiner Krieg zwischen beiden Ländern schon einmal 2000 Tote. Marxistische Bewegungen rekrutieren nun vorwiegend für innere Kämpfe El Salvadors. Bauernmilizen kämpfen gegen sie. In Wahlen kommen Rechte und Linke auf fast gleich hohe Wählerzahlen. 1975 läßt die Regierung auf Demonstranten schießen. Staatliche Reformbemühungen zur Unterbindung weiterer Blutvergießens scheitern an unerfüllbaren Forderungen beider Seiten. Marxisten gehen gegeneinander vor, weil einige Posten annehmen, also «verräterische Kollaborateure» der Regierung werden wollen.

Die Zahl der 15–24-Jährigen El Salvadors springt von 360.000 im Jahre 1970 auf 680.000 im Jahre 1990 (LC-FRS 2002). Von 1981 bis 1992 führen gegenseitige Tötungen zu 75.000 Opfern gerade unter den aktivsten jungen Leuten. Zusätzliche 200.000 fliehen außer Landes. Umgerechnet auf deutsche Verhältnisse (80 Millionen Einwohner gegen 4 Millionen 1975 in El Salvador) wären hierzulande 1,5 Millionen Menschen zu Tode gekommen und 4 Millionen geflohen. In der alten Bundesrepublik alleine wären das immer noch weit über 1 bzw. 3 Millionen. Das würde so mancher heute noch ausdiskutieren wollen.

Der Frieden wird in der Hauptstadt Mexikos geschlossen, das ebenfalls viel mehr internes Blutvergießen hätte erleben müssen, wenn es nicht 11 Millionen Einwohner ins nordamerikanische Exil hätte drängen können (Economist 2003c, 25). Das überlebende Führungspersonal beider Seiten El Salvadors formt nun eine gemeinsame Regierung. Einmal mehr hat gegolten: «Die Geschichte ist ein Friedhof der Eliten» (Pareto 1916 [Eisermann 1962, 153]). Von Marxismus redet kaum noch jemand. Im Jahre 2003 ist der *children bulge* des Landes zwar auf 38 Prozent gefallen, aber immer noch kritisch. Der aktuelle *youth bulge* verliert allerdings Druck durch die Aufnahmefähigkeit Nordamerikas, wo allein in den USA – einschließlich der dort erfolgenden Vermehrung – zwei Millionen untergekommen sind, statt daheim zu töten oder getötet zu werden. Zugleich liefern ihre Überweisungen von über zwei Milliarden US-Dollar jährlich einen Sechstel des Einkommens von El Salvador. Diese Beträge tragen ein Stück weit zur Befriedung seiner jetzt 6,3 Millionen Menschen bei (Damon 2002), die im Januar 2003 konsequenterweise den US-Dollar als Währung übernehmen (Economist 2002, 57).

In Südasien und Afrika brodeln *children bulges*

Springen wir aus der jüngsten Vergangenheit des katholischen Mittelamerika in die Gegenwart Südasiens. Dort wird an vielen Orten massakriert. Ein wiederum nur exemplarisches Bild liefert Nepal, wo seit 1996 darüber gerätselt wird, warum – unter einem Führer Prachanda – Maoisten Polizisten töten und umgekehrt. Friedensverhandlungen brechen die jungen Rebellen ab: «Das Motiv blieb bis heute unklar» (Germund 2002, 3). Wenn statt der Werke Maos die Schriften Bakunins auf Nepali vorlägen, würde die Presse vielleicht von Anarchisten gegen Polizisten zu berichten haben. Die jungen Leute finden immer etwas. Aber Ironie verbietet sich hier und die Tötenden selbst halten große Stücke auf ihre differenzierten Überlegungen. Die haben sie dazu gebracht, nicht nur Feudalisten und Faschisten, sondern auch noch die heimischen Marxisten-Leninisten sowie die *Vereinigten Marxisten-Leninisten* zu bekämpfen (Alex 2002) – und irgendwann sogar die indische Armee. Was wirklich vorgeht, erhellen weder internationale Nachrichten noch Spezialanalysen. Man spekuliert darüber, ob Mongolen eher zum Maoismus neigen als die nepalesischen Hindus (Raman 2001).

Aber zu bedenken ist auch, daß in dem schwer zugänglichen Land mit über 11 Millionen Kindern unter 15 (41 Prozent der Bevölkerung) ein heftiger *children bulge* brodelt. Von 14 auf 26 Millionen hat die Bevölkerung zwischen 1980 und 2002 angezogen (Lahmeyer 2003b) – ein demographischer Sprengsatz, der auch durch die angestrebte Beseitigung der Monarchie nicht entschärft wird. Nach über 4000 Toten allein zwischen November 2001 und Januar 2003 (Bhattarai 2003, 4) beginnen Waffenstillstandsgespräche zwischen den Kräften des Gesetzes und der Guerilla der Gerechtigkeit. Wenn sie scheitern – so Kultusminister Kuber Prasad Sharma Ende Mai 2003 – gibt es «kambodschanische Verhältnisse», also Genozid (Buchsteiner 2003b, 4).

In Afrika – 6000 Kilometer weiter westlich – beginnen im September 2002 Kämpfe für die «Befreiung der Elfenbeinküste». Muslimische Soldaten der nördlichen Stämme – so heißt es fast *unisono* in den Medien – empören sich über ihre Diskriminierung durch die christlichen Regenten und besetzen Bouaké in ihrem Landesteil. Gewiß gibt es diese religiöse Spaltung. Die Bevölkerung von Côte d'Ivoire ist aber noch auf eine andere Weise unterteilt. Die eine Hälfte ist unter 18 Jahre alt, die andere umfaßt alle übrigen. Die Menschenzahl hat sich in vier Jahrzehnten verfünffacht. Vieles über Armut und religiösen Haß ist in den Analysen zu lesen. Was jedoch fehlt, ist das dramatische Anschwellen der Bevölkerung zwischen 1962 und 2002 von 3,5 auf über 17 Millionen (Lahmeyer 2003h). Und dennoch können die Reporter vor Ort den demographischen Faktor nicht verdrängen: «Das letzte Bild aus Bouaké ist das beängstigendste: Zehn oder zwölf Jahre alte Kinder, frisch von den Aufständischen rekrutiert, paradieren mit ihren Waffen durch die

Stadt, während Tausende junger Männer in den Kampfpausen die Straßen säumen. Es ist der Mob, der auf den Startschuß zum Plündern wartet» (Scheen 2002a, 3).

Selbst bei der Erklärung der dem Westen militärisch ungemein nahe gerückten afghanischen Unruhen können die Kommentatoren gar nicht schnell genug auf ethnische und religiöse Spannungen ausweichen. Daß Afghanistans Bevölkerung zwischen 1983 und 1993 von 14 auf bald 22 Millionen hochzieht (Lahmeyer 2003c), bevor 1994 der Aufstieg der Taliban und deren voluminöse Tötungen und millionenfache Vertreibungen beginnen, wird für belanglos gehalten. Auch das von den Taliban durchgesetzte Ausbildungs- und Arbeitsverbot für Frauen wird vorrangig als antifeministischer Exzess gegeißelt, obwohl es den Kriegern vorrangig darum geht, die Frauen zu Gebärmaschinen im Dienste zukünftiger Siege zu machen. Und doch zeigt schon die Kennzeichnung der frommen Krieger als Studenten, daß hier nur einmal mehr die klassische Jugendrevolte lediglich ein neues Gewand angelegt hat.

Bei Berücksichtigung des unvermindert hohen afghanischen *youth bulge* verwundert die Fortsetzung des zwischen 7. Oktober und 25. November 2001 gewonnenen Blitzkrieges (*Enduring Freedom*, O'Hanlon 2002) nicht. Das Land ist schon wieder der produktivste Opiumlieferant der Welt, obwohl die Beendigung dieses Zustandes eines der erklärten Kriegsziele gegen die Taliban gewesen ist. Die mit schnell wachsenden Familien belasteten Bauern gehen bewaffnet gegen Regierungsverbände vor, die zur Zerstörung der Ernte anrücken (Deckers 2003, 9). Frische afghanische Verbände haben den «Dschihad gegen die US-Truppen» ausgerufen. Sie verbreiten seine heilige Botschaft auch gegen die 2400 deutschen Soldaten landesweit auf Postern und Flugblättern (Burnell 2003, 7). Die Taliban-Studenten haben bereits einen Zehnerrat als Gegenregierung installiert. Daß diese nie entscheidend geschwächten Gegner Amerikas Mitte 2003 bereits «viermal so stark wie Afghanistans antisowjetische Bewegung im Jahre 1979» antreten (Mühlmann 2003, 7), kann nur dort erstaunen, wo der Bevölkerungssprung von 13 auf 28 Millionen in eben diesem Vierteljahrhundert ausgeblendet wird. Lediglich ein Ende der afghanischen Kämpfe noch vor 2025 böte eine wirkliche Überraschung. Denn bis dahin soll es hoch gehen auf 52 Millionen Einwohner. Davon sind zu jedem Zeitpunkt mindestens die Hälfte unter 20 Jahre alt. Am Ende des Zeitraums hat man absolut eben so viele junge Leute unter 20 wie die Mittelmächte Frankreich und Deutschland zusammen.

Wann wird Gewalt in *youth bulge*-Nationen zur Regel?

Es soll nun eine globale Prüfung des *youth bulge*-Bedrohungsszenarios vorgenommen werden. Die Tabelle ab Seite 59 untersucht für alle Nationen der Erde mit mindestens 650.000 Kindern unter 15 Jahren, ob die behauptete Korrelation zwischen *youth bulges* und Tötungen zutrifft. Alle zukünftigen *youth bulge*-Nationen sind fett gesetzt. Es sind diejenigen mit heutigen *children bulges* von mindestens 30 Prozent. Da in der Spitze sehr viel höhere Quoten erreicht werden (51 Prozent trotz permanenter Kämpfe und etlicher Genozide in Uganda und 45–49 Prozent in weiteren 24 schwarzafrikanischen und arabischen Ländern), ist man versucht, einen besonders kritischen Grenzwert für den Ausbruch von Gewalt zu nennen. Vielleicht wird das einmal möglich sein. Aber es kann auch unter 30 Prozent schon zu Gewalt kommen, sodaß hier jedem Eindruck einer allgemein gesicherten Schwelle widerstanden werden muß.

Für jede *youth bulge*-Nation, die bereits tötet oder kürzlich getötet hat, werden entsprechende Kurzinformationen gleich in der Nationenzeile vermerkt. Standardbeispiele für *youth bulge*-Tötungen in anschließend ruhiger werdenden Ländern sind etwa Kuba (Nr. 85 der Liste), das zwischen 1935 und 1959 (Revolution Castros) von vier auf sieben Millionen Einwohner ansteigt (Lahmeyer 2003j) oder Libanon (Nr. 112 der Liste), wo sich die Einwohnerzahl von 0,85 Millionen im Jahre 1935 auf 2,8 Millionen im Jahre 1975 (Beginn des bis 1990 laufenden Bürgerkriegs) mehr als verdreifacht (Lahmeyer 2003k). Diese Länder erscheinen nicht mehr in Fettdruck. Aber in einer vergleichbaren Tabelle für – sagen wir – das Jahr 1960 hätten sie fett gedruckt werden müssen. Damals hat niemand eine solche Übersicht erstellt und auch die nachfolgende muß mit den Provisorien eines Erstlings fertig werden.

Relativ schnell läßt sich erkennen, daß *youth bulges* mit Bürgerkriegen, Genoziden und Terror korrelieren. Unter den 124 Nationen der Tabelle finden sich 67 mit *youth bulge*-Problemen. Von diesen 67 hatten oder haben 60 mit mehr oder weniger großen Tötungsaktionen zu kämpfen. Die Tabelle verharmlost diesen Zustand insofern noch, als Daten für Auswanderungsquoten nicht integriert sind.

So realisiert etwa Afrikas demokratisches Musterland Benin (Nr. 75 der Liste) eine schnell wachsende Auswanderung nach Frankreich (Robin 1997) und verringert momentan seinen demographischen Druck (von 3,5 auf 7 Millionen zwischen 1980 und 2003 [Lahmeyer 2003m]) durch Außenverlagerung. Auch die Abschiebung von Oppositionellen ins Exil (Kuba, Libyen etc.) oder die Auslagerung von 50.000 jungen Männern als Hilfsarmee nach Angola im Jahre 1975 (wiederum Kuba) reduziert die interne Brisanz. Dasselbe gilt für das Potenzial zur «Bestechung» ganzer Völker mittels untypisch hoher Außeneinnahmen durch Rohstoffverkäufe (Libyen, Saudi-Arabien). Nicht zu vergessen ist der beträchtliche Einfluß von AIDS-Epidemien südlich der Sahara. Sie führen bereits in den Jahren 2000–2002 dazu, daß schwarzafrikanische Länder in der Weltrangliste absoluter Kinderzahlen zurückfallen. Sie mögen in Zukunft dazu beitragen, daß die gerade dort überstarken *youth bulges* für Rebellionen gar nicht mehr die erforderliche Vitalität aufbringen.

Wieviel Beweiskraft der Liste für die These von *youth bulge*-induzierten Unruhen zukommt, wird sicher zu Kontroversen führen. Aber ihre Befunde als bloße Zufälligkeiten abzutun, bedürfte dann eigener Begründungen. Gleichwohl müssen interne Gewalt, Emigration und transnationaler Terror keine erstrangigen Lösungen für *youth bulges* bleiben. Die gewaltigen Zahlen junger Menschen zeigen aber die Größe der Herausforderung. Gewiß kann man für jede Nation zusätzlich auch nach ureigenen landestypischen Tötungsgründen jenseits eines *youth bulge* fahnden. Aber man würde ähnliche Gründe auch bei anderen Nationen finden, in denen nicht oder kaum getötet wird, sodaß man am Ende doch einer Einbeziehung des *youth bulge* nicht ausweichen könnte. Man würde ganz ähnlich verfahren wie bei der stereotypen Erforschung von großtötenden Diktatoren. Weil diese Männer psychologisch und allgemeinmedizinisch extrem genau seziert werden, findet man bei ihnen fast immer irgendwelche «Mörder»-Anlagen als oberflächlich überzeugende Ursache ihres bösen Tuns. Würde man aber auch alle unauffällig gebliebenen

Staatslenker ebenso intensiv angehen, verlören sich die meisten Gewißheiten recht schnell, weil viel verrücktere Herrscher oft ganz harmlos geblieben sind.

Nicht nur *youth bulges* verursachen langwieriges Töten

Undemokratische Strukturen lassen sich dort, wo getötet wird, fast immer nachweisen. So gilt Südamerika mit – wie gezeigt – 100 Millionen Menschen 1925, aber schon 325 Millionen 1975 vor allem während seiner *youth bulge*-Hochzeit (1950er-1990er Jahre) als besonders diktaturversessen. Davor und danach – seit Mitte der 1990er Jahre – wirkt der Kontinent diesbezüglich weniger anfällig. Womöglich tut man sich leichter mit der Aufrechterhaltung oder Einführung von Demokratie, wenn potenzielle Wahlsieger auch tatsächlich mit Positionen versorgt werden können. Wenn da einfach zu viele an die Siegeströge drängen, muß dieses in der Untersuchung von antidemokratischen Perioden mit bedacht werden.

Die bis 2020 auf den *youth bulge*-Höhepunkt treibenden islamischen Staaten könnten einem ähnlichen Muster wie Lateinamerika folgen. Seit der Annullierung der 1991er Wahlen in Algerien – seine Bevölkerung schießt von 10 auf 25 Millionen zwischen 1960 und 1990 [Lahmeyer 2003l]) – und der Illegalisierung der islamistischen Siegerparteien wird auch im islamischen Raum von demokratischen Wahlerfolgen keineswegs eine Erweiterung, sondern eher noch eine zusätzliche Einschränkung der Menschenrechte befürchtet. Die seitdem in Algerien nicht abreißenden innerarabischen Dörferabschlachtungen und Gegenschläge der Armee haben mit über 120.000 Opfern fünfzig Mal so viele Tote gekostet wie der israelisch-arabische Konflikt im selben Zeitraum.

Gleichwohl gilt, daß immer auch nach anderen Gründen als *youth bulges* für langwierige Tötungen gefahndet werden muß. Wenn dafür auf die längst unüberschaubar gewordene Literatur verwiesen wird, sollen solche Faktoren keineswegs verharmlost oder gar negiert werden. Lediglich ihre weit verbreitete Alleinvertretung wird hier nicht mit gemacht.

Man wird in der nachstehenden Tabelle auch sehen, daß bestimmte Bluttaten von Nationen begangen werden, die selbst ohne *youth bulge* leben, sich jedoch gerade mit *youth bulge*-geprägten Minderheiten oder äußeren Feinden im Kampf befinden. «Schon Schüler [im *youth bulge*-geprägten Tschetschenien] gehen von zu Hause in die Wälder zu den Kämpfern, um ihre getöteten Verwandten zu rächen» (Wehner 2002, 3). Diese Gefallenen müssen aber erst einmal Brüder und Cousins haben, damit ihnen Rächer für die Massaker und Plünderungen durch die russische Armee erwachsen können. Und wenn pro tschetschenischer Familie nicht so viele Söhne vorhanden wären, hätte es vielleicht von vornherein den Krieg nicht gegeben, dessen Tote nun zu rächen sind. Nur aufgrund seines *youth bulge* widersteht das kleine Tschetschenien (Zunahme von 850.000 auf über eine Million zwischen 1997 und 2002) dem immensen Rußland, das vom Gegenteil betroffen ist (Abnahme von 147 auf 144 Millionen im selben Zeitraum). Auch weil mit fast jedem gefallenen Russen ein Einzelkind stirbt, schlägt der tönerne Riese so genozidal um sich: 1994/95 werden in dem kleinen Land 40.000 Menschen getötet. Bei Übertragung dieser Opferquote auf die addierte Einwohnerschaft von Deutschland, der Schweiz und Österreich wären hier vor zehn Jahren 4 Millionen Menschen zu Tode gebombt worden. Die Bewältigung dieser Vergangenheit wäre jetzt in vollem Schwange. Und auch im Jahre 2003 greifen sich russische Kommandos hunderte von jungen Tschetschenen, die «Tage später tot aufgefunden werden» (Wehner 2003a, 3). Die Selbstmordattentate reduziert das nicht.

Islamistische Gewalt korreliert hoch mit *youth bulges* in islamischen Staaten. Unter den ersten 40 Ländern der Weltkinderrangliste stellen 14 islamische ein gutes Drittel. Betrachtet man nur die 27 – fett gedruckten – *youth bulge*-Nationen unter den ersten 40, so steigt der Anteil der 13 islamischen Länder (die Türkei ist raus aus dem *youth bulge*) auf knapp 50 Prozent. Neun weitere *youth bulge*-Länder unter den ersten 40 verfügen zudem über starke und überdurchschnittlich geburtenintensive islamische Minderheiten von bis zu 50 Prozent (Nigeria): Indien (Nr. 1; 125 Millionen Muslime), Nigeria (Nr. 6; 65 Millionen Muslime), Philippinen (Nr. 11; 5 Millionen Muslime); Äthiopien (Nr. 10; 30 Millionen Muslime); Tansania (Nr. 20; 13 Millionen Muslime); Südafrika (Nr. 23; 1 Million Muslime); Kenia (Nr. 24; 3 Millionen Muslime); Uganda (Nr. 26; 4 Millionen Muslime) und Nepal (Nr. 34; 1 Million Muslime). Mit knapp 250 Millionen stellen diese Minderheiten über 20 Prozent der gut 1200 Millionen Muslime weltweit.

Zu fragen ist schließlich, ob der heutige Rangplatz bei den Kinderzahlen den zukünftigen Rangplatz einer Nation bei der absoluten Bevölkerung einigermaßen gut voraussagt. Nach Schätzungen des *Population Reference Bureau* werden die ersten 15 Kindernationen von 2003 auch die ersten 15 Gesamtbevölkerungsnationen von 2050 sein – allerdings mit Verschiebungen innerhalb dieser Spitzengruppe.

Rangordnung der 15 bevölkerungsstärksten Nationen im Jahr 2050

(PRB 2003; Klammerergänzungen zu 1–15 im Jahre 2003 G.H.)

Rang 2050	Nation	Gesamtbevölkerung 2050 (Millionen)	Heutige Gesamtbevölkerungsrangliste
1	Indien	1628	(heutige 1: China)
2	China	1394	(heutige 2: Indien)
3	USA	413	(heutige 3: USA)
4	Pakistan	332	(heutige 4: Indonesien)
5	Indonesien	316	(heutige 5: Brasilien)
6	Nigeria	304	(heutige 6: Pakistan)
7	Brasilien	247	(heutige 7: Rußland)
8	Bangladesch	205	(heutige 8: Bangladesch)
9	Kongo, D.R.	182	(heutige 9: Nigeria)
10	Äthiopien	173	(heutige 10: Japan
11	Mexiko	151	(heutige 11: Mexiko)
12	Philippinen	146	(heutige 12: Philippinen)
13	Vietnam	117	(heutige 13: Deutschland)
14	Ägypten	115	(heutige 14: Vietnam)
15	Rußland	102	(heutige 15: Ägypten)

In der Ersten Welt wird allein die USA, die von ihrer heutigen *Kinder*bevölkerung her von Platz 3 auf Platz 5 der 2050er *Gesamt*bevölkerung absinken müßte, auch im Jahre 2050 ohne Positionsverlust auf Platz 3 erwartet. Dazu tragen auch Auswanderer aus Westeuropa bei, die auf ein Ende seines Vitalitätsverlustes nicht rechnen. Die Länder der EU erleben bei Umsetzung des jetzigen Kinderranges in den zukünftigen Gesamtrang denn auch die tiefsten Stürze, wobei Griechenland mit dem Abstieg von Position 70 auf Position 100 den Weltrekord markiert.

Rangplatzverluste bei der Gesamtbevölkerung

Die folgende Tabelle zeigt die *Rangplatzverluste* von Nationen mit einer absinkenden Gesamtbevölkerungszahl zwischen 2003 und 2050.
Der Kinderrangplatz von 2003 ist dabei übersetzt worden in den Gesamtbevölkerungsrangplatz von 2050. Potenzielle Immigration ist nicht berücksichtigt.

Brasilien	von 5 auf 7	Serbien-Montenegro	von 69 auf 88
Rußland	von 7 auf 15–16	Weißrußland	von 73 auf 94
Japan	von 10 auf 18	Belgien	von 74 auf 95
Korea/N+S	von 16 auf 21	Ungarn	von 76 auf 97
Deutschland	von 13 auf 27	Tschechien	von 75 auf 98
Großbritannien	von 21 auf 30	Schweden	von 79 auf 99
Frankreich	von 22 auf 32	Griechenland	von 70 auf 100
Argentinien	von 31 auf 37	Österreich	von 82 auf 103
Italien	von 23 auf 43	Hongkong	von 88 auf 105
Ukraine	von 25 auf 44	Schweiz	von 89 auf 106
Spanien	von 29 auf 54	Israel/jüd. Gebiete	von 104 auf 108
Sri Lanka	von 51 auf 59	Bulgarien	von 86 auf 110
Taiwan	von 47 auf 60	Dänemark	von 101 auf 113
Kasachstan	von 56 auf 66	Slowakei	von 99 auf 114
Chile	von 59 auf 69	Moldavien	von 109 auf 115
Australien	von 52 auf 70	Georgien	von 106 auf 116
Rumänien	von 48 auf 71	Finnland	von 103 auf 117
Kuba	von 66 auf 85	Irland	von 113 auf 119
Kroatien	von 110 auf 120	Bosnien-Herzegowina	von 112 auf 121
Armenien	von 119 auf 123	Litauen	von 118 auf 124

Auf den folgenden Seiten:

Rangordnung der Nationen nach Zahl der Kinder bis zur Vollendung des 14. Lebensjahres im Jahre 2003

Aufgeführt sind sämtliche Nationen mit mindestens 650.000 Kindern (124 von ca. 200).

Alle Zahlen und Prozentsätze sind gerundet und extrapoliert aus Angaben für den 31. 12. 2001 und/oder Schätzungen für Juli 2002. Rechts in Klammern steht jeweils die heutige Gesamtbevölkerung mit ihrer Weltrangposition.

Aktuelle *children bulge-* bzw. zukünftige *youth bulge-*Nationen stehen in Fettdruck (mindestens 30 Prozent der Bevölkerung von 0 bis 14 bzw. 20 Prozent zwischen 15 und 24 Jahre alt).

Soweit es Daten gibt, sind unter den Nationen aktuelle oder – bei abgelaufenen *youth bulges* – frühestens seit 1945 erfolgte Tötungen (Bürgerkrieg, Genozid) verzeichnet (für die Zeit davor siehe Heinsohn 1999). Es gibt Angaben zu Jahresdaten, Opferzahlen (lediglich grobe Schätzungen) sowie partiell Konfliktregionen und spezifischen Opfergruppen. Massendemonstrationen mit wenigen Toten sind weggelassen. Reguläre Kriege werden nur im Einzelfall angegeben, obwohl gerade in ihnen große *youth bulge-*Anteile zu Tode kommen. Durchaus kriegsverbrecherisch getötete Zivilisten in Kriegen (Bombardierungen etc.) sind ebenfalls weggelassen.

Für die demographischen Daten vergleiche CIA 2003; Lahmeyer 2003a; PRB 2003. Für die Tötungsdaten nach 1945 siehe Gantzel/Schwinghammer 1995; Harff/Gurr 1996; Dießenbacher 1998; Heinsohn 1999; Charny 2000; Stanton 2002; FAS 2002; HRW 2002; PGI 2002; RSF 2002; White 2002 und aktuelle Meldungen.

Weltrangplatz nach heutiger Kinderzahl	Ca.-Prozentsatz der Bevölkerung unter 15 in letzter Halbdekade	Kinder unter 15 in absoluten Zahlen	Weltrangplatz in dieser Liste nach heutiger Gesamtbevölkerung
1. Indien	33%	345 Millionen	von 1050 Millionen [2.]
2. China	24%	310 Millionen	von 1285 Millionen [1.]
3. Indonesien	31%	70,5 Millionen	von 232 Millionen [4.]
4. Pakistan	40%	60 Millionen	von 148 Millionen [6.]
5. USA	21%	59 Millionen	von 285 Millionen [3.]
6. Nigeria	44%	57 Millionen	von 130 Millionen [9.]
7. Brasilien	28%	49,4 Millionen	von 176 Millionen [5.]
8. Bangladesch	34%	45 Millionen	von 134 Millionen [8.]
9. Mexiko	33%	34 Millionen	von 104 Millionen [11.]
10. Äthiopien	47%	32 Millionen	von 68 Millionen [17.]
11. Philippinen	37%	31 Millionen	von 85 Millionen [12.]
12. Kongo, Dem. Rep.	48%	27 Millionen	von 56 Millionen [24.]
13. Vietnam	32%	26 Millionen	von 81 Millionen [14.]
14. Ägypten	35%	24,5 Millionen	von 71 Millionen [15.]
15. Rußland (ab 1990)	16%	24 Millionen	von 144 Millionen [7.]

1947–49, 100.000e (Muslime) ❭ 1968–82, 2000 (Naxaliten, Linke) ❭ seit 2001, 1000e (Muslime, auch Hindus in Gujarat, Kaschmir; 10.000e in den Pakistankriegen)

1949–77, 35 Millionen (Eigentümer, «Klassenfeinde») ❭ 1950–90, 1 Million (Tibeter); seit 1990, 1000e (Uiguren) ❭ 1998–2001, 60.000 (Hinrichtungen und Direkttötungen durch Polizei etc.)

1958–61, 10.000 (Bürgerkrieg) ❭ 1965–66, 500.000 («Kommunisten», Chinesen) ❭ 1969–heute, 100.000e (Genozide in West-Papua, Timor, Aceh, Molukken etc.) ❭ 1998, 1200 (Djakarta. Pogrom gegen Chinesen) ❭ 2002, 100e (Islamistenterrorismus gegen Westtouristen in hinduistischem Bali)

1947–49, 100.000e (Hindus) ❭ 1971, 1,5 Millionen (Ostbengalen, Hindus etc. in Bangladesch) ❭ 1973–77, 10.000 (Belutschen, Pathanen) ❭ 1973–heute, 1.000e (Sindhis, Rebellen; Sunniten gegen Schiiten. 10.000e in den Indienkriegen)

(zahlreiche Kriege weltweit seit Korea 1953, ohne eigenen *youth bulge,* aber mit ausreichender Geburtenzahl plus noch einmal 25Prozent davon als Neueinwanderer)

1966–1979, 1 Million (Ibos, Yoruba etc.) ❭ 1980–84, 6000 (Islamisten) ❭ 2000 (Februar), 3000 (Muslime gegen Christen im Bundesstaat Kaduna) ❭ 1993–2001, 1000e (Ogoni etc.)

1964–85, 2000 (Gegner der Militärdiktatur) ❭ 1964–92, 100.000 (12 Völker für Siedlerland; über 90Prozent Tötungsquote) ❭ 1987–heute, 8000 (Straßenkinder)

siehe oben (4.) Pakistan ❭ 1975–heute, 3000 (Chittagong-Minderheiten)

1945–heute, 10.000e (Indianer, zwischendurch Rebellen, abnehmend)

1974–91, 4 Millionen (Eigentümer, Klassenfeinde, Ethnien)

1946–54, 10.000 (Hukbalahap Rebellion ❭ 1972–heute, 120.000 (Islamo-Marxisten, Regierungsleute)

1967/68, 2000 (Söldneraufstand) ❭ 1977/78, 2000 (Shaba-Konflikt) ❭ 1992–95, 8000 (Ethnien) ❭ 1998–heute, 3.500.000 (Ostkongolesen, ruandische, ugandische Siedler)

1945–75, 1,7 Millionen (durch Marxisten), 100.000 (durch Südvietnamesen) [ohne Vietnamkriege]

Sporadisch, 100e (Kopten; 10.000e in Kriegen gegen Nordjemen + Israel) ❭ 1992–heute, 100e (Touristen, Muslimbrüder)

1994–heute, 45.000 (Tschetschenen, Terror in Moskau)

16. Iran	**32 %**	**21 Millionen**	**von 67 Millionen**	**[19.]**
17. Türkei	27 %	19 Millionen	von 67,5 Millionen	[18.]
18. Japan	14,5 %	18,5 Millionen	von 127 Millionen	[10.]
19. Sudan	**45 %**	**17 Millionen**	**von 37,5 Millionen**	**[32.]**
20. Tansania	**46 %**	**17 Millionen**	**von 37 Millionen**	**[33.]**
21. Korea, Nord+Süd	22 %	16 Millionen	von 70 Millionen	[16.]
22. Thailand	24 %	14,5 Millionen	von 61,5 Millionen	[20.]
23. Südafrika (ab 1994)	**32 %**	**14 Millionen**	**von 44 Millionen**	**[26.]**
24. Kenia	**42 %**	**13 Millionen**	**von 31,5 Millionen**	**[36.]**
25. Kolumbien	**32 %**	**12,9 Millionen**	**von 40 Millionen**	**[28.]**
26. Uganda	**51 %**	**12,8 Millionen**	**von 25 Millionen**	**[42.]**
27. Deutschland	15 %	12,7 Millionen	von 83 Millionen	[13.]
28. Burma (Myanmar)	29 %	12 Millionen	von 42 Millionen	[27.]
29. Afghanistan (m. Lagern)	**42 %**	**11,6 Millionen**	**von 27,8 Millionen**	**[39.]**
30. Großbritannien	19 %	11,4 Millionen	von 59,8 Millionen	[21.]
31. Algerien	**33 %**	**11 Millionen**	**von 33 Millionen**	**[34.]**
32. Frankreich	18 %	10,7 Millionen	von 59,7 Millionen	[22.]
33. Marokko	**33 %**	**10,6 Millionen**	**von 31,2 Millionen**	**[37.]**
34. Nepal	**40 %**	**10,4 Millionen**	**von 26 Millionen**	**[40.]**
35. Irak	**41 %**	**10 Millionen**	**von 24 Millionen**	**[43.]**
36. Saudiarabien	**42 %**	**9,9 Millionen**	**von 23,5 Millionen**	**[45.]**

1953–58, 26.000 (Schahgegner)

1979–heute, 10.000 (Mujahedin, Bahai, Juden, Intellektuelle ❭ 100.000e verloren gegen Irak 1980–88)

1994–heute, 10.000 (Kurden, Minderheiten, abnehmend ❭ 5 Mill. Emigranten

(Terror linksradikaler Babyboomer)

1955–72, 600.000 (Dinka, Naga, Nuba) ❭ 1983–heute, 250.000 (Dinka, Naga, Nuba)

1964, 5000 (Araber von Sansibar) ❭ 2001–heute, 100e (Pemba, Sansibar)

1949–heute, 2 Millionen (Nord: Eigentümer, Klassenfeinde, Hungeropfer) [ohne Koreakrieg]

1965–80, 3000 (Bürgerkrieg)

1976–1994, 4000 (Anti-Apartheit-Aufstand) ❭ 1980er, 10.000 (ANC gegen Zulus) ❭ 1994–heute (extreme Mordquote mit 22.000 Fällen in 2000)

1952–56, 10.000 (Mau Mau Aufstand) ❭ 1952–1960, 1500e (Kikuyu) ❭ 1963–67, 5000 (Shiftakrieg gegen Somalia) ❭ 1991–95, 2000 (Niloten und andere Minderheiten) ❭ 1996–heute, 2000 (Wahlkampfmassaker)

1964 bis heute, 40.000 (Guerillas, auch untereinander, Regierungsleute, Bauern) [Dörferabschlachtungen]

1971–79, 300.000 (Stämme, Idi Amin-Faktor) ❭ 1981–1985, 520.000 (Stämme, Obote-Faktor) ❭ 1994–heute, 1.000e (Regierungsleute, sieben Befreiungsarmeen, Bauern)

[1945–49, 2,1 Millionen Vertriebene; 1961–89 Mauertote; außer Kontext] ❭ RAF-Terror der Babyboomer mit wenigen Ermordeten

1988, 3000 (Demokraten) ❭ 1948–heute, 100.000–300.000 (Rebellen, Christen, Muslime, Shan, Karen etc.)

1978–92, 1,75 Millionen (Eigentümer, Paschtunen, Marxisten, Islamisten) ❭ 1994–2001, viele 10.000e (Normalislamisten, Taliban etc.)

[Tötungen in Entkolonialisierungskriegen; außer Kontext] ❭ 1969–heute, 3200 (Katholiken, Protestanten in Ulster)

1954–62, 450.000–2 Millionen (Bürger- und Unabhängigkeitskrieg) ❭ 1962, 30.000 (Harkis [Franzosenfreunde]) ❭ 1992–heute, 140.000 (Säkulare, Islamisten, Dörferabschlachtungen)

[Tötungen in Entkolonialisierungskriegen; außer Kontext]

1976–heute, 10.000e (Sahauris)

1962, 100 (Unruhen) ❭ 1996–heute, 4000 (Polizisten, Maoisten)

1961–heute, 250.000 (Kurden, Schiiten, Kuweitis, Israelis ❭ 100.000e verloren gegen Iran 1980–88 ❭ etwa 100.000 im Golfkrieg 1990/1991)

[etwa 1000 öffentliche Hinrichtungen seit 1990; (davon 5 Mill. Ausländer) überrepräsentiert im transnationalen Terror mit 1000en Opfern)

37. Argentinien	26%	9,85 Millionen	von 38 Millionen	[31.]
38. Peru	**34%**	**9,5 Millionen**	**von 28 Millionen**	**[38.]**
39. Usbekistan	**36%**	**9,1 Millionen**	**von 26 Millionen**	**[41.]**
40. Jemen	**47%**	**8,8 Millionen**	**von 18,8 Millionen**	**[53.]**
41. Mozambique	**43%**	**8,4 Millionen**	**von 8,4 Millionen**	**[50.]**
42. Ghana	**40%**	**8,2 Millionen**	**von 20,3 Millionen**	**[49.]**
43. Italien	14%	8,15 Millionen	von 58 Millionen	[23.]
44. Ukraine	16,5%	8,1 Millionen	von 48,5 Millionen	[25.]
45. Malaysia	**34%**	**8 Millionen**	**von 23 Millionen**	**[46.]**
46. Elfenbeinküste	**45%**	**7,8 Millionen**	**von 17 Millionen**	**[55.]**
47. Venezuela	**32%**	**7,7 Millionen**	**von 24 Millionen**	**[44.]**
48. Madagaskar	**46%**	**7,4 Millionen**	**von 16,5 Millionen**	**[57.]**
49. Polen	17,5%	7,0 Millionen	von 39 Millionen	[30.]
50. Kamerun	**42%**	**6,9 Millionen**	**von 16,2 Millionen**	**[58.]**
51. Syrien	**39%**	**6,8 Millionen**	**von 17,2 Millionen**	**[54.]**
52. Burkina Faso	**47%**	**6 Millionen**	**von 12,7 Millionen**	**[63.]**
53. Kanada	18,5%	6 Millionen	von 32 Millionen	[35.]
54. Spanien	14%	5,6 Millionen	von 40 Millionen	[29.]
55. Guatemala	**42%**	**5,6 Millionen**	**von 13,4 Millionen**	**[61.]**
56. Mali	**48%**	**5,4 Millionen**	**von 11,5 Millionen**	**[64.]**
57. Kambodscha	**41%**	**5,2 Millionen**	**von 12,8 Millionen**	**[62.]**
58. Niger	**49%**	**5,1 Millionen**	**von 10,7 Millionen**	**[68.]**
59. Sri Lanka	26%	5,1 Millionen	von 20 Millionen	[51.]
60. Taiwan	21%	4,9 Millionen	von 22,5 Millionen	[47.]
61. Malawi	**44%**	**4,8 Millionen**	**von 10,8 Millionen**	**[67.]**
62. Ecuador	**36%**	**4,75 Millionen**	**von 13,5 Millionen**	**[60.]**

1955, 3000 (Vertreibung Perons) ❯ 1976–83, 10.000 (Marxistische Revolutionäre)

1965–66, 8000 (Bauernrebellion) ❯ 1980–heute, 30.000 (Marxistische Rebellen, Regierungsleute)

1991–heute, 1000e (Fergana Tal)

1962–67/70, 100.000 (Nordjemenkrieg) ❯ 1967–69, 1000e (Bürgerkrieg Südjemen, dann Stalinismus) ❯ 1972/79–90, 10.000 (Kriege zwischen den Jemens, dann Vereinigung, Coups) ❯ 1994, 1000e (Bürgerkrieg im vereinigten Jemen)

1964–74, 30.000 (Unabhängigkeitskrieg) ❯ 1975–1990, 1 Million (Bürgerkrieg)

1981, 1000 (Kokomba gegen Nanumba) ❯ 1993–95, 1000 (ethnische Kämpfe um Land; Emigration eines Drittels der Hochschulabsolventen)

[Rotbrigadenterror der Babyboomer in den 70ern]

1962–65, 1000 (Indonesien-Grenzscharmützel) ❯ 1969–71, 100e (Chinesen)

1998–2001, 100e (Bambara, Senoufo, Bété, Burkinabe) ❯ Seit 2002, 1000e (Revolte junger Soldaten gegen Entlassung aus Armee; Christen gegen Muslime [Senufo und Dioulas])

1945–70er, 1000e (Indios [Yanomami]) ❯ 1989, 1000e in Caracas' Slums ❯ 2000–heute (Massendemonstrationen mit wenigen Toten; Emigration)

1947–48, 50.000 (Nationalisten gegen Frankreich) ❯ Ab 2/2002, 100e (Anhänger Ratsirakas und Ravalomananas)

1947–89, 100e (Arbeiterproteste gegen Kommunismus)

1955–60, 30.000 (Aufstand gegen Frankreich) ❯ 1963–67, 10.000 (Bürgerkrieg)

1982, 20.000 (Islamisten in Hama)

1978–92, 100e (Putsche, [1000e HIV-Tote])

1961–heute, 1000 (Basken [Opfer des ETA-Terrors])

1954–96, 200.000 (Guerillas, genozidale Mayadörfer-Abschlachtungen)

1988–90, 2000 (Tuareg)

1975–1979, 2 Millionen (Eigentümerbeseitigung, Genozide an Minderheiten)

2002, 100e (Soldatenrebellion; mit 55 auf 1000 welthöchste Geburtenrate 2002)

1971, 10.000 (Singhalesenaufstand) ❯ 1983–heute, 70.000 (Tamilenaufstand, 200 Selbstmordattentate)

1954–55, 5000 (Bürgerkrieg)

1983–heute, 100e (Regierungsgegner [Todesschwadronen])

1995–97, 100 (Perukrieg)

63. Zambia	**47 %**	**4,7 Millionen**	**von 9,95 Millionen**	**[77.]**
64. Angola	**44 %**	**4,6 Millionen**	**von 10,6 Millionen**	**[71.]**
65. Senegal	**44 %**	**4,6 Millionen**	**von 10,6 Millionen**	**[72.]**
66. Kasachstan	26 %	4,4 Millionen	von 16,8 Millionen	[56.]
67. Tschad	**48 %**	**4,3 Millionen**	**von 9 Millionen**	**[78.]**
68. Zimbabwe	**38 %**	**4,3 Millionen**	**von 11,4 Millionen**	**[65.]**
69. Chile	27 %	4,2 Millionen	von 15,5 Millionen	[59.]
70. Australien	20 %	4 Millionen	von 19,6 Millionen	[52.]
71. Rumänien	18 %	3,9 Millionen	von 22,4 Millionen	[48.]
72. Somalia	**45 %**	**3,5 Millionen**	**von 7,7 Millionen**	**[85.]**
73. Guinea	**43 %**	**3,3 Millionen**	**von 7,85 Millionen**	**[83.]**
74. Bolivien	**38 %**	**3,2 Millionen**	**von 8,5 Millionen**	**[81.]**
75. Benin	**47 %**	**3,2 Millionen**	**von 6,8 Millionen**	**[91.]**
76. Ruanda	**42 %**	**3,1 Millionen**	**von 7,4 Millionen**	**[87.]**
77. Burundi	**47 %**	**3 Millionen**	**von 6,4 Millionen**	**[94.]**
78. Dominikanische Rep.	**34 %**	**2,95 Millionen**	**von 8,8 Millionen**	**[80.]**
79. Haiti	**40 %**	**2,8 Millionen**	**von 7 Millionen**	**[90.]**
80. Honduras	**42 %**	**2,75 Millionen**	**von 6,6 Millionen**	**[93.]**
81. Tadschikistan	**40 %**	**2,73 Millionen**	**von 6,7 Millionen**	**[92.]**
82. Sierra Leone	**45 %**	**2,52 Millionen**	**von 5,6 Millionen**	**[98.]**
83. Laos	**43 %**	**2,45 Millionen**	**von 5,8 Millionen**	**[97.]**
84. El Salvador	**38 %**	**2,38 Millionen**	**von 6,35 Millionen**	**[95.]**
85. Kuba	20 %	2,31 Millionen	von 11,3 Millionen	[66.]
86. Paraguay	**39 %**	**2,28 Millionen**	**von 5,9 Millionen**	**[96.]**
87. Aserbeidschan	**28 %**	**2,21 Millionen**	**von 7,8 Millionen**	**[84.]**
88. Serbien-Montenegro	20 %	2,1 Millionen	von 10,7 Millionen	[69.]

1964, 1000 (Bürgerkrieg)

1961/62, 40.000 (Kongominderheit, die nicht gegen Portugal kämpfen will) ❱ 1961–heute, 600.000 (gegen Portugal und dann unter Revolutionären)

1982–heute, 2000 (Rebellen gegen Regierungen)

1966–heute, 21.000 (Bürgerkrieg mit Pausen)

1966–79, 30.000 (Entkolonisierung) ❱ 1982–84, 20.000 (Ndebele) ❱ 1980–heute, 2000 (loyale Arbeiter auf Farmen der Weißen und diese selbst)

1973–90, 3500 (Links/Rechts)

1989, 1000 (vor allem Geheimagenten bei Sturz des Kommunismus)

1988–heute, 300.000 (Bürgerkrieg)

1958–84, 35.000 (Rebellen/Regierung unter Linksregent Sékou Touré ❱ 1969–79, 50.000 in Äquatorial-Guinea)

1952, 2.000 (Rebellen gegen Regierung) ❱ 1971–78, 200 (verschwundene Linke) (wegen starker Auswanderung momentan afrikanische Musterdemokratie)

1959–heute, 850.000 (650.000 Tutsis, 200.000 Hutus; 550.000 allein Frühjahr 94)

1959–heute, 400.000 (50.000 Tutsis, 350.000 Hutus)

1965, 3.000 (Putsch) ❱ 1966–70, 4000 (Links/Rechts)

1991–94, 2000 (Putschgegner, hohe Emigration nach USA, Kanada)

1969, 1200 (Fußballkrieg mit El Salvador) ❱ 1980–88, 140 (Linke; bis heute hohe Emigration USA, Kanada)

1992–96, 50.000 (Säkulare, Islamisten)

1991–heute, 100.000 (Bürgerkrieg)

1975–90, 190.000 (Kommunisten gegen Eigentümer, ethnische Minderheiten)

1981–92, 75.000 (Guerilla gegen Regierung; 2 Millionen Emigranten)

1952–59, 1500 (Rebellen gegen Battista-Regime) ❱ 1958–59, 5000 (Revolution bis Castro-Sieg) ❱ 1959–heute, 75.000 (Revolutionsgegner) ❱ (wiederholt Exodus von Überschußbevölkerung nach USA)

1968–72, 1000 (Ache-Indianer) ❱ 1989, 400 (Rebellen gegen Stroessner; bis heute hohe Emigration)

1990–92, 7000 (Nagorni-Karabach) Krieg mit Armenien)

1992–2001, 150.000 (Kroaten, Bosnier, Kosovo-Albaner)

89. Palästinenser	47 %	2,05 Millionen	von 4,35 Millionen	[111.]
90. Jordanien	37 %	1,95 Millionen	von 5,3 Millionen	[102.]
91. Nicaragua	38 %	1,93 Millionen	von 5 Millionen	[105.]
92. Eritrea	43 %	1,92 Millionen	von 4,5 Millionen	[108.]
93. Libyen	35 %	1,88 Millionen	von 5,4 Millionen	[100.]
94. Weißrußland	17 %	1,79 Millionen	von 10,33 Millionen	[73.]
95. Belgien	17 %	1,78 Millionen	von 10,27 Millionen	[74.]
96. Kirgisien	35 %	1,66 Millionen	von 4,9 Millionen	[107.]
97. Ungarn	17 %	1,65 Millionen	von 10 Millionen	[76.]
98. Tschechien	16 %	1,61 Millionen	von 10,25 Millionen	[75.]
99. Schweden	18 %	1,59 Millionen	von 8,9 Millionen	[79.]
100. Griechenland	15 %	1,58 Millionen	von 10,65 Millionen	[70.]
101. Zentralafrik. Rep.	43 %	1,57 Millionen	von 3,65 Millionen	[116.]
102. Liberia	43 %	1,43 Millionen	von 3,3 Millionen	[120.]
103. Österreich	16 %	1,34 Millionen	von 8,2 Millionen	[82.]
104. Mauretanien	47 %	1,3 Millionen	von 2,8 Millionen	[122.]
105. Hongkong	17 %	1,28 Millionen	von 7,3 Millionen	[88.]
106. Schweiz	17 %	1,23 Millionen	von 7,3 Millionen	[89.]
107. Kongo, Republik	42 %	1,25 Millionen	von 3 Millionen	[121.]
108. Israel/jüd. Gebiete	24 %	1,2 Millionen	von 5,1 Millionen	[104.]
109. Costa Rica	31 %	1,18 Millionen	von 3,8 Millionen	[114]
110. Bulgarien	15 %	1,12 Millionen	von 7,7 Millionen	[86.]
111. Albanien	29 %	1,02 Millionen	von 3,6 Millionen	[117.]
112. Libanon	27 %	1,01 Millionen	von 3,7 Millionen	[115.]
113. Dänemark	19 %	1 Million	von 5,37 Millionen	[101.]
114. Slowakei	18 %	0,99 Millionen	von 5,42 Millionen	[99.]
115. Moldawien	22 %	0,97 Millionen	von 4,43 Millionen	[109]

Gaza höher als West Bank plus Pal. Israels ❯ bei Einrechnung übriger Lager mit weiteren 1,5 Mio. Kindern (Rang 68) (insg. 7,35 Millionen [88.])

1948–heute, 1000e (Juden, Araber; dazu 25.000 Palästinenser in Jordanien)

1970–71, 25.000 (Palästinenser [Schwarzer September])

1972–79, 35.000 (Linke Sandinisten gegen Regierungen) ❯ 1981–90, 30.000 (Sandinisten gegen Contras, Indios; bis heute Emigration)

1960–1998, 10.000e (Sezession von Äthiopien) ❯ 1998–2000, 70.000 (Äthiopienkrieg; hohe Emigration)

1969, (Putsch macht den 27-jährigen Gaddafi zum weltjüngsten Diktator) ❯ 1992, 270 (transnationaler Terror, Lockerbie; 1995 Vertreibung von 50.000 Palästinensern)

1956, 10.000 (Aufstand gegen Kommunismus)

Bürgerkriege 1944–45, 1946–49, 44.000–158.000

1966–79, 2000 (Bokassa-Gegner) ❯ 2001, 200 (Putsch)

1990–heute, 100.000 (Krahn, Gio, Mano in ethnischen Konflikten)

1997–heute, 100e (Unruhen)

1997–99, 18.000 (Bürgerkrieg)

1948–heute, 1000e (Juden-Palästinenser; etwa 10.000 in den regulären Kriegen)

1948, 2000 (Bürgerkrieg)

1997, 1500 (Bürgerkrieg; bis heute Emigration, Bandenmorde)

1958, 3000 (Bürgerkrieg links gegen rechts) ❯ 1975–90, 150.000 (Bürgerkrieg aller gegen alle, zentral gegen Christen)

1992, 1000 (Rumänen, Russen, Ukrainer)

116. Georgien	19%	0,95 Millionen	von 4,97 Millionen	[106.]
117. Finnland	18%	0,925 Millionen	von 5,2 Millionen	[103.]
118. Mongolei	**32%**	**0,86 Millionen**	**von 2,7 Millionen**	**[123.**
119. Irland	21%	0,83 Millionen	von 3,9 Millionen	[113.]
120. Kroatien	18%	0,81 Millionen	von 4,4 Millionen	[110.]
121. Bosnien-Herzegowina	20%	0,79 Millionen	von 4 Millionen	[112.]
122. Jamaika	**30%**	**0,78 Millionen**	**von 2,7 Millionen**	**[124.**
123. Armenien	22%	0,74 Millionen	von 3,4 Millionen	[119.]
124. Litauen	18%	0,66 Millionen	von 3,6 Millionen	[118.]

Schon vor einem halben Jahrzehnt ist für die 194 Kriege im Zeitraum 1945–1995 (davon 186 in der Dritten Welt) die parallel verlaufende Zunahme von *youth bulges* und Großtötungen empirisch untersucht worden. Die obige Übersicht spricht für die Zuverlässigkeit der damals gewonnenen Ergebnisse.

Bevölkerungswachstum und Anzahl der Kriege pro Jahr 1945–1995 *weltweit* (Dießenbacher 1998; 93)

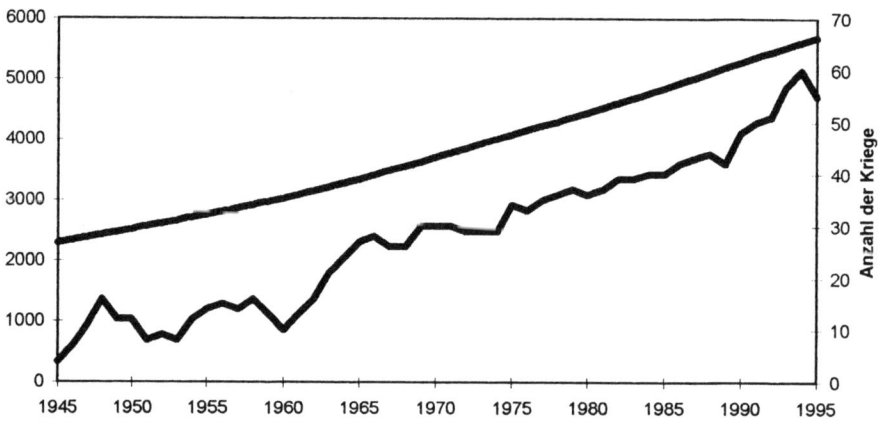

1992, 2000 (Abchasen, Georgier, Regimegegner)

1991–92, 8000 (Sezession von Jugoslawien gegen Serben; dann selbst 50.000 Serben und Bosnier getötet)

1992–95, 140.000 (durch Serben)

1980, 1000 (Links-Rechts-Wahlkampf) ❭ 2000–2002, 3000 (Mordepidemie mit Weltspitzensatz pro 1000 Einwohner trotz Emigration eines Drittels der besonders unruhigen Hochschulabsolventen)

1990–92, 7000 (Nagorni-Karabach Krieg mit Aserbeidschan)

Auch in ansonsten bedeutungslosen Kleinstaaten verliert der *youth bulge* seine Wirkung nicht. So putscht am 16. Juli 2003 die Armee in Sao Tome and Principe, einer westafrikanischen Inselrepublik mit gut 1000 km². Umgehend melden die Medien, daß um den Zugriff auf kürzlich entdeckte Ölvorkommen gerungen wird. Das ist nicht falsch. Aber ein automatisches Blutvergießen für Öl gibt es dennoch nicht. Übergangen wird, daß in dem Ländchen – trotz permanenter Abwanderung – die Bevölkerung zwischen 1953 und 2003 von 55.000 auf 175.000 anzieht und fast 50 Prozent unter 15 Jahre alt sind. Da in den Berichten lediglich die heutige Bevölkerungszahl mitgeteilt wird, bleibt der Anteil der Wachstumsbrisanz an den Unruhen ausgeblendet.

III. Die demographische Herkunft der Konquistadoren und das «Wunder» der europäischen Welteroberung

Die Eroberung der Welt durch ein halbes Dutzend Länder aus dem kleinen Europa ab 1492 verstört bis heute nicht nur durch seine Enormität, sondern auch durch seine schiere Unbegreiflichkeit.

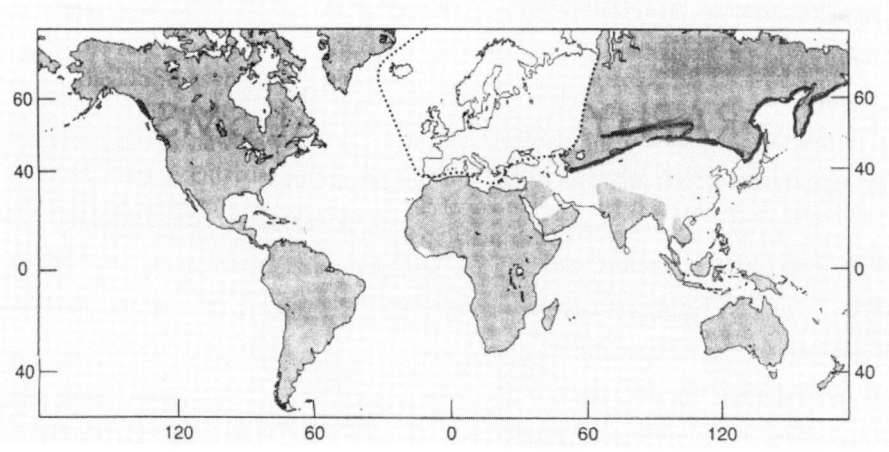

Europäischer Siedlungsraum im Jahre 1490 (umpunktet) und bis 1918 europäisch beherrschter Raum (schwarz). Danach kam noch das vormals türkische Mesopotamien hinzu (Taylor/Flint 2000, 106)

Auch nach aller Dekolonisierung gehören von den flächenmäßig sechs größten Ländern der Erde in der Reihenfolge Rußland, Kanada, China, USA, Brasilien und Australien fünf zum europäischen Kulturkreis. Schon David Fieldhouse, der

Pionier der vergleichenden Kolonialismusforschung klagt: «Die Beweggründe und Interessen der Entdecker und der ersten Ansiedler sind nur schwer zu ergründen und entziehen sich jeder Verallgemeinerung» (Fieldhouse 1965, 13). Dem möchte man gerne zustimmen. Bei Betrachtung der in der Literatur angegebenen «Beweggründe» fällt dann aber auf, daß eine plötzlich und dramatisch einsetzende Zunahme nicht erbender Söhne aus der Erklärung herausgehalten wird. Die Autoren wehren sich mit gutem Recht gegen monokausale Erklärungen. Aber warum sie dann bei ihrer multikausalen Erklärung, die doch gar nicht genug Gründe ins Feld führen kann, einen Grund – nämlich den damaligen *youth bulge* – vernachlässigen, wird nicht mitgeteilt.

Dabei wird die Bevölkerung als solche durchaus in Erwägung gezogen: «Europa war noch nicht überbevölkert, doch im Vergleich zu den damaligen Anbaumethoden waren einige europäische Gebiete bereits sehr dicht bevölkert» (Fieldhouse 1965, 13). Bestenfalls verfällt man also auf die malthusianische Vorstellung vom irdisch begrenzten Ackerland bei zugleich prinzipiell nicht begrenztem Bevölkerungswachstum. Diese Aussage erweist sich als gleich doppelt unhaltbar:

(i)   Gerade die besonders dynamischen westlichen und südlichen Gebiete Europas haben 1480 mit etwa 50 Millionen Einwohnern wesentlich weniger Menschen als 1340 (ca. 65 Millionen). Es gibt im Zeitraum der Welteroberung also mehr Ackerland pro Kopf in Europa als 150 Jahre früher.

(ii)   Armut, ja Hunger – so wird überdies suggeriert – sei der Treibsatz für die heroischen Unternehmungen der jungen Männer aus Europa gewesen. Die Historiker argumentieren hier kaum anders als das Alltagsbewußtsein, das zuerst auf materielles Elend verfällt, wenn Bürgerkrieg, Expansion und Terrorismus verstanden werden will.

Schnelle Bevölkerungszunahmen als Motor der Geschichte

Auch weitere Forschungsjahrzehnte nach Fieldhouses *Kolonialreichen* gilt das «europäische Wunder» (Kennedy 2000, 48) als so mysteriös wie zuvor. Wäre es möglich, daß weder ein Wunder noch ein unergründliches Schicksal Europa geholfen hat, sich die Welt einzuverleiben? Iberische Zeitgenossen der Ereignisse im 16. Jahrhundert sehen ganz ohne intellektuelle Verrenkung ihre «*secundones*», ihre Zweitgeborenen, und alle danach noch kommenden Söhne als entscheidenden Faktor an (Romano/Tenenti 1967, 208). Woher aber kommt plötzlich dieser Überschuß? Die einschlägige demographische Fachforschung verortet den Umschlag von der europäischen Bevölkerungskatastrophe ab der großen Pest (1348–52), als die gesamteuropäische Bevölkerung von 75 auf 45 Millionen abstürzt, in den Beginn der europäischen Bevölkerungsexplosion noch *vor* Europas Griff nach der Welt ab 1493: «Der Ursprung für die Bevölkerungsexplosion des 16. und frühen 17. Jahrhunderts ist im letzten Viertel des 15. Jahrhunderts zu suchen und dort besonders in den Jahren von 1475 bis 1485» (Hatcher 1977, 63).

Wachstum der Weltbevölkerung
Auf den Bevölkerungseinbruch während der Pest (1348-52) erfolgt eine dramatische und rätselhafte Anstiegszunahme noch vor 1500.

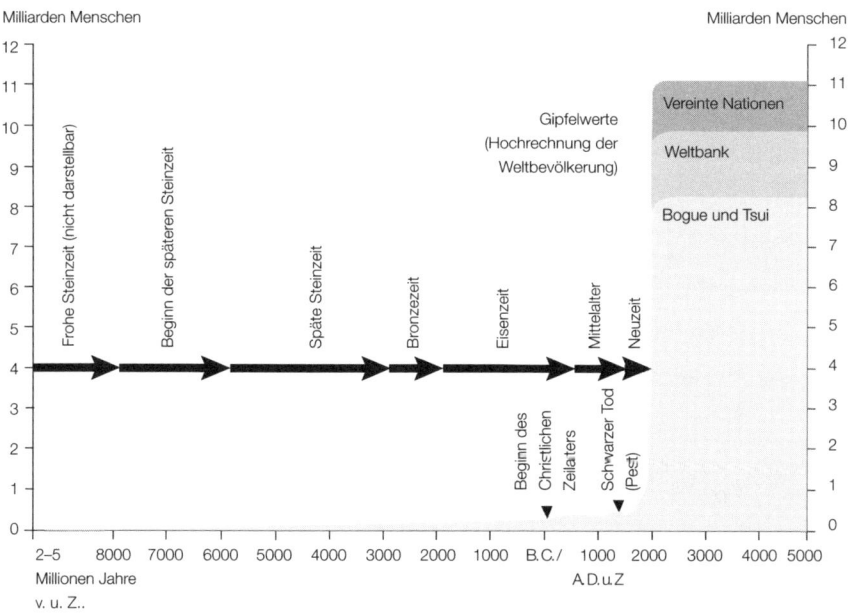

Die welthistorische Einmaligkeit überhoher Zahlen von nicht erbenden Söhnen beginnt also noch vor 1500. Sprunghaft setzt sie ein: In besonders gut dokumentierten Grafschaften Englands hinterlassen 100 Väter zwischen 1441 und 1465 gerade 110 Söhne. Zwischen 1491 und 1505 hinterlassen 100 Väter schon 202 lebende Söhne. Bis zum Ende des 19. Jahrhunderts geht es dann für fast ganz Westeuropa mit Geburtenzahlen weiter, wie sie heute – nicht jedoch damals – Schwarzafrika aufweist. Durchweg «zwischen 5 und 6,5 Kinder» pro Frauenleben werden aufgezogen (Anderson 1980, 19). Solche Werte erreichen im Jahre 2002 nur die – zusammen 600 Millionen Menschen umfassenden – Großregionen Westafrika, Ostafrika und Mittelafrika mit 5,8, 5,7 und 6,4 aufgezogenen Kindern pro Frauenleben (in der Spitze 8,0/Niger, 7,2/Somalia und 7/Kongo, D.R.; PRB 2003, 4 f.). Die Gaza-Palästinenserinnen mit 6,3 (1997 noch 7) und die Jemenitinnen mit 7,2 Kindern erreichen ebenfalls die Gebärleistungen der damaligen Europäerinnen bei heute allerdings sehr viel besserer Medizin und Nahrungsbasis.

Youth bulges und tödliche Unruhen in Europa zwischen 1500 und 1600/1650
(Die Sternchen indizieren Unruhen, die Zackungen oben an den Säulen ein Bevölkerungswachstum von über 100 Prozent, Goldstone 1991, 344)

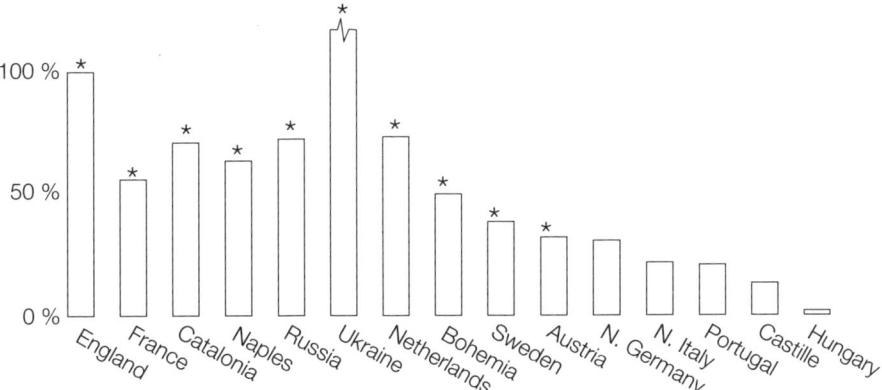

Frauenheilkunde sinkt nach dem Mittelalter auf primitives Niveau ab

Weit verbreitete Annahmen hoher Kinderzahlen bereits für das Mittelalter erweisen sich als ideologische Projektionen der – wie unten zu zeigen – verhütungsunfähig gemachten Neuzeit zurück auf diese für dunkel gehaltene Periode: «Aber dafür gibt es kaum Belege: Berechnungen für die Größe von Lehnsbauernfamilien in etlichen englischen Dörfern indizieren im Durchschnitt 3,35 lebende Kinder für das 10. Jahrhundert. [...] Innerhalb der Ehe wurde irgendeine Art von Geburtenkontrolle praktiziert» (Grigg 1980, 80). Nach dem Mittelalter geht in Europa nicht nur diese «Art von Geburtenkontrolle» drastisch zurück. Zugleich sinkt die Frauenheilkunde und Säuglingspflege auf ein vorher unvorstellbar primitives Niveau ab. Bis in das 18. und 19. Jahrhundert hinein steigen die Geburten. Ununterbrochen herrscht *youth bulge*. So haben im besonders gut erforschten Südwestdeutschland zwischen 1650 und 1799 Bauern durchschnittlich 6,4, Gewerbeinhaber 5,8 und selbst Tagelöhner 5,0 Kinder. Die Verhütungsignoranz schlägt die Aristokratie ebenso wie die einfachen Leute. Im französischen Súresues bringen zwischen 1735 und 1785 im Alter von 20 Jahren verheiratete Frauen aus der Oberschicht 11,6, aus der Mittelschicht 10,4 und aus der Unterschicht 9,8 Kinder zur Welt (alle Zahlen bei Flinn 1981, 20).

Was da in Frankreich angetroffen wird, muß als exklusiv europäisch gelten. Schaut man sich beispielsweise die 1721 beginnende Tokugawa-Periode Japans (bis 1846) an, so gibt es dort in dieser Zeit weder Hungersnöte, noch Epidemien noch Auswanderung. Es spricht also alles für hohe Geburtenzahlen, und dennoch stagniert die Bevölkerung. Dieses Nullwachstum wird durch Verhütung, Abtreibung und Infantizid realisiert (LaFleur 1993). Japan verhält sich noch im 19. Jahrhundert wie Europa im Mittelalter: «Mit detaillierten Studien ist zwar eben erst begonnen worden, aber es ist wahrscheinlich, daß der Kindesmord vor dem 16. Jahrhundert [in Europa] nur sporadisch bestraft worden ist» (Mause 1977, 51). In der Tat wird die Lebensheiligkeit als jüdisches – und dann auch vom Christentum angenommenes – Fundament der abendländischen Zivilisation erst jetzt wirklich durchgesetzt (Heinsohn 1979).

Die europäische Bevölkerung nimmt also nicht deshalb zu, weil die Menschen medizinisch besser versorgt werden, dadurch länger leben und dann zu lange brauchen, bis sie die Geburtenraten nach unten anpassen. Das behauptet zwar die Lehre vom so genannten demographischen Übergang fast wie ein universelles Gesetz (typisch Marschalck 1979). Tatsächlich aber hat sich die durchschnittliche Lebenserwartung – am besten nachgewiesen für die Führungsmacht England – über die drei Jahrhunderte der Welteroberung kaum verändert. Bei 38,6 Jahren liegt sie zwischen 1566 und 1621 und bei 40,4 Jahren zwischen 1826 und 1871 (Wrigley/ Schofield 1997, 236).

Es ist mithin eine welthistorisch nie gesehene und immer noch unverstandene «Geburtlichkeit» (Ott/Schäfer 1984, 53), die Europa nach vorne peitscht. Welche Macht jedoch dafür gesorgt hat, daß um 1485 herum eine Revolution im europäischen Fortpflanzungsverhalten eintritt, die den Lauf der Welt verändert, sei bedauerlicherweise «rätselhaft» geblieben (Dupâquier 1979, 102). Das alles stelle sich auch nach Jahrhunderten des Nachdenkens immer noch als «mysteriös» dar (Tranter 1973, 92). Hier begebe sich jeder auf eigenes Risiko in wissenschaftliches «Niemandsland» (Hatcher 1977, 63).

Bevölkerungsexplosion und Hexenmord

Manchmal läßt sich einer Ratlosigkeit beikommen, wenn man ein weiteres – ebenfalls als unlösbar geltendes – Rätsel aus demselben Zeitraum mit in Betracht zieht. Das lohnt insbesondere dann, wenn die zuständigen Spezialforscher ihre Fragen und Ergebnisse nicht austauschen. Genau in der uns interessierenden Zeit ist eine europaweite Aktivität im Gange, die als 1484 einsetzende Große Hexenverfolgung in den Büchern steht und wohl bis zu 100.000 Menschen – überwiegend Frauen – den Tod einträgt. Die Demographen interessieren sich kaum für die Hexerei – dieses «Geheimnis der Weltgeschichte» (Genz 1954, 34) –, und die Hexenforscher finden keine Zeit für die Bevölkerungswissenschaft (typisch etwa Irsigler 2002). Kommt man weiter, wenn man die unbeantworteten Fragen wie auch die sicheren Ergebnisse beider Gruppen zusammenführt?

Über zwei Dutzend Theorien zur Hexenverfolgung kursieren (Heinsohn/

Steiger 1994, 437 f.). Die zahllosen Aktenfunde scheinen für jede davon Beweise zu liefern. Dennoch sind «die Ursprünge [...] des Hexenunwesens niemals völlig enthüllt worden» (Thomas 1997, 439). Immer noch bildet dieses «bürokratiemäßige und massive Töten [...] eine der mysteriösesten Episoden der europäischen Geschichte» (Cohn 1976, 255). Ja, «die Hexenprozesse bilden vielleicht das größte Rätsel in der am wenigsten verstandenen Epoche der modernen Geschichte» (Klaits 1985, 8).

Geburtshelferinnen – das zumindest ist kaum strittig (Forbes 1966) – sind besonders gefährdet, als «Hexen=Hebammen» gerichtet zu werden. «Meistens begann die Hexenjagd bei der Hebamme» (Ellinger 1980, 463; vgl. ähnlich Baschwitz 1990, 141; Cohn 1976, 249; Delumeau 1978, 77; Forbes 1966, 112 ff.; Schöck 1978, 63). Man hat angenommen, daß unqualifizierte Hebammen ausgerottet werden mußten, um die medizinische Behandlung der Frauen zu verbessern. Da im Anschluß Mütter- und Säuglingssterblichkeit aber dramatisch zunehmen, spricht nichts für einen blutig durchgesetzten wissenschaftlichen Fortschritt, aber vieles für eine Beseitigung von Fachwissen. Weil es weiblich tradiert wird, heißen seine Spezialistinnen nicht zufällig «Weise Frauen» (*sages femmes*). Für den plötzlichen Verlust von Expertise spricht auch, daß im Mittelalter das Hauptinstrument der gynäkologischen Untersuchung, das Speculum also, als *dioptre* (Zweiauge; Giscard 1986, 230) gut belegt ist, aber nach den Hexenverfolgungen keineswegs an die männlichen Frauenärzte übergeht, sondern verschwindet (Heinsohn/Steiger 1987). Es dauert über 300 Jahre, bis Recamier im Jahr 1813 das Speculum zum zweiten Mal erfindet.

Welches Interesse hätten Staat und Kirche haben können, mitten in der humanistischen Explosion allen Wissens gerade die am häufigsten nachgefragten Angebote der Medizin auszurotten? Wie das Feuer zum Kochen oder das Rad zum Fahren gehört das Speculum zur Gynäkologie. Was erscheint den Herrschenden noch schlimmer als eine Bevölkerung ohne Frauenheilkunde? Zu wenig Bevölkerung vielleicht? Was wird in Europa angestellt, damit das medizinische Basiswissen in «Vergessenheit» gerät?

Geburtenkontrolle wird mit Tode bestraft

In dieser unbefriedigenden Lage hat der Autor gemeinsam mit Otto Steiger vorgeschlagen, nicht nur regional erhaltene Prozeßakten, sondern auch die für ganz Europa geltenden Zentraldokumente heranzuziehen (zuerst in einem Interview von *Radio Bremen* am 3.10.1978; zuletzt Heinsohn/Steiger 1999). So verlangt die *Bulla Apostolica Adversus Haeresim Maleficarum*, die von Papst Innozenz VIII. am 4. Dezember 1484 erlassene *Hexenbulle*, die Bestrafung für «sehr viele Personen beyderlei Geschlechts [...], die Geburten der Weiber umkommen machen und verursachen, [...] daß die [...] Frauen [...] nicht empfangen, und die Männer [...] denen Weibern und die Weiber [...] denen Männern die ehelichen Werke nicht leisten können» (Innocentius 1974 [1484], XXXVII).

Als für ganz Europa gültiges Gesetz hat die *Hexenbulle* drei Jahre später einen gewichtigen juristischen Kommentar erhalten, den *Malleus Maleficarum* oder *Hexenhammer* von 1487. Er ist ausdrücklich unter «dem Gesichtspunkt der Pflicht der Natur und der Fortpflanzung» verfaßt worden (Sprenger/Institoris 1974 [1487], I, 60). Die Themen Verhütung, Abtreibung und Infantizid bilden in dem Werk die entschieden neuen Hauptkampffelder. «Abgesehen» vom schon immer und auch weiterhin verbotenen Schadenzauber gegen Vieh, Ernte, Wetter und Nachbarn ist jetzt erstmals eine «siebenfache Hexerei» zu verfolgen, deren Delikte durchweg den «Liebesakt und die Empfängnis im Mutterleibe mit verschiedenen Behexungen infizieren» (alles Sprenger/Institoris 1974 [1487], I, S. 107). Geradezu traumwandlerisch überliest die Fachforschung dieses ganz bewußt gesetzte «abgesehen» und muß so Hexenbulle und Hexenhammer immer von neuem als lediglich eine weitere Variante der uralten Bestrafung von Schadenzauber mißverstehen (typisch zuletzt Jütte 2003, 93 f.).

Die Kirche als Sprecher aller Herrschaft aber weiß – etwa in der *Bulla Effraenatam* (1588) von Papst Sixtus V. – genau, was sie will: «Wer würde deshalb nicht mit den strengsten Bestrafungen die Verbrechen deren verdammen, die durch Gifte, Tränke und *maleficia* [Hexereien] Frauen unfruchtbar machen oder durch verfluchte Medizinen verhindern, daß sie empfangen oder gebären. [...] Diejenigen [sollen] den gleichen Strafen unterliegen, die einer Frau unfruchtbar machende

Tränke [...] oder Mittel gegen die Empfängnis eines Fötus anbieten» (Noonan 1969, 447).

Die Kommentatoren des *Hexenhammers* von 1487 machen bei den «Hexereien» der Geburtenkontrolle deutlich, daß sie ganz ohne Magie und höchst rational zum Einsatz kommen. So gebe es «vier erschreckliche Handlungen [...], welche die Weiber an den Kindern in und außer dem Mutterleibe vollbringen.» Erstens, «daß einer die eheliche Pflicht nicht erfüllen kann», zweitens, «daß ein Weib nicht empfängt, oder wenn sie empfängt, sie dann eine Fehlgeburt tue», drittens und viertens, «daß, wenn sie [die Hexen] keine Fehlgeburten verursachen, sie die Kinder auffressen oder den Dämonen preisgeben. [...] Über die beiden ersten Arten ist kein Zweifel, da durch natürliche Mittel, z.B. durch Kräuter oder andere Mittel, ein Mensch ohne die Hilfe der Dämonen bewirken kann, daß ein Weib nicht gebären oder empfangen kann» (Sprenger/Institoris 1974 [1487], I, 157 f.).

Die weltlichen Regierungen des neuzeitlichen Europa greifen die Intentionen der obersten Hexenverfolger ganz frei von Wahn und jenseits konfessioneller Differenzen auf. Auch für Martin Luther sind Hexen «die bloßen Teufelshuren [...], die Kind ynn der Wigen marttern, die ehelich Gliedmaß bezaubern unnd desgleychen» (nach Dieffenbach 1886, 294). In seinen Tischreden klingt der Reformator nicht weniger todeswütig als die andere Konfession oder die theologischen Führer anderer protestantischer Länder: «Mit Hexen und Zauberinnen soll man keine Barmherzigkeit haben. Ich wollte sie selber verbrennen» (nach Hammes 1995, 156).

Seit der Constitutio Criminalis Bambergensis (CCB) on 1507 werden die Delikte der «siebenfachen» Hexerei der Geburtenkontrolle auch von den weltlichen Herren mit dem Tode bestraft (siehe bereits Hirschfeld 1930, 87):

Todesstrafen für

Siebenfache Hexerei des Hexen- hammers (1487)	Sexualdelikte aus der CCB (1507)
(1) Ehebruch	(1) Ehebruch und Inzest
(2) Bewirkung männlicher Begattungsunfähigkeit	(2) Unfruchtbarmachung
(3) Kastration und Sterilisation	(3) von Mann und
(4) Empfängnisverhütung	(4) Frau;

(5) Sodomie und Homosexualität	(5) Sodomie/Homosexualität
(6) Abtreibung	(6) Abtreibung
(7) Kindestötung	(7) Kindestötung

Ärzte kümmern sich nicht um Empfängnisverhütung

Nach historischer Demographie, Hexenforschung und Sexualwissenschaft ringt noch eine vierte Fachdisziplin mit einem Rätsel, das an die Wende zum 15. Jahrhundert gehört. Den Historikern der Geburtenkontrolltechniken und besonders der Verhütungsmittel ist nämlich unbegreiflich, warum diese fast täglich benötigten Verfahren plötzlich sogar aus den theologischen und medizinischen Werken verschwinden: «Ich habe Zeugnisse vorgelegt, aus denen der Gebrauch der Empfängnisverhütung im späten Mittelalter hervorgeht, – die Art und die Verfügbarkeit der Information, Hinweise auf die Verbreitung der Empfängnisverhütung, Motive für ihre Anwendung, die kirchliche Diskussion ihrer Formen und schließlich Bevölkerungsveränderungen, die möglicherweise durch die Empfängnisverhütung bedingt waren» (Noonan 1969, 282; vgl. bereits früher den Pionier dieser Disziplin, Norman Himes, 1936). Wir wissen inzwischen noch viel genauer, «daß vormoderne Völker die Familiengröße beschränken konnten. [...] Was sie gemacht haben und was wir wissen, weil sie es uns mitgeteilt haben, bestand in der Einnahme von Medizinen, wobei sie so sorgfältig wie möglich vorgingen» (Riddle 1992, 163/165 f.).

In der «Renaissance» jedoch – irgendwann um 1500 – wird «diese Schiene des Lernens zerbrochen» (Riddle 1992, 154). Die Verhütungsautoren verstummen: «In dem ganzen Zeitraum zwischen 1480 und 1750 weicht nur ein einziger Theologe von der Gepflogenheit [des Verschweigens] ab und erwähnt das Mittel für Männer, von dem, da Aristoteles es beschreibt, wenigstens Name und Wirkungsweise allgemein bekannt gewesen sein dürften. Kein Laie schrieb über Geburtenkontrolle. Die Frauen, die vielleicht am meisten zu sagen gehabt hätten, äußerten sich nicht. / Die einzige Gruppe, die ein berufliches Interesse an der Empfängnisverhütung hätte haben können, waren die Ärzte. Sie kümmerten sich nicht darum. Im Gegensatz zu mittelalterlichen Werken [...] enthielten mehrere gynäkologische Werke dieser

Zeit keine Angaben über Empfängnisverhütung» (Noonan 1969, 431/428). Und – so fügt die Medizinhistorie hinzu – «wir sehen gerade auf diesem Gebiet – mitten in der Aufklärung – eine der größten Verdunkelungsstrategien anheben, die die Menschheit je gekannt hat» (Schipperges 1985, 50).

Drei Jahre nach unserem Vorstoß für eine Lösung der Rätsel der Hexenverfolgung, des Verschwindens der Verhütungsmedizin, der Bekämpfung der Sexuallust und des Beginns der europäischen Bevölkerungsexplosion wagt sich der Historiker Ben-Yehuda (1981, 336) mit der Formulierung von Bedingungen nach vorne, die eine längst überfällige Erklärung der großen Hexenverfolgung in jedem Falle zu erfüllen habe: «Erst hinreichende Antworten auf die Fragen nach dem Zeitraum [*timing*], dem Anliegen [*content*] und der Zielgruppe [*target*], würden uns befähigen, das Phänomen besser zu verstehen und dadurch dann auch eine stichhaltigere und zuverlässigere Basis zu gewinnen, von der aus wir es in einen weiteren Interpretationsrahmen integrieren können.»

«Zeitraum» ist die Europäische Bevölkerungskatastrophe der Pestepidemien von 1348–52, 1360–61, 1369/74, 1380–81 und 1385. Allein die erste hat einen Tötungseffekt von 200 Hiroshimabomben bei einer damaligen europäischen Bevölkerung knapp unter 80 Millionen, die derjenigen Japans von 1945 in etwa entspricht: «Es kann als sicher gelten, daß von der Zahl der Toten her gesehen diese Pest alle Katastrophen übertraf, die Westeuropa in den letzten tausend Jahren erlebte – diese Katastrophe war bei weitem größer als die der beiden Weltkriege zusammengenommen» (Cohn 1970, 131). Wir wissen, daß schon ab 1360 weltliche und kirchliche Herren, die oftmals «50 % ihrer männlichen Bauern verloren hatten» (Nordberg 1984, 32), Hebammen hinrichten (Kieckhefer 1976, 18).

Hexenverfolgung als grausames Mittel zur Wiederbevölkerung

Die Hebammen sind im Mittelalter die Gynäkologinnen für über 90 Prozent der Frauen Europas. Sie können selbstverständlich bei einer Geburt helfen, aber eben auch eine Geburt verhindern, eine Schwangerschaft vorzeitig beenden und ein Neugeborenes durch Unterkühlung mit einer schnell wirkenden Lungenentzündung traktieren («den Dämonen preisgeben»). Deshalb werden sie Ben-Yehudas zentrale «Zielgruppe» der Verfolgung. Die Unterbindung der Geburtenkontrolle, von der die Hebammen am meisten verstehen, wird nämlich nicht nur das entscheidende «Anliegen» der zentralen Dokumente der Hexenverfolgung, sondern auch der frühmerkantilistischen «Repöplierung» Europas mit ihrer Formel «viele Menschen = viel Reichtum». Die wird dreihundert Jahre später – auf dem Höhepunkt der europäischen Bevölkerungsexplosion – von niemandem mehr verstanden.

Klerikale und weltliche Obrigkeiten, katholische und nichtkatholische Kirchen Europas ziehen beim Töten der weisen Frauen an einem Strang, weil ihnen die Hexenverfolgung ein entscheidendes und zugleich das furchtbarste Mittel zur Wiederbevölkerung wird. Als einzig unbestrafte Lust wird nur noch der eheliche Zeugungsakt zugelassen. Deshalb muß auch Selbstbefriedigung ausgeschaltet werden. Eine «Aufklärungs-Polizey» belehrt die Erzieher über «ein stummes geheimes Laster, welches [...] *die Fortpflanzung auf die schrecklichste Art verhindert.* Das beste Mittel dagegen ist, wenn Eltern und Schullehrer das unnöthige Betasten der *Geburtsglieder* als die schrecklichste Sünde schildern, [...], ohne aber den Vorwiz durch nähere Beschreibung rege zu machen; genaue und geheime Aufsicht und strenge Bestrafung mit der Ruthe, wenn man es entdeckt, sind nöthige Mittel» (Jung 1788, 22; Hervorhebung G.H.).

Der Erfolg des bevölkerungspolitischen Kampfes gegen die Lust tritt umgehend ein, aber der Preis ist enorm. Dabei ist die allgemeine Ausbreitung des «Nervenleidens» ab etwa 1700 in Europa noch die geringste Schädigung. Auch sie gilt ja als rätselhaft und geht doch direkt auf die Lust- und Onaniebekämpfung ab derselben Zeit zurück. Durch das Verbot aller Verhütungsmittel werden die Menschen zur Feinsteuerung unfähig. Es gibt viel mehr Geborene, als Europa selber benötigt. Aber die Furcht obsiegt, daß bei Wiederzulassung der Mittel nicht genügend Kinder da sein werden. Späte Eheschließungen der Betroffenen und Eheverbote für die Ärmsten, denen man dadurch lebenslang jederlei Sexualbetätigung kriminalisieren will – bei den anderen bleibt immerhin der eheliche Fortpflanzungsakt –, werden hilflose Versuche der Feinsteuerung (dazu ausführlich Heinsohn/Steiger 1994). Auch der Kindesmord – nicht zufällig ein Zentralthema in Goethes *Faust* mit dem tötenden Gretchen – gehört zu den ungewollten Nebeneffekten. Es ist aber nicht

weibliche Bosheit, die nach gescheiterter Verhütung und vergeblichen Abtreibungs-
versuchen zum Infantizid führt. Es ist die bevölkerungspolitische Verkehrung von
Geburtenkontrolle in todeswürdige Verbrechen auf Erden und ewige Verdammnis
im Jenseits, die einem unehelich Geborenen leicht sein junges Leben kosten kann.

Als die Armen, also Leute ohne verpfändbares Eigentum, im 18./19. Jahrhundert europäische Bevölkerungsmehrheit werden, müssen die Eheverbote fallen.
Nun werden also nicht nur Eigentümer gezwungen, weit über ihr persönliches Interesse an einem Erbsohn hinauszugehen, für das bei geschlechtlicher Normalver-
teilung zwei Kinder ausreichen. Noch bis in das 18. Jahrhundert hinein wehren sich
die Menschen, wie *Polizey*-Wissenschaftler empört berichten: «Ich weis Oerter, wo
es selbstgemachtes Gesetz ist, daß ein paar Eheleute nur zwey Kinder haben darf.
– Daß dazu die Polizey still sitzt, begreif ich nicht» (Jung 1788, 75).

Nunmehr werden auch die eigentumslosen Arbeiter genötigt, Kinder zu
haben, von denen keines ein Erbe erwarten darf. «Enterbte dieser Erde» heißen
denn auch die Kindermassen dieses absoluten Höhepunktes der europäischen
Bevölkerungsexplosion (1770–1870), deren Elend – in einer nicht endenden Reihe
von Expertisen bekannt gemacht – die Empfindungsfähigen bestürzt.

Welteroberung als «Abfallprodukt» der Wiederbevölkerung Europas

Die hohe Zeit europäischer *youth bulges* von 1750–1850 bringt nicht nur eine
nochmals heftig zunehmende Siedlungstätigkeit in den Kolonien. Auch in Europa
selbst gibt es in dieser Zeit kein wichtiges Land ohne umfassende innere Krisen.
Bei der Suche nach den Ursachen dieser großen Tötungen ist am Ende lediglich die
dramatische Zunahme rebellierender Söhne als entscheidende Erklärungsvariable
übrig geblieben.

**Bevölkerungswachstum und tödliche innere Unruhen in Europa
zwischen 1750 und 1850**
(Die Sternchen indizieren Unruhen und Staatskrisen, die Zackungen oben an
den Säulen ein Wachstum von über 100 Prozent, Goldstone 1991, 344)

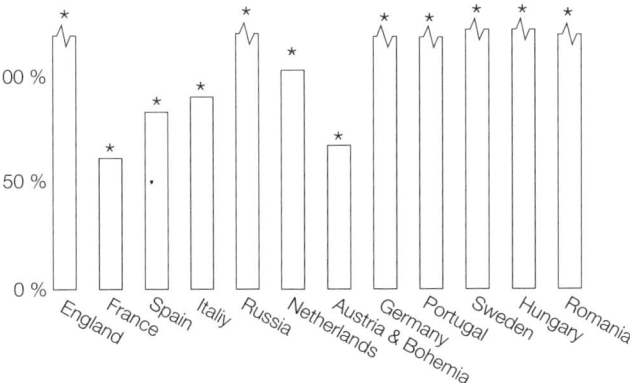

Die Welteroberung als keineswegs zuvor geplantes Abfallprodukt der gewaltsamen Wiederbevölkerung Europas induziert eine mächtige Eigendynamik. Europa läßt bis weit in das 20. Jahrhundert hinein nicht nach mit der Bestrafung von Verhütung und Abtreibung, weil seine Mächte nun ohne Pause um die ganze Erde ringen und dafür überall auch im demographischen Vorteil sein wollen. Auch deshalb wird mit dem permanenten europäischen *youth bulge* nicht nur die Welt fast ganz erobert und überdies zur Hälfte mit Siedlern bestückt, sondern auch daheim wird der kleine Kontinent von gut 50 Millionen gegen 1490 auf 460 Millionen im Jahre 1900 gehoben – ein gutes Viertel der Menschheit auf einem Dreizehntel der festen Erdoberfläche. Der Erste Weltkrieg mit zehn Millionen Toten – fast durchweg junge Soldaten – zeigt zum letzten Mal, was der kleine Kontinent an «Menschenmaterial» – so hieß es ja – zu verbrauchen hatte. Der zweite Weltkrieg hingegen wird partiell schon aus der Nettoreproduktion bestritten, da die Bevölkerungsdynamik noch vor dem Ersten gebrochen wird Nach 1945 ist Europa zu Menschen verbrauchenden Kriegen nicht mehr fähig.

Die als solche unstrittige, aber in ihren Ursachen rätselhafte Bevölkerungsexplosion ab 1485 (bis 1875) steht hinter dem mysteriösen «europäischen Wunder» der Welteroberung seit der Wende zum 15. Jahrhundert. Den Europäern hat 1493 daheim weder Futter noch Fläche gefehlt. 500 Jahre später findet ein Zehnfaches an Menschen dort ein vielfach besseres Auskommen als zu Beginn der Periode. Aber das ist eine Betrachtung im Nachhinein, die dem Kolonisten von 1520 oder 1750 nicht zur Verfügung steht. Im Moment seines Erwachsenwerdens – und mit den nicht minder ehrgeizigen Brüdern neben sich – ist er in Europa ohne Karrierezuversicht. Durch die sprunghafte Geburtenzunahme ab 1485 werden akzeptable Positionen quasi über Nacht so knapp, als hätte eine Massenarbeitslosigkeit eingesetzt, die es als Lohnarbeiterphänomen in einer Bauern- und Handwerkergesellschaft unter adligen Herren allerdings so noch nicht gibt.

Wenn ein Vater statt einem plötzlich drei Söhne hinterläßt und fast alle Väter das in jeder nächsten Generation von neuem tun, dann lebt eine Nation mit einem Dauer-*youth bulge*. Der sucht – wie es beschönigend heißt – sein Glück eben nicht nur zu Hause, sondern auch in der Neuen Welt oder – das ist kaum im westlichen, aber immer im russischen Blick – in Nordasien. *Go west, young man!*, heißt eben nicht nur «verschwinde, zorniger junger Mann!», sondern immer auch: «Es gibt noch jede Menge Chancen für die Gründung einer eigenen Existenz fern von Deinen Brüdern.» Das «hasse die Indianer!» ist für die Lebensraumgewinnung dann unausweichlich (Deloria 1969; Drinnon 1980). Allerdings wird das europäische Glück nur in den ersten Jahrzehnten in geraubtem Reichtum gefunden. Alsbald verlangt dessen Mehrung ebenso harte Arbeit wie sie die daheim gebliebenen Erben leisten müssen.

Die Erklärung des europäischen Globalismus seit Ende des 15. Jahrhunderts soll nicht allein die Neugier befriedigen. Seine Unbegreiflichkeit hat neben vielfältigen anderen Ideen nämlich auch eine Verklärung der Weißen in Form des akademischen Rassismus hervorgebracht – mit den Weißen vor den «Gelben» und den «Schwarzen» und einer innereuropäischen Widerspiegelung dieser drei Farben in Adel, Bürgertum und Arbeiterschaft. Aber die Weißen sind nicht genetisch überlegen, wie Gobineau (1853 ff.) das Rätsel der europäischen Welteroberung lösen will, sondern haben lediglich pro Mutter – ob adelig, bürgerlich oder proletarisch – deutlich mehr Söhne, die verzweifelt und rücksichtslos, aber durchaus nicht verhungernd nach Positionen in die übrige Welt drängen, deren Ureinwohner das stetige Nachfluten von immer neuen Eroberern niemals zu begreifen vermochten.

IV. Weltmächte von gestern und morgen: mehr Söhne und striktere Eigentumsstrukturen

Ungeachtet der europäischen Bevölkerungsexplosion ab der Wende zum 16. Jahrhundert kann die Eroberung der Welt durch Europa nicht allein aus seinem *youth bulge* erklärt werden. Gewiß gibt es ohne die nichterbenden Söhne weder den Zeitpunkt noch den überwältigenden Triumph der Alten Welt. Wer mit überzähligen Söhnen losschlagen will, der muß zuvor nicht nur den eigenen Frauen eine vernichtende Niederlage bereitet, sondern die Sexualität insgesamt auf ein grausames Vermehrungsprogramm herabgedrückt haben. Keine Frau strebt aus eigenem Sehnen nach zwanzig Schwangerschaften und zehn Geburten. Die moderne Rede vom *war of the wombs* (Krieg der Gebärmütter) will griffig klingen, verkennt aber gerade, daß dabei fast durchweg niedergekämpfte Frauen funktionalisiert werden. Etliche mögen sich dann mit der Soldatenproduktion identifizieren, aber wie schnell wird das abgeworfen, wenn sie selbst über ihren Leib gebieten können. In Wirklichkeit sind beide Geschlechter entschieden unfreiwillig am Werk, wenn einmal die gewünschte Kinderzahl überschritten wird. Auch kein Mann drängt sich, ohne harten Druck, zur Versorgung ganzer Scharen von Nachwuchs. Solange die jedoch anfallen, lieferten und liefern sie und die unterdrückten Frauen dahinter eine entscheidende Bedingung dafür, daß Gewaltiges und Furchtbares bevorsteht.

Selbstverständlich spielt die europäische Waffentechnik beim globalen Erfolg ihre Rolle. Die schnell eroberten Völker Amerikas, Nordasiens, Afrikas und Australiens treten mit Steinzeitgerät gegen Panzerung, Gefechtspferde, Bluthunde und Feuerwaffen an. Gegenüber islamischen Ländern und China hingegen gibt es eine so ausgeprägte militärische Überlegenheit nicht, weshalb Eroberungen scheitern oder aufgeschoben werden müssen. Den *youth bulge* muss man erst bemühen, um zu verstehen, warum aus drei waffengleichen Regionen (Europa, Islam,

Ostasien) dann Europa die Welt übernimmt. Denn nach absoluter Menschenzahl liegt es hinter den anderen. Die aber halten ihre Bevölkerungen stabil. Sie haben *absolut* durchaus viele Söhne, aber relativ wenige, für die es zu Hause keine Positionen gibt.

Die mit der Bekämpfung der Geburtenkontrolle einsetzende europäische Sexualunterdrückung zündet einen zusätzlichen Treibsatz. Den jungen Männern werden zwar keine Jungfrauen im Jenseits, dafür jedoch entschieden lebendige und straflos mißbrauchbare Indianerinnen in der Neuen Welt versprochen: «Über ein halbes Jahrhundert lang wurden die Sinne der Spanier nicht nur vom wunderbaren Eldorado angezogen, sondern auch vom Fieber der Begierde erhitzt und verwirrt, das seine Befriedigung in der Einrichtung regelrechter Harems fand» (Romano/Tenenti 1967, 211). Die Europäer kämpfen um ein Leben *vor* der Ewigkeit, verfahren bei seinem Ansteuern allerdings nicht weniger grausam als direkt ins Paradies zielende Angreifer.

Europas eigentümliche Ökonomie in der Welteroberung

Die Alte Welt übertrifft Osmanen und Ostasien nicht nur durch ihre Horden sexuell frustrierter nichterbender Söhne. Auch ihre Ökonomie spielt eine wichtige Rolle. Sie wird von den Expansionsforschern keineswegs übersehen. Ein Teil der Autoren redet – und meint das kritisch – von *Kapital*ismus, ein anderer von *Markt*wirtschaft. Beide wollen damit den entscheidenden Beweger des Wirtschaftens jeweils knappstmöglich umreißen. Die Basis des Wirtschaftens liegt aber weder im Kapital noch im Markt, sondern im Eigentum. Das kann man nicht sehen, riechen, schmecken oder anfassen, weil es ein papierener Rechtstitel ist. Nun wird gern geglaubt, daß «Privateigentum» der menschlichen Gier am angemessensten Ausdruck gebe. Aber bürgerliche, also eigentümliche Gier wird durch Polizei und Gerichtsvollzieher viel strenger kontrolliert als die von raubritterlichen Feudalherren oder «primitiven» Stammesgenossen. Vor allem im *edlen Wilden* hofft man auf einen Menschen noch ohne Eigennutz. Kaum jemand sucht ihn leidenschaftlicher als Marcel Mauss, Antikapitalist und herausragender Name der Völkerkunde im ersten Viertel des

20. Jahrhunderts. Aber auch und gerade unter Stammesgenossen gilt: «Der Erste, Schönste, Erfolgreichste, Stärkste und Reichste sein – danach strebt man» (Mauss 1975, 134).

Die Suche nach Profit entsteht nicht aus einer Gier nach ihm. Er ist lediglich das, was einem Wirtschaftenden über die Summe hinaus bleibt, die er für die Tilgung seiner Geldschuld und den Zins darauf auch dann begleichen müßte, wenn ihm jede Gier fremd wäre. Und solche Schuldverpflichtungen entstehen nur dort, wo es neben dem Besitz auch Eigentum gibt. Die Unterscheidung zwischen Besitz und Eigentum ist für das Verständnis des Wirtschaftens fundamental. Ökonomie wird so schlecht verstanden, weil die Gelehrten Besitz und Eigentum für ein und dieselbe Sache halten.

Die auf Eigentum basierenden Gesellschaften können auch zahlenmäßig größere Völker übertreffen, weil Eigentum für die Schaffung von Geld belastet und für das Borgen von Geld in einem Kredit verpfändet werden kann. Der Geldschaffer verliert durch diese Belastung während des Kreditzeitraumes die Freiheit seines Eigentums, kann es nicht noch einmal belasten und auch nicht verkaufen oder verschenken. Dafür gewinnt er die Zinszusage seines Schuldners. Und eben für den Zins, für dieses *immer mehr* aus niemals länger werdenden Jahresfristen, muß erfinderisch gewirtschaftet werden.

Gesellschaften ohne Eigentum haben kein Geld, also keine zinsbelasteten Schulden und bleiben eben deshalb ohne nennenswertes Wachstum.

Wirtschaften als Aktivieren von Eigentumstiteln

Was kann man mit Eigentum – im Unterschied zu Besitz – machen?
Die Wirtschaftswissenschaft kann so nicht fragen, weil sie den Terminus *property rights* (Eigentumsrechte) fälschlicherweise für Besitzrechte verwendet, für die selbst sie dann einen eigenen Begriff gar nicht erst hat.
1. Halten von Eigentum mit dem Ertrag der Eigentumsprämie. Das Eigentum ist dann unbelastet *(unencumbered and free)*. Daneben und zusätzlich gibt es die Erträge aus der Besitz- bzw. Nutzungsseite (Waren, Bewohnen, Mieten, Patentgebühren, Dividenden usw.) des Vermögens.
2. Belasten von Eigentum (Eigenkapital) durch einen Gläubiger zur kreditären Schaffung von Geld und zur Erlangung von Zins, wobei er Eigentumsprämie temporär verliert, aber die Erträge aus der Besitzseite weiter an ihn fließen.

3. Verpfändung von Eigentum durch einen Schuldner im Kreditkontrakt zur Erlangung von Geld mit seiner Liquiditätsprämie, wobei er Eigentumsprämie verliert, aber die Erträge aus der Besitzseite seines Vermögens unverändert einfährt. Da Geld ein Eingriffsrecht gegen Eigentum des Emittenten ist, kann man mit Geld kaufen, also fremdes Eigentum erlangen oder eigenes verpfändetes Eigentum auslösen, wenn man seine Geldschuld bezahlt hat oder für Geldbesicherung belastetes Eigentum wieder frei machen, wenn das Geld an einen zurückgeflossen ist.
4. Verkauf von Eigentum mit dem Ergebnis einer gleichzeitigen Abtretung von Eigentums- *und* Besitzseite, sodass die Eigentumsprämie mit ihrer Umwandlungsmöglichkeit in Zins (Gläubiger) oder Liquiditätsprämie/Geld (Schuldner) und die Nutzungserträge gleichzeitig an einen anderen übergehen.
5. Verlust von Eigentum (Eigenkapital) aus Vermögen des Gläubigers bei Einlösung des von ihm emittierten Geldes, wobei auch er den Besitz mit seinen Nutzungsrechten verliert sowie
6. Verlust von Eigentum (nebst Besitz) aus Vermögen des Schuldners bei Vollstreckung in sein verpfändetes Eigentum nach Nichtbedienen des Kreditkontraktes.

(vgl. in knapper Form Heinsohn 2001 und ausführlich Heinsohn/Steiger 2002a;b)

Daß der Zins als entscheidende Zugkraft des Wirtschaftens am Eigentum haftet, ist zwar ganz allgemein schlecht verstanden. Aber nur die Marxisten schreiten seit 1917 zu seiner regelrechten Abschaffung. Sie versprechen – wenn man so will – den Menschen für ihr Auto eine noch höhere und überdies pannensichere Geschwindigkeit, wenn man nur den Motor ausbaue. Diese Heilung der Tuberkulose durch Entfernung der Lunge hat an die 100 Millionen Menschen das Leben gekostet (Courtois 1997; Heinsohn 1999).

Mit dem Acker produzieren und mit dem Zaun wirtschaften

An einem Stück Ackerland läßt sich die wirtschaftliche Potenz des Eigentums über das bloß besitzbasierte – und ewige – Produzieren hinaus besonders leicht nachvollziehen. In allen drei der Menschheitsgeschichte bekannten Gesellschaftstypen – Stamm (nur Besitz), Feudalismus (nur Besitz) und Eigentumsgesellschaft (Besitz *und* Eigentum) – kann der Besitz einer Feld*mark* zum Pflügen, Einsäen und Ernten genutzt werden, also einen greifbaren Ertrag hervorbringen. *Gewirtschaftet* wird bei dieser Nutzung der Ackerkrume jedoch nicht. Sie wird lediglich physisch benutzt, das heißt an ihr wird das Besitzrecht wahrgenommen.

Zur geschäftlichen Verwendung eines Ackers – also zum Wirtschaften mit ihm – kann es erst kommen, wenn zum Besitzrecht noch ein Eigentumstitel hinzutritt. Man kann sagen, daß mit dem Acker produziert, mit dem Zaun, der ihn umgibt, jedoch gewirtschaftet wird, wobei er den Eigentumstitel symbolisiert und nicht nach Draht und Pfosten betrachtet wird, die es auch in reinen Besitzgesellschaften geben kann. Während der Bauer einer Eigentumsgesellschaft seine Feldmark – durch eigenen Gebrauch oder durch Verpachten – als Besitzer nutzt, kann er mit dem Eigentumstitel an ihr gleichzeitig und eben zusätzlich wirtschaften. Er kann diesen Titel für das Leihen von Geld – *Mark* z.B. – verpfänden, oder er kann ihn für die Besicherung des von ihm selbst emittierten Geldes – wiederum *Mark* – belasten.

Die Geldnote – ob auf Metall oder Papier gedruckt – ist also ein Eingriffsrecht in das Eigentum ihres Emittenten und kommt nur durch Schuldenmachen in die Welt. Auch das auf fast wertlosem Material notierte Geld ist wertvoll, weil hinter ihm besicherndes und zusätzlich verpfändetes Eigentum steht. Wo jemand Geld emittiert, tut er dieses für einen anderen, der ihm mindestens im selben Wert Eigentum verpfändet sowie Tilgung und Zins zugesagt hat. Der in die Zirkulation gelangten Geldnote entspricht mithin ein zweites notifiziertes Dokument. Das ist der Kreditkontrakt, in dem der geschaffene Betrag als mit Eigentum des Leihers besicherte und zu verzinsende Schuld niedergeschrieben ist. Erst wenn der die Schuld getilgt hat, kann die zum Verleiher heimgekehrte Geldnote vernichtet und der Kreditkontrakt zerrissen werden. Sind die Noten aus Metall oder ist das Papier noch gut, können sie bei einer neuerlichen Emission wieder verwendet werden. Bis dahin aber – bis zu einem neuen Kreditkontrakt, der sie gewissermaßen auflädt bzw. scharf macht – sind sie nur Formulare. Die werden in einem Tresor aufbewahrt, weil sie, durch Diebstahl in Zirkulation gelangt, äußerlich nicht von solchen «Formularen» zu unterscheiden sind, die erst verschuldete Eigentümer durch Zusage von Pfand, Tilgung und Zins in genuines Geld transformieren.

Als Verwender von Geld, das immer jemand – nämlich der im geldschaffen-

den Kreditkontrakt Benannte – schuldet, entwickeln Mitglieder von Eigentums-
gesellschaften einen ganz anderen Blick auf die Welt als Menschen aus reinen
Besitzgesellschaften, also aus Stämmen oder aus Feudalgesellschaften – werden
diese nun durch Adelskasten oder «Avantgarden» einer Arbeiterklasse dirigiert.
Geldschuldner suchen immer nach Wegen, aus der prinzipiell unveränderlich
gleich langen Zeit eines Jahres oder eines Monats das Zusätzliche herauszuholen,
das sie für den Zins aufbringen müssen. Eben dafür erzeugen sie Märkte. Auf diesen
versucht man Schuldendeckungsmittel, also Geld zu erlangen. Dessen Existenz geht
dem Markt somit voraus, während die Marktwirtschaftler glauben, daß erst die
Märkte da seien, auf denen es dann für eine Tauscherleichterung erfunden werde.

Eigentumsbasierte Eroberer und besitzgeprägte Entdeckte

Die Begegnung der eigentumsgeprägten Europäer mit den neuen Welten führt
unausweichlich zur Überprüfung von deren Potenzen, Schulden der jungen Entdecker bezahlen zu können. Dabei gibt es vom Raub der Metalle zu ihrer direkten
Ausprägung als Geld über den Raub von Gütern, die leicht für Geld zu verkaufen
sind, bis hin zur «billigeren» Produktion von Waren, für die anderswo gerne Geld
bezahlt wird, eine ganze Palette von Wegen für die Verbesserung der eigenen Zins-
bedienungsfähigkeit.

Die Kontakte der Europäer zu den neuen Welten werden also umgehend in
die Erfüllung von Gläubiger-Schuldner-Kontrakten eingebunden. Dadurch beginnt
Globalisierung. Man begnügt sich nicht mit einem einzelnen Besuch, über den man
dann daheim großartige Sagas erzählen kann, wie das selbstverständlich auch
Entdeckern aus Stammes- oder Feudalgesellschaften möglich ist. Man tauscht auch
nicht nur Geschenke aus, wie das bei Fernreisen von «Wilden» und Fürsten üblich
ist. Man macht zwar auch dieses, aber darüber hinaus eben noch etwas anderes.
Europäer entdecken und erobern mit einem geschäftlichen Blick, weil sie aus einer Region kommen, in der bereits eigentumsbasiert und deshalb unausweichlich
geldschuldgetrieben gewirtschaftet wird. Hingegen können die besitzgeprägten
Entdeckten lediglich produzieren. Vom Besichern, Verpfänden, Verzinsen, Verkau-

fen und Vollstrecken, von den Operationen des Wirtschaftens mithin haben sie keine Ahnung. Die Spanier definieren Primitivität – neben weiblicher Nacktheit – geradezu dadurch, daß die Indianer zwar Gold und Silber haben, aber weder Geld noch Kredit. Die Europäer unternehmen also nicht nur einen ins Globale getriebenen Mongolenzug. Das tun sie aus der Sicht der Betroffenen sicherlich auch. Sie sind aber bis heute ein ernsthafter Aktivposten der Weltpolitik und nicht nur eine Reminiszenz in den Geschichtsbüchern, weil sie eben nicht nur rauben und töten, sondern auch das Wirtschaften etablieren.

Kolumbus beginnt seine portugiesische Karriere nicht zufällig als Vertreter der Genueser Bank- und Handelshäuser *Centurione* und *di Negro*. Deshalb kann es nicht überraschen, daß ihn Paolo Toscanelli in seinem Brief von 1480 zur Westexpedition auch deshalb ermutigt, weil die Reise «unberechenbaren Gewinn [... an] allen Arten von Gewürzen in reicher Fülle sowie Edelsteinen in großer Menge» bringen werde (Hennig 1956, 234). Wie sehr es von Beginn an um Geschäftsreisen geht, belegt auch ein Patent des portugiesischen Königs Joao II. aus dem Jahre 1486. Einem Fermam Dulmo und einem Joham Alfonso erlaubt er auf deren «eigene Kosten» und bei Übernahme der «Heuer der Matrosen» die Entdeckung der sagenhaften Sieben-Städte-Insel *Antilia*. Der Herrscher verspricht die militärische Niederwerfung etwaigen Widerstandes der Entdeckten und verlangt dafür, «daß Wir von allen Einkünften und Gefällen, die der besagte Fermam Dulmo aus den besagten Inseln und dem Festland, das er entdecken und finden wird, gewinnt, den Zehnten erhalten» (Meyn et al. 1984, 101 ff.).

In der Eigentumsgesellschaft herrschen weder Häuptling noch König

Nun gibt es zwischen Ländern mit Eigentum graduelle Abstufungen. Je mehr bloße Besitztitel – Kronjuwelen, Königsschlösser, Opernhäuser, Betriebshöfe für die Müllabfuhr, Schulen und überhaupt jeglicher Staatsbesitz – noch existieren, desto mehr ist von der Verpfändung und damit von der Geldschaffung ausgeschlossen. Da Geld immer zinsbelastet geschaffen wird, erzeugt es Nachfrage durch die Schuldner, die mit einfallsreicher Geldverwendung ihre Chancen auf Zinsenerwirtschaftung steigern, um nicht ihr verpfändetes Eigentum bei Zahlungsunfähigkeit zu verlieren. Je eigentümlicher bzw. bürgerlicher eine Gesellschaft ist, desto geldlicher, verschuldeter und innovativer wird sie. Es gibt also eine Rangordnung, in der die voll verbürgerlichte Gesellschaft ganz oben steht, während nach unten hin lediglich teilweise vereigentümerte, halbfeudale und/oder halb stammesmäßige Verhältnisse dominieren. In der reinen Eigentumsgesellschaft herrschen weder Häuptling noch König und auch demokratisch gewählte Präsidenten nicht wirklich, sondern Konkursrichter und Gerichtsvollzieher, denen niemand sich entziehen darf und die selbst noch von ihresgleichen heimgesucht werden können. Darin liegt der Sinn der Herrschaft des Rechts (*rule of law*).

Schaut man sich die Abfolge in der Welthegemonie der europäischen Mächte an, dann erkennt man schnell, daß die jeweils überlegene neue Macht bei der Eigentumstotalisierung ihre Vorgängerin übertrifft, während sie bei der Überproduktion von Söhnen ihr mindestens gleichwertig ist.

Die gelegentlich recht wundersame Einteilung der Imperialgeschichte Europas nach Hundertjahrrhythmen *à la* Modelski (1987) läßt sich ganz ohne Zahlenmystik auflösen. Die noch kürzlich in Blüte stehende Prognose eines japanischen 21. Jahrhunderts (Aspen Strategy Group 1993; Smith 1995) mit einem Anstieg von knapp 10 auf 20 oder mehr Prozent der Weltproduktion ist nur aufgrund ihrer Demographieferne so ungeheuer in die Irre gelaufen. Mittlerweile wird der japanische Geburtenrückgang eingerechnet und bis 2050 ein Absturz des Inselreiches auf nur noch 4 Prozent Weltanteil prognostiziert. Die damals bald *hinter* Japan gesehenen USA hingegen sollen ihren Weltanteil bis 2050 sogar noch von 23 auf 26 Prozent steigern. Das wäre dann das sechsfache Japans (Parker 2002, 3).

Den bisherigen Erklärungsschwächen für die Überlegenheit Europas hat die Studie *The Cash Nexus* (Ferguson 2001) ein deutliches Insistieren auf den Einfluß des Geldsystems entgegengestellt. Aber auch dabei wird die Ausgestaltung belast- und verpfändbaren Eigentums als Basis einer überlegenen Währung nicht einmal erahnt. In ausdrücklicher, ja bewundernder Anknüpfung an *The Rise of the Western World* (North/Thomas 1973) wird die dortige Fehlsicht von *property rights* als Exklusivrechte zur physischen Nutzung von *Besitz*gütern übernommen (Heinsohn/ Steiger 2002b, 31f.). Die Qualität des Geldsystems wird von den entscheidenden und ganz unphysischen Eigentumstiteln entkoppelt und an die Machtinstinkte und Raffinessen der jeweiligen Regierung gebunden. Wachstum und Produktivitätssteigerungen, die doch vom Zins auf Geld erzwungen werden, das ganz ohne Sparen gegen Eigentum zu schaffen ist, werden einmal mehr aus Sparsamkeit und Fleiß erklärt, die doch so alt sind wie die Menschheit selbst und auch bei Biene und Biber anzutreffen sind.

Aufstieg und Niedergang der europäischen Hegemonialmächte

Man wird also im Hegemonieverständnis erst weiterkommen, wenn ein gleichzeitiger Blick auf Eigentumsstrukturen und Vermehrung geworfen wird. Dann zeigt sich, daß die Stafette an den jeweils noch eigentumsradikaleren und noch *youth bulge*-entschlosseneren Konkurrenten übergeben werden muß. Diesem neuen Hegemon fällt das erforderliche territoriale Größenvolumen durch Eroberungen und/ oder Bündnisse dann schon zu. Man wird zögern, in der nachstehenden Abfolge der Hegemone seit 1500 gleich ein ehernes Gesetz oder gar eine Weltmachtformel am Werke zu sehen. Aber man wird in ihr doch mehr erblicken wollen als eine Kette bloßer Zufälligkeiten.

Youth bulges und die globale Dominanz europäischer Mächte*

Vormacht	Eigentum/ Banken	Youth bulge	Religiontoleranz Demokratie	Lage/ Größe
1415 Portugal	++	+/− (erst ab 1495 +++)	+/−	+++//+/−
Ab 1484 europaweite Bestrafung der Empfängnisverhütung bis ins 20. Jh.				
1493 Spanien	+	+++	+/−	++//+
1588 Niederlande	++	+++	+++	++//+/−
1681 England I	++	+++	++	+++//+

1776-1815   Zwischenzeit

England verliert Amerika, besiegt 1815 Frankreich, gewinnt 1788 Australien, hat 1818 Indien und bis 1880 höhere Geburtenraten als heute die islam. Welt.

1815 England II   ++   +++   ++   +++//+++

Auf Basis der Stein-Hardenbergschen Eigentumsverfassung von 1811 überholt Deutschland bei einer Vermehrung von 25 auf 60 Millionen bis 1900 England.

1917 USA I   +++   +++   +++   +++//+++

Höhepunkt 1939-45, als die Großreiche Hitlers und Japans besiegt und die Imperien Großbritanniens und Sowjetrußlands über Wasser gehalten werden.

1990 USA II   +++   +/−   +++   +++/+++

                     (mit Einwanderern +)

Seit Implosion der Sowjetunion ist offen, wer zum Herausforderer der USA wird. Ökonomisch, politisch und militärisch sind sie unangefochten, haben - 2003 – aber nur 30 Millionen der weltweit über 1000 Millionen Söhne unter 15.

---

*   Es bedeuten: + = stark, ++ = sehr stark, +++ = überragend stark ausgeprägt,

      − = schwach, − − = sehr schwach, − − − = überragend schwach sowie +/− neutral ausgeprägt.

1. Portugal

Portugal gehört in die «Eroberung» der Welt durch Europa anfänglich gar nicht hinein, da es – und das schon seit dem frühen 15. Jahrhundert – nur Handelsplätze und die zwischen ihnen liegenden Versorgungsstützpunkte sucht. *Vor* 1490 hat es auch keinen nennenswerten Sohnesüberschuß für eine ausgreifende Kriegsführung und Siedlungstätigkeit. Seit der türkischen Blockierung des Ostmittelmeeres mit dem 1396er Sieg über ein Kreuzritterheer suchen die iberischen Reiche jedoch ihre Chance für einen neuen Osthandelsweg. Es beginnt mit der portugiesischen Eroberung des nordafrikanischen Ceuta im Jahre 1415 also lediglich eine Konkurrenz mit den bereits existierenden Fernhändlern aus Genua, Venedig, aber auch den Hansestädten. Unternehmungen bis nach Nowgorod im Norden und Nordafrika im Süden können gleichwohl nur bei laxer Verwendung des Begriffs als «Imperien» des Handels bezeichnet werden. Ab 1453, als die Italiener nach der türkischen Eroberung Konstantinopels ihren Schwarzmeerhandel verlieren und auch den

Levantehandel nicht mehr wirklich beherrschen, geht es für Portugal nicht mehr so sehr um einen Wettlauf mit den mediterranen Republiken, sondern zunehmend um ihre Ersetzung durch einen neuen Weg um Afrika herum zu den Gewürzen und Geweben des Ostens.

Ab 1500 erlebt selbstverständlich auch Portugal seinen *youth bulge*, verdoppelt sich im Mutterland, also ohne Mitzählung der Auswanderer, bis 1600 von gut 1 auf 2 Millionen Einwohner, verbraucht diesen Zuwachs aufgrund seiner mengenmäßigen Unterlegenheit gegenüber Spanien und nachdrängenden Nordeuropäern aber auf eine so radikale Weise, daß es gegen 1650 auf gut 1,7 Millionen Einwohner absinkt. Waisenkinder, daheim kriminell Gewordene, Zigeuner und Prostituierte werden für die Fortsetzung der Kolonisation rekrutiert (Coates 2001). Umgehend fleht man auch beim Heiligen Stuhl um Hilfe gegen Spanien. Die Verträge von Tordesillas (1493) zur Teilung des Atlantiks und von Saragossa (1529) zur Teilung des Pazifiks zeigen, daß man auf dem Papier zu erreichen trachtet, wofür die Mannschaft fehlt. Unternehmungen wie die Verteidigung Äthiopiens gegen islamische Angriffe im Jahre 1543 illustrieren die Dynamik und gleichzeitige Überdehnung des kleinen iberischen Landes. Gleichwohl bringt Portugal vor allem in Südamerika und Afrika über zehn Millionen Quadratkilometer Land an sich (ausführlich Russell-Wood 1998).

1577 öffnet sich das kleine Land sogar China (Macao) für den Handel, aber bereits 1581 fällt das erschöpfte Lusitanien an die spanische Krone. Da die mörderische Bestrafung der Geburtenkontrolle ungebrochen fortgesetzt wird, hat man bis 1750 zu Hause wieder um eine halbe Million zugelegt und nebenher Siedler für die zwischenzeitlich mit Not gehaltenen oder gar den Konkurrenten erst wieder zu entreißenden Gebiete in Afrika und Brasilien bereitgestellt.

2. Spanien

Das Spanien der ersten Kolumbusreise von 1492 mit nicht einmal hundert Leuten auf drei Schiffen ist ebenfalls noch eine Unternehmung à la Venedig oder Hanse bzw. à la Portugal, dessen afrikanischer Monopolweg zu den Gewürzen Indiens mit einem westlichen Zugang in das selbe Land ausgehebelt werden soll. Zur zweiten Reise von 1493 melden sich bereits die *secundones*, die Zweitgeborenen, deren Mütter mittlerweile selbst dritte und vierte Söhne gebären. 1200 Bauern, Handwerker, Kaufleute, Soldaten und Priester benötigen siebzehn Schiffe. Diese Männer wollen zwar auch erst einmal nur reich werden, um dann in Sevilla und Madrid noch prächtigere Paläste und Kutschen zu präsentieren als die Erstgeborenen. Nach ihnen – in großer Masse ab 1510 – aber folgt ein langer, nicht endender Strom junger Männer (vgl. Lovell/Lutz 1995). Neben der beträchtlichen Auswanderung legt auch das Mutterland selbst zwischen 1490 und 1650 von 6 auf 9 Millionen Einwohner zu. Kaum merklich vorerst, dann jedoch unwiderruflich wird vom Raub auf Handel und lokale Produktion übergegangen. Die Vernichtung der Einheimischen durch Arbeit bringt ungezählte Tote, womöglich zwei Millionen über 200 Jahre hinweg allein in den Silbergruben von Potosi (Romano/Tenenti 1967, 215).

Nicht nur mörderisch agieren die Conquistadores, sondern auch mit ungeheuerlichem Risiko für das eigene Leben. Hernan Cortés geht mit gerade 19 Jahren in die Neue Welt, nimmt als 26-Jähriger an der Eroberung Kubas teil und führt im Jahre 1519 als 34-Jähriger ein kleines Kontingent von 600 Mann nach Mexiko. Er gründet Vera Cruz und verbrennt zum Abschneiden jeden Rückweges die Schiffe. Durch nie gesehenes Terrain reitet er mitten in die Metropole Tenochtitlan, nimmt sich dort den Staatsschatz, verhaftet den aztekischen Gottkönig Montezuma und setzt so das Signal für den Tod von Millionen (Cortēs 1550). Francisco Pizarro stürmt 1532 mit gerade 180 Mann direkt ins Herz des Inkareiches. Atahualpa – Sohn der Sonne, aber später auch Mörder seines Bruders Huascar – wird in Cajamarca aus der Mitte von 5000 Noblen gegriffen, für deren Abschlachtung die spanischen Reiter mit ihren Feuerwaffen gerade eine halbe Stunde benötigen. Der Inka selbst wird erst nach Lieferung von vielen Tonnen Gold und nach einem Schauprozeß erwürgt (für Einzelheiten siehe Huber 1962; Gabai 1997).

Aller Erfolge zum Trotz handeln die Söhne aus der Estremadura hoch suizidal oder eben tollkühn und todesmutig. Nebenher reicht es ja auch noch für verlustreiche Gemetzel mit rivalisierenden Spaniern: der Kuba-Gouverneur Velazquez gegen Cortēs und Almagro – von der Herkunft ein Findelkind – gegen Pizzaro. Der aber hat gleich drei Brüder dabei, die ihm Cuzco sichern. Hier handeln Katholiken und keineswegs Mohammed Attas. Vor jedem Angriff beugen sie Haupt und Knie, um kollektiv vom Herrn den Sieg zu erflehen. In Analogie zum Begriffspaar Muslime und Islamisten wären diese Spanier keine Christen, sondern Christianisten gewesen, denn der Gott Kastiliens «liebte Tote mehr als Ungläubige» (Rowdon 1974, 134). Wie gegen die damaligen Spanier mit Bibelversen von der Liebe und der Lebensheiligkeit nichts auszurichten ist, so erweisen sich heute vergleichbare Koransuren als wirkungslos. Da sie sich – jenseits von Israel und Kaschmir – Eroberungen noch nicht vorstellen können, bleiben die Islamisten einstweilen allerdings negative Conquistadoren, die sich nur Strafen und Zerstörungen zutrauen.

Bevor Religionen also für eine zusätzliche Gewaltbereitschaft sorgen können, müssen diejenigen, die für eine Sache tötungs- und todeswillig gemacht werden sollen, erst einmal vorhanden und dann ohne attraktive Alternative sein. Gleichwohl ist nicht auszuschließen, daß doch ein Fünkchen Eigenkraft in der jüdischen Ethik steckt. Denn mitten im Morden gibt es Verdammungen von Spaniern durch andere Spanier, die dabei nichts weniger als das Völkerrecht auf den Weg bringen: «Was das Naturgesetz betrifft, weise ich darauf hin, dass es dem Menschen [...] verkündet ist [...] durch das Gesetz des Dekalogs, das auf den mosaischen Tafeln geschrieben war. Eigenart des Völkerrechts [...] ist die Tatsache, dass das Menschengeschlecht, wie sehr es auch in verschiedene Völker und Reiche geteilt ist, doch immer eine gewisse Einheit bildet, und zwar nicht nur eine biologische Einheit, sondern auch die Einheit einer gleichsam politischen, durch das Sittengesetz geforderten Gemeinschaft. Das geht aus dem natürlichen Gebot der gegenseitigen Liebe und Hilfsbereitschaft hervor, die sich auf alle, auch die Fremden erstrecken soll, welcher Nation sie auch angehören mögen [*3. Mose* 19: 18/33]» (Suarez 1965 [1612], 29 / 67).

Ob einem Stammeshäuptling, einem Assyrerkönig, einem römischen Konsul, einem Mongolenkhan, einem osmanischen Sultan oder einem peruanischen Inka mitten im siegreichen Austilgen einmal aus den eigenen Reihen zugerufen worden ist, daß er ein Verbrechen gegen das «Gesetz Gottes» begehe? Wir wissen es nicht. Mitten in den Großtötungen der Spanier aber gibt es eine solche Stimme. Sie gehört Antonio Montesino (1485–1528). Vor den Siedlern, die ihn verfluchen, und selbst vor dem Vizekönig Diego Colon (Sohn des Kolumbus) predigt der Dominikaner am 21. Dezember 1511 in Santo Domingo/Hispaniola: «Allesamt befindet ihr Euch im Stande der Todsünde. […] Wieso haltet ihr sie solchermaßen unterdrückt und ermüdet, ohne ihnen zu essen zu geben und ihnen ihre Krankheiten zu heilen, die sie sich bei den von euch auferlegten übermäßigen Arbeiten zuziehen, wenn sie euch nicht sterben oder, besser gesagt, ihr sie nicht umbringt, weil ihr sie Tag für Tag Gold schürfen und ausbeuten laßt? […] Haben sie denn keine vernunftbegabten Seelen? Habt ihr denn nicht die Pflicht, sie zu lieben wie euch selbst [*3. Mose* 19: 18/34]?» (Gutiérrez 1990, 33).

Der Montesino-Schüler Franciscus de Victoria (1493–1546) zieht 1539 mit dem Verbot des Völkermords und der Idee einer durch jeden Menschen anzurufenden Weltinstanz nach: «Als erster Rechtstitel kann die natürliche Gesellschaft und Gemeinschaft aller Menschen angerufen werden. / Was ist im gerechten Krieg gegen Unschuldige erlaubt? Erstens: ‹Den Unschuldigen und Gerechten sollst Du nicht töten› [*2. Mose* 23: 7]. Zweitens: Wie oben gezeigt wurde, ist der Grund des gerechten Krieges das Unrecht des Gegners. Aber Unrecht wird nicht von einem Unschuldigen begangen. Daher darf kein Krieg gegen diesen geführt werden. Drittens: Es ist in einem Staat nicht zulässig, für die Verbrechen der Übeltäter Unschuldige zu bestrafen. Daher ist es auch nicht zulässig, für das Unrecht von Übeltätern bei den Feinden Unschuldige zu töten. / Erster Leitsatz: Auch wenn der Fürst die Macht zur Kriegsführung hat, so darf er doch nicht zu allererst Gelegenheiten und Gründe für den Krieg suchen, sondern ‹womöglich mit allen Menschen Frieden halten›, wie Paulus vorschreibt [*Römer* 12: 18]. Er soll aber auch immer wieder daran denken, dass die anderen unsere Nächsten sind, die wir wie uns selbst lieben müssen [*3. Mose* 19: 18/34]. / Zweiter Leitsatz: Ist der Krieg schon einmal aus gerechten Gründen heraus entstanden, so darf er nicht zur Vernichtung des Volkes, gegen das er gerichtet ist, geführt werden» (Victoria 1952 [1539], 93 / 151 / 171).

Es braucht noch ein halbes Jahrtausend, bis der polnisch-jüdische Hitlerflüchtling Raphael Lemkin (1946) – diesmal nach einem grossen deutschen und nicht spanischen Töten – die Prinzipien der Mönche in ein internationales Strafgesetz gießt, das die UNO am 9. Dezember 1948 einstimmig als *Konvention über die Verhütung und Bestrafung des Völkermordes* annimmt (Robinson 1960). Da ist Spanien, dessen Reich bei der Einverleibung Portugals 30 Millionen Quadratkilometer von Kalifornien bis zu den Philippinen umgreift (ausführlich Parry 1990), längst ruiniert – auch und gerade am Gold und Silber seiner Kolonien. Man prägt die Edelmetalle viel zu häufig direkt in Staats-«Noten»-Geld um. So werden sie zwar, ja zum Bestechungsmittel für die Vereinigung Spaniens, das im 16. Jahrhundert noch einen Flickenteppich von Monarchien bildet (Kamen 2003). Die Schätze gelangen aber in monetären Umlauf, ohne daß – wie bei einem genuinen Banknotengeld – Schuldner Eigentumsverpfändung, Tilgung und Verzinsung in Kreditkontrakten zugesagt haben. Und es sind ja die Zinspflichten vor Ort, die eine Warenproduktion, also Reichtumsschaffung erzwingen. Mit dem Gold und Silber wird nun überall gekauft und das übrige Europa gewinnt auch deshalb Wohlstand, weil man für die amerikanischen Metalle echte Leistungen und Innovationen zu erbringen hat. Die Iberer hingegen antizipieren moderne Erdölregime, die ebenfalls in der ganzen Welt einkaufen, aber vor Ort weder Eigentumsstrukturen noch Zinsdruck aufbauen und so ohne nennenswerte Ökonomie bleiben.

3. Niederlande

Von Spaniens Kontoren und Werkbänken steht eine beträchtliche Zahl in den Niederlanden. Dort muß man produktiv und erfinderisch sein, um an das Gold zu gelangen. Und als die Niederländer nach tödlichem Einsatz vieler Söhne im Jahre 1581 ihre «Republik der Generalstaaten» ausgerufen haben und sieben Jahre später durch Stürme und englische Schiffe auch noch das Abwracken der Armada besorgt bekommen, stimmt so gut wie alles. Die gegen Spaniens Granden frei gefochtene Eigentumsstruktur bleibt allerdings erst einmal auf die Städte beschränkt.

Das Bankwesen wird weltführend. Die niederländischen Mütter verdreifachen die einheimische Bevölkerung von 700.000 auf über 2 Millionen zwischen 1490 und 1640 und stellen dazu noch Soldaten und Auswanderer bereit. Man verfügt mit dem Heiligen Römischen Reich Deutscher Nation zugleich über ein gewaltiges Hinterland, dem man bis 1648 als *Germania Inferior* (Niederdeutschland) formal ja auch noch angehört. Kein Feudalismus bewahrender Katholizismus stört die niederländischen Kreise von Südamerika bis Japan. Man wird globaler Händler – 35.000 Schiffe stellen im Jahre 1634 zwei Drittel der Weltflotte – und Siedler zugleich. In seinem Gipfelpunkt mit der Erfassung Australiens (Neu-Holland), der Übernahme von Teilen Brasiliens, die Siedlung in Amerika, wo New York (Neu-Amsterdam) gegründet wird und den Liegenschaften von Südafrika bis nach Indonesien und Japan wird ein Einflußgebiet von sieben bis acht Millionen Quadratkilometern und die Kontrolle über die Hälfte der Weltmeere erreicht (ausführlich Boxer 1990). Ein Imperium entsteht, das nur noch mit gleichen Mitteln und mehr verfügbaren Söhnen geschlagen werden kann.

4. England I und II

Als der niederländische König im Jahre 1688 in Personalunion den Thron Englands besteigt und dieses Land seine 1640 einsetzenden Revolutionen mit der *Bill of Rights* (1689) abgeschlossen hat, gibt es in Europa niemanden mehr, der noch mithalten könnte, obwohl England sich dessen selbstredend nicht sicher sein kann, ja vorerst nicht einmal bewußt ist. Vor 1600 hat das Land nicht eine einzige Kolonie, aber um 1920 beherrscht es – ungeachtet der Verluste in Amerika – mit 40 Millionen Quadratkilometern (einschließlich Antarktis) 27 Prozent der Erde und gebietet über ein Viertel der Menschheit (ausführlich Ingram 2001; Samson 2001).

Daß die englischen Revolutionen des 17. Jahrhunderts von *youth bulge*-befeuerten «landlosen jüngeren Söhnen» (Goldstone 1991, 120) ausgekämpft werden, ist erst sehr spät verstanden worden: «Alle bisherigen Denkschulen waren unfähig, den staatsweiten Zusammenbruch der ökonomischen, fiskalischen und sozialen Systeme Englands auf sein ununterbrochenes Bevölkerungswachstum der Jahre 1500–1650 zurückzuführen» (Goldstone 1991, 141). Das *slaying in the name of the Lord* (Abschlachten im Namen des Herren) des Halbdiktators und Lord-Protektors Oliver Cromwell (1649–1660) umreißt das Programm, auch noch nach massiver Auswanderung Überschüssiges wegzuschneiden. Daß die enorme Geburtenzunahme eine durch Todesstrafen erzwungene gewesen und auch danach noch geblieben ist, wird bis heute kaum bedacht.

Die repressive Fortpflanzungsmoral Englands *(«no sex, please …»)* wird

102

ebenso legendär wie die Härte seiner Sohneserziehung. Von etwa 3,5 Millionen um 1450 geht es auf 16 Millionen gegen 1850, obwohl seit 1600 Auswanderer weggehen (McEvedy/Jones 1978, 49). Nach der Revolution der Leibeigenen (*Lollarden*) von 1381 durchwirkt das Eigentum schnell große Territorien. Dort entsteht die welthistorisch neue Beziehung zwischen den knechtlos gewordenen Adligen, denen lediglich ihr Land geblieben ist, und *freien Lohnarbeitern*, die eben dieses Land nicht in die Hand bekommen, aber nach einem militärischen Patt immerhin die Knechtschaft abwerfen. Über die Verpfändung von Bodeneigentum als ihrem einzig verbliebenen Vermögen müssen sich die Adligen (oder ihre Pächter) nun *Lohngeld* leihen, «verlieren» es bei Bezahlung ihrer Arbeiter aber umgehend. Falls sie später nichts verkaufen und bei ihren Bankiers das Lohngeld nicht tilgen können, verlieren sie auch noch das verpfändete Land. Zur Verringerung der Lohngeldsummen wird deshalb bis heute hin ununterbrochen rationalisiert, Arbeit durch Technik ersetzt, weil die – anders als der freie Arbeiter – im Notfall wieder gegen Geld verkauft werden kann.

Als erste «kapitalistische» Rationalisierung umzäunen Engländer an der Wende vom 14. zum 15. Jahrhundert ihre Schafweiden, die durch wenige geldentlohnte Hirte überwacht werden (Heinsohn/Steiger 1981). Weil ab jetzt England Europas beste Wolle produziert, entsteht auch dort die Industrie. Für die Verringerung der an Spinner und Weber zu zahlenden Löhne werden als nächste Rationalisierungsschritte Spinn- und Webmaschinen erfunden und in Fabriken mit Arbeitsmaschinen kombiniert. Mit dieser ab 1750 einsetzenden Textilindustrie wird die ökonomische Führungsrolle Englands für jedermann unübersehbar.

Wo immer nun ein Engländer Welteroberung betreibt, macht er sich zumindest in den Siedlungskolonien (Nordamerika, Irland, Australien/Neuseeland, Südafrika) umgehend an den Aufbau von Ökonomie, also von Eigentum und *the rule of law*. Das Erfolgsgeheimnis des Imperiums hat sehr viel damit zu tun, daß der gewöhnliche Kolonialbürger genauso frei Einkommen erwerben kann wie die Arbeitenden im Mutterland. Eine korrekt gestaltete Geldordnung kennzeichnet also diejenige Macht, der die Menschen sich noch am bereitwilligsten unterstellen. Auch ohne sie wirklich zu verstehen, ahnen ihre Nutznießer, daß die Willkür von Mächtigen in die Fesseln des Rechts geschlagen werden muß, damit das Eigentum der Bürger zum Mutterboden guten Geldes werden kann. Das damals ubiquitäre «so sicher wie die Bank von England» erfaßt die Legitimation des britischen Hegemonen sehr viel treffender als seine auf allen Meeren operierende Kriegsflotte. Dasselbe gilt für die Sehnsucht nach dem «Yankee-Dollar» der USA als nächstem Hegemon.

Mit der *rule of law* ist man recht passabel durch die Jahrhunderte gelangt. Im Jahre 2002 beherbergen die wichtigsten ehemaligen britischen Siedlerkolonien (einschließlich USA) mit bald 360 Millionen Menschen die sechsfache Bevölkerung des alten Mutterlandes (60 Millionen) und – auf Kaufkraftbasis – das Achtfache des englischen Bruttosozialprodukts (ca. 12 gegen 1,5 Billionen Dollar). Am Weltwohlstand von 30 Billionen Dollar partizipiert die Anglowelt auch im Jahre 2003 noch mit 45 Prozent – bei weniger als 7 Prozent Anteil an der Weltbevölkerung. Bei der Innovationsgeschwindigkeit liegen unter den großen Ländern die britischen Exkolonien USA, Kanada und Australien auch im dritten Jahrtausend auf den Plätzen eins, zwei und drei. Ungebrochen und vielleicht mehr als je zuvor träumen Milliarden von Menschen davon, bei einer echten Notlage in irgendeiner Ecke des gewaltigen Gebietes Unterschlupf zu finden. Der Rest der Menschheit – wie anmutig auch immer ausgestaltet – fungiert als Provinz gegenüber den ideell vereinigten Metropolen. Antworten auf die Frage, was in New York oder London los ist, lassen sich auf der ganzen Erde vermarkten.

England wird schon ab dem 17. Jahrhundert für den Rest der Menschheit, was in der Gegenwart die 30 OECD-Staaten für die übrigen 170 Länder darstellen. Empörungen über Englands Globalisierung ändern nichts. Aber Nationen, die seine Eigentumsstruktur bewußt übernehmen, holen schnell auf. Preußendeutschland braucht ab Stein-Hardenberg (1811) etwa 90 Jahre und Japan nach 1873 nur noch ein halbes Jahrhundert, um gleichzuziehen. Die Aufholgeschwindigkeit wird deshalb immer höher, weil aus den entwickelsten Staaten in den neu unters Eigentum gelangten Gebieten wegen der dort erst einmal leichteren Zinserwirtschaftung immer gleich das höchste Niveau per Investition eingepflanzt wird (zum Effekt s. a. Soysa 2003). Wenn die OECD-Staaten an den eigentumsfernen Strukturen der übrigen 170 Länder zu leiden hätten, gäbe es keine Globalisierung und auch nicht die hochtechnologische Vernetzung ihrer Gegner.

Daß Englands nichterbende Söhne durch Eigentum und Zins ganz besonders angetrieben werden, begreift im 17. Jahrhundert noch kaum jemand. Die deutsch dominierte europäische Mitte verbraucht ihre *youth bulges* für die regionale Macht-konsolidierung von einem 30-jährigen Krieg im 17. über die großen Kämpfe um Schlesien im 18., bis hin zur Installation von zwei Kaiserreichen im 19. Jahrhundert. Nebenher werden noch etliche Millionen Siedler – und aus der Schweiz zahllose Söldner – für die expansiveren Nachbarn in West und Ost bereitgestellt.

Im Osten Europas stoßen vor allem die schwedischen, polnisch-litauischen und russischen Reiche aufeinander. Das schwedisch dominierte Skandinavien, das seine Bevölkerung zwischen 1490 und 1750 von 1,25 auf 3,75 Millionen verdrei-facht, entwickelt kurzzeitig (1630–1709) die größte Dynamik. Es wird ein wichtiger, beileibe aber nicht der einzige Faktor für die Schwächung des polnisch-litauischen Großreiches, das mit einem Anstieg von «lediglich» 7 auf 11 Millionen im selben Zeitraum überdies den schwächsten Bevölkerungsanstieg aufweist. Rußland, das zur gleichen Zeit von 10 auf 26 Millionen zunimmt, entscheidet das Ringen unter den Nordosteuropäern für sich, sodaß ihm dann nicht nur im Westen der Löwen-anteil Polens zufällt, sondern am Ende auch ganz Nord- und Zentralasien mit 17 Millionen km^2 bis an das Japanische Meer. Eigentumsstrukturen entwickeln sich in diesen Gebieten erst in der zweiten Hälfte des 19. Jahrhunderts – fast ein halbes Jahrtausend nach Englands Beginn von 1381. Und schon 1917 wird diese Überle-genheit verbürgende Struktur wieder gekappt.

5. Vereinigte Staaten von Amerika (USA I)

Vor allem beim Besteuern der Kolonien gibt es im Verhältnis zur britischen Krone noch quasifeudalistische Reibungen. Die allein hätten den Abfall Neuenglands aber kaum bewirken können. Das belegt schon die Loyalität großer Teile der Bauern, von denen über 35.000 nach Kanada emigrieren und dort die englische Bevölkerung glatt verdoppeln. Amerika hat nämlich nicht nur die effektive englische Wirtschaft mit Eigentumsverpfändung und Zinsdruck, sondern eine selbst Europa noch schla-gende Geburtendynamik. Zu den Einwanderern aus Europas *youth bulge* tritt ein gewaltiger eigener vor Ort mit jährlichen Wachstumsraten von 3 Prozent – mehr als im Jahre 2003 in Gaza, Uganda oder Sierra Leone.

Von 1600 bis 1700 nimmt man von gerade 800.000 auf eine Million Einwohner zu. Aber von 1700 bis 1800 geht es sprunghaft von einer auf sechs Millionen, während auf den britischen Inseln selbst «lediglich» ein Anwachsen von 9 auf 16 Millionen erfolgt, wobei allerdings die Ausgewanderten und sich nun anderenorts Vermehrenden nicht mitgezählt sind. Gegen die amerikanische Versechsfachung – das schlagen nur die Muslime mit ihrer bereits erwähnten Verachtfachung zwischen 1900 und 2000 von 150 Millionen auf 1,2 Milliarden – steht in England nicht einmal eine Verdopplung. Erst der *youth bulge* Neuenglands hat dem eher läppischen Ärger über die Steuern ohne parlamentarische Repräsentation in London die für eine Rebellion erforderlichen wurzellosen urbanen Heißsporne hinzugefügt. Deren Leben wird im Krieg gegen die Truppen Englands – vorrangig aus dem landesherrlich verkauften *youth bulge* Hessens rekrutiert – heroisch in die Schanze geschlagen.

Daß die USA ihre hegemoniale Unangefochtenheit gegen 1949 (Explosion der sowjetischen Atombombe «Josef [Stalin] 1» in Semipalatinsk) verlieren, ist unstrittig. Von einer Position insularer Sicherheit mit einem Sechzehntel der Weltbevölkerung (150 Mio. von 2,4 Mrd.) und der Hälfte der globalen Warenproduktion können sie nur bis 1950 außerhalb der eigenen Grenzen operieren, wann immer das geboten ist. Am 11. September 2001 hat man sie zu Hause auf dem Festland angegriffen. Der Welt stärkstes Land muß hinnehmen, daß es «zum Schlachtfeld im ersten Krieg des 21. Jahrhunderts» wird (Bush 2003). Man zahlt teuer für den Verzicht auf einen vorbeugenden Schlag gegen Afghanistan, obwohl schon im Sommer 2001 die Warnungen vor einer Großaktion Bin Ladens eingehen. Der CIA-Direktor Tenet hat den Saudi im Visier seiner unbemannten *Predator*-Drohnen, darf aber aus Sorge vor internationalen Verwicklungen nicht schießen (Woodward 2002). Die Überschätzung des Saddam-Regimes und der präventive Angriff im zweiten Irakkrieg haben auch damit zu tun, daß man einen rechtzeitigen Schlag gegen die seinerzeit unterschätzten Taliban verpaßt hat.

Wer nun als ernst zu nehmender Herausforderer Amerikas nach vorne kommen wird, vermag mit letzter Gewißheit niemand zu prognostizieren. Allzu viele Kandidaten jedoch gibt es vor 2050 nicht. Wenn man die USA mit der NAFTA (*North*

American Free Trade Association) zusammenrechnet, also Kanada *(USAnada)* und Mexiko mit einbezieht, dann markieren die über 400 Millionen Menschen dieser drei Länder mit nur drei Sprachen (Englisch, Französisch, Spanisch) auf bald 22 Millionen Quadratkilometern einen ungemein starken amtierenden Weltmeister. Insbesondere mit seinen weltweiten Allianzen wirkt dieser Hegemon überlebens-groß (ausführlich Bacevich 2002). Allen Potenzialen Chinas (dazu unten mehr) und Indiens zum Trotz ist zumindest momentan keine Einzelnation als ernsthafter Geg-ner in Sicht. Wenigstens ein halbes zweites amerikanisches Jahrhundert (bis 2050) hat viel Plausibilität für sich.

Wohl erstmals überhaupt versucht eine Weltmacht ihrer bewußt geworde-nen Schwäche vorwärts gewandt Rechnung zu tragen. Auf allen wichtigen Feldern – Werte, Politikformen, Bevölkerung, Militär, Weltraum und Wirtschaft – gibt es für die Erhaltung einer *full spectrum dominance* Daueranalysen des Weltganzen (Gara-mone 2000; Dtic 2000). Womöglich wird man erst nach einem Abtreten Amerikas verwundert, ja gerührt an eine liberale Macht zurückdenken, die wenigstens hier und da genozidalen Mördern in den Arm gefallen ist, die ihr direkt gar nichts getan haben.

6. Die aktuellen Herausforderer Amerikas (USA II)

Ohne direkte Namensnennung sieht die *US Army* – neben dem *youth bulge* – allein China als nennenswerten Herausforderer, wenn etwa die «fortgesetzte Abhängigkeit von fossilen Brennstoffen» als Konfliktpotenzial benannt wird. In der CIA-Krisene-valuation 2000–2015 wird sogar ausdrücklich die Sorge formuliert, wie wohl China sich «Energie und Wasser» besorgen werde, da das Land der Mitte – und in geringe-rem Ausmaß Indien – «dramatische Zuwächse im Energieverbrauch erleben wird» (CIA-NFIB 2000, 41/14).

Energie insgesamt wird keineswegs knapp, da im Jahre 2000 von den be-kannten Erdölvorräten noch 80 Prozent und vom viel wichtigeren Erdgas noch 95 Prozent in der Erde stecken (CIA-NFIB 2000, 18). US-Strategen betreiben eine Aufteilung, die dem Westen die Energieversorgung aus dem Atlantischen Becken sichert (Lateinamerika, West- und Nordafrika, Nordwesteuropa), während China und das übrige Ostasien privilegierten Zugang zum Persischen Golf, zu Zentralasien und auch Rußland erhalten, das bereits zwei Pipelines nach China baut. Damit würde man die strategische Verantwortung für einen Teil der hoch instabilen *youth bulge*-Regionen in der arabisch-islamischen Welt an Han-Chinesen und Hindus los (CIA-NFIB 2000, 18). Im Jahre 2003 beziehen die USA nur noch 10 Prozent ihres Öls aus dem arabischen Raum (Yergin 2003, I) und wollen – wie ein ehemaliger saudischer Ölminister ausgeplaudert hat, bis «2007» (Jamani 2003, 104) auch von den Saudis unabhängig sein. Gleichwohl könnten gerade im Energiebereich die Szenarien alsbald anders aussehen. Zwar ist die Umwandlung von Sonnenschein in Strom immer noch vier- bis fünfmal so teuer wie der Einsatz fossiler Brennstoffe. Dafür reicht aber eine Minute Sonnenschein für die jährliche Befriedigung des irdischen Energiebedarfes aus.

China lebt mittlerweile ohne die besonderen Unruhepotenzen eines *youth bulge*. Aber seine Kraftzunahme wird ohnehin nicht in erster Linie auf seine Menschenmassen zurückgeführt. Die USA haben erlebt, wie Südamerika demographisch an ihnen vorbeigezogen und global dennoch irrelevant geblieben ist. Von 1900, als die USA und Kanada 80 Millionen Einwohner haben, Südamerika aber lediglich 70 Millionen Menschen beherbergt, geht es bis zum Jahre 2003 auf 535 Millionen Südamerikaner gegen 320 Nordamerikaner. Putsche, Bürgerkriege und Genozide steigen in der südamerikanischen Bevölkerungsexplosion steil nach oben. Der Strukturwandel zu klaren Eigentumsverhältnissen und damit eine ernsthafte Herausforderung für *USanada* unterbleibt jedoch. Er hätte das *youth bulge*-induzierte Töten kaum verhindert, daneben aber die Grundlagen geschaffen für ein besseres Bestehen in der internationalen Konkurrenz.

China operiert anders als Lateinamerika. Es tötet intern durchaus nicht weniger. Aber es tut auch anderes. Längst ist unstrittig, daß im Lande die besten Arbeitskräfte der Welt tätig sind. Ein global erfahrener amerikanischer Manager bekundet: «Niemals habe ich ein solches Niveau an Qualität und Ernsthaftigkeit bei der Arbeit gesehen» (Kynge 2002, 7). Während die Japaner in den 1980er Jahren die Preise bis 25 Prozent unterbieten, gehen die «Chinesen auf 60 bis 70 Prozent herunter. (…) China stürmt von Textilien bis zu Computerchips in allem gleichzeitig nach vorn (…) und kann beinahe über Nacht in gänzlich neuen Industrien von 0 auf 60 (Meilen; G.H.) durchstarten» (Adams 2003, 37).

Mit 10 Millionen Quadratkilometern und heute 170 Millionen Söhnen unter 15 gegen die 30 Millionen der USA oder auch die 100 Millionen aller OECD-Staaten (nebst Ostslawen und EU-Kandidaten) zusammen ist China die Macht, mit der zumindest ab 2020 zu rechnen ist. Wenn es eine Eigentumsstruktur mit funktionierenden Besicherungs-, Verpfändungs- und Vollstreckungsfunktionen zustande bringt, wird es Nummer eins. Dem alten Witz über den Marxismus, den der Westen erfunden habe, um die östliche Konkurrenz niederzuhalten, wäre dann der Boden entzogen.

Sehr viele Menschen mit einer klar geregelten Eigentumsstruktur, mit allen Waffengattungen, Weltraumsatelliten (bereits 80 im All), alsbald auch bemannter Raumfahrt und einem sehr großen Territorium dürften so gut wie unüberwindbar sein. Bereits im Jahre 2002 wird Chinas realer Militärhaushalt von 65 Milliarden Dollar nur noch von dem viermal so hohen der USA übertroffen und könnte gegen 2020 bei 250 Milliarden liegen (Pentagon 2002, 2). Atomunterseeboote mit Nuklearraketen von 8000 Kilometern Reichweite vom Typ JL-2 sind im Bau (Pentagon 2002, 4). Überdies verfügt China von allen großen Nationen mit 54 Prozent – gegen 13 Prozent etwa in Deutschland – die optimistischste Bevölkerung (Maxeiner/Miersch 2003, 1 f.).

Amerikas verbleibende Zeit als Nummer eins dürfte aller absoluten Macht zum Trotz als relativer Abstieg verlaufen. Gleichwohl wird die Hegemonie der USA auch deshalb noch ein paar Jahrzehnte vorhalten, weil sie ihre relative Bevölkerungsstärke eher noch ausbauen kann. Im Jahre 2002 werden in den USA auf 1000 Einwohner 15, in China jedoch nur 13 Kinder geboren (PRB 2003). Von den 175 größten urbanen Ballungsräumen (mit mindestes 2,05 Millionen Einwohnern) liegen 2002 immerhin 21 in den USA und Kanada (Brinkhoff 2003).

Die unternehmerische Dynamik ist ungebrochen. Ende 2002 sind 7,8 Prozent aller erwachsenen US-Bürger dabei, eine Firma zu gründen. In Deutschland mit Europas größter Volkswirtschaft sind es gerade 3,5 Prozent (Fuchsbriefe 2003). Auch 2050 dürfte man wie 2003 bei der Gesamtbevölkerung die Nummer drei bleiben und – mit den NAFTA-Partnern Kanada und Mexiko zusammen

– immerhin bald halb so viele Menschen (ca. 620 Millionen) haben wie dann China (ca. 1390 Millionen). Ein regelrechtes amerikanisches Imperium mit vielzähligen Völkerschaften im Sinne des römischen, britischen oder auch sowjetisch/russischen ist auch in Zukunft nicht zu erwarten. Amerika schickt keine Siedler aus, sondern wird selbst noch besiedelt. Auf seine Weise ist es Kolonie geblieben mit dem Teil der Menschheit als Mutterland, der im Notfall dorthin gelangen will und deshalb die amerikanische Macht ebenso erhalten sehen will wie seine Demokratie. Mit den Briten hat man überdies einen keineswegs schwachen Partner. Im Commonwealth versucht man die außeramerikanische Anglowelt (AUS, CDN, NZ, UK und etliche Kleine) mit 120 Millionen Menschen auf 18 Millionen Quadratkilometern zu einem stillen Dauerpartner der USA zu machen. Diese globale Diagonale zwischen kanadischem Nord- und neuseeländischem Südpol bleibt auf weiteres das demokratische und militärisch noch unangefochtene Rückgrat der Menschheit.

Die hier nur knapp umrissenen Tendenzen und Aussichten der Anglowelt kennt man im Lande der Mitte genau. Deshalb hat China längst entscheidende Schritte zur Realisierung seiner Potenziale unternommen. Die ökonomisch führende Metropole Festlandasiens – Shanghai mit 15 Millionen Menschen – gelangt in diese Spitzenposition, weil sie zwischen 1992 und 2002 den Eigentumsanteil am Haus- und Wohnungsbestand von 0 auf 90 Prozent steigert und dafür ein neues System der Registrierung von belastbaren Eigentumstiteln aufbaut, mit denen eine gewaltige Geldschaffung möglich wird (McGregor 2002a, 13). Im August 2002 ergehen für ganz China Gesetze, die auch auf dem Lande dieselbe Revolution zum geldschaffungsfähigen Eigentum einleiten (McGregor 2002b, 6). Am 8. November 2002 fordert Staatspräsident Jiang Zemin ganz unverhüllt die lange bekämpften anderen «sozialen Schichten» wie «Industrielle, Unternehmer, Angestellte ausländischer Firmen und Selbständige» zum Eintritt in die KP auf, deren Endziel des Kommunismus er dabei nicht einmal mehr erwähnt. Dafür warnt er ausdrücklich davor, weiterhin der alten Formel «je mehr Eigentum, desto rückständiger» zu folgen (Gittings 2002, 3). Die 5-Millionenstadt und ökonomische Experimentalzone Shenzhen verkauft seit Januar 2003 massiv Banken und Produktionsstätten aus dem Staatsbesitz und macht sie so zu genuin bewirtschaftbarem Eigentum – selbst in der Hand von US-Amerikanern und Europäern (Kynge 2003, 5). Die unter dem Kommunismus ganz wie im Feudalismus an die Scholle gebundenen Bauern, denen es nicht erlaubt war, «ihre Wohnsitze zu wechseln» (Hutzler/Lawrence 2003, 2), haben am 5. Januar 2003 die verfassungsmäßige Garantie erhalten, überall arbeiten zu dürfen. Sie sind erst jetzt Eigentümer ihrer selbst. Damit können sie ohne Beibringung von Sicherheiten und ohne Zinszusagen dadurch an Geld gelangen, daß sie freie Lohnkontrakte eingehen und in ihnen den Zins für ihre Vertragsfirmen erarbeiten, die diese ihren Banken für das geliehene Lohngeld zusagen müssen.

Selbstverständlich kennen die Amerikaner die ostasiatischen Möglichkeiten und Ambitionen genau. Bei aller Konkurrenz mit China drehen sie deshalb an einem ganz großen Rad für einen ruhigeren Lauf der Welt. In dieser Arbeitsteilung der Mächtigsten soll China im vermeintlich «grausameren» Asien notwendige Interventionen durchführen, während Amerika den Rest der Erde stabil zu halten hat. Die sicherheitspolitische Irrelevanz Kontinentaleuropas und Japans wird unübersehbar (Frankenberger 2003, 10). Das beredte westliche Schweigen seit dem 11. September 2001 zu den Massakern in der Provinz Sinkiang (Chinesisch Turkestan) dürfte bereits Ausdruck dieser unausgesprochenen Allianz sein. In dem ölreichen Gebiet von 1,5 Millionen km², das 75 Prozent der Bodenschätze und ein Sechstel der Fläche der Volksrepublik aufweist, ist die lokale Ethnie der muslimischen Uiguren durch Ansiedlung von Han zu einer etwa 45-prozentigen Minderheit von 8 Millionen Menschen geworden. Gleichzeitig hat dieses Turkvolk seit den späten 1980er Jahren mit einem eigenen *youth bulge* zu kämpfen, der den überkommenen Notabeln den Gehorsam verweigert. Auf Terrorakte junger Uiguren gegen die Zwangssinisierung hat die chinesische Seite erstmals 1990 mit Massakern reagiert (bei der Stadt Kaschgar im Baren-Bezirk). Seit Februar 1997, als Han-Verbände in Gulja (Ili-Tal) gleich Hunderte von jungen Männern mit Flammenwerfern und Maschinengewehren eliminierten, sind die chinesischen Techniken im Umgang mit Islamisten gut belegt (Congreve 2002, I). Zu ihnen gehören auch Massenhinrichtungen von Tausenden uigurischen Eliteangehörigen wegen separatistischen Hochverrats. Die alles in allem schlecht organisierte islamische Welt hat also längst einen Eindruck davon, wie sich ihr Übergang in die Einflußsphäre der bevölkerungsmäßug ebenfalls bei 1200 Millionen liegenden Chinesen gestalten könnte.

V. *Youth bulges* im transnationalen Terror

Der Übergang von den Vorboten der europäischen Bevölkerungsexplosion ab 1495
zur Weltbevölkerungsexplosion beginnt, als in den europäisch eroberten Gebieten die Geburtenkontrolle ebenso hart bestraft wird wie auf dem Alten Kontinent
– eine Politik, die ungeachtet der Entkolonisierung nach 1945 von etlichen neuen
Herrschern ausdrücklich für die Steigerung des Potenzials ihrer Völker fortgeführt
wird (Heinsohn/Knieper/Steiger 1979, 165 ff; Heinsohn/Steiger 1994, 211). Die in-
digenen Verhütungsfähigkeiten sowie präventiven und abortiven Medizinen (dazu
Riddle 1997) werden nach und nach ausgetilgt. Zugleich wird ebenso zäh der Infantizid unterbunden – im Jahre 1839 in Indien (Panigrahi 1972), bis 1900 in Japan
und spätestens 1949 sogar in China (Ping-ti 1959). Damit ist in den patrilinear
oder patriarchalisch strukturierten außereuropäischen Bauernkulturen vor allem
den Männern ein entscheidendes Instrument für die Steuerung der Familiengröße
genommen. Das kann von weiblicher Seite aber nicht ausgeglichen werden, weil
eine Kontrolle der Frauen über ihre Sexualität als Unterminierung der männlichen
Herrschaft gefürchtet und als Sittenlosigkeit bekämpft wird. Noch immer kann ein
indisches Landmädchen nicht auf Verheiratung an einen Bauern rechnen, wenn
es als Nutzerin der Pille bekannt wird. Die jungen Frauen sind nicht uninformiert
über Geburtenkontrolle, aber sie wagen sie unter den gegebenen Verhältnissen nur
selten anzuwenden. Sie ähneln da den Frauen des südsaharischen Afrika, die mit
der Klitorisentfernung fortfahren, um den Mädchen Ehemänner zu sichern.

Zunehmender Angriff auf die patriarchalische Sexualmoral

Nunmehr stehen also Frauen und ihre sexuellen Gebieter ohne effektive Kontroll-
möglichkeiten da. Hinzu tritt die aus Europa kommende Ökonomie und Medizin,
die mit ertragssteigernden Nutzpflanzen und Anbaumethoden sowie Antibiotika
Ernährung und Gesundheit revolutionieren. Selbst im ärmsten Afrika liegt im
Jahre 2001 die Kindersterblichkeit bis zum fünften Lebensjahr mit etwa 140 auf
1000 Geburten (UNFPA 2002) niedriger als hundert Jahre früher in der britischen
Weltführungsmacht (150 von 1000) oder dem schnell aufschließenden deutschen
Konkurrenten (200 von 1000).

Erst die Mitte des 20. Jahrhunderts einsetzende Verlohnarbeiterung gibt
mehr und mehr Drittweltfrauen eine eigene Existenz, von der aus der Angriff
auf die patriarchalische Sexualmoral in Gang gesetzt werden kann. Das Verhü-
tungswissen findet seitdem, aber eben doch sehr gemächlich zu seinen sozialen
Realisierungsmöglichkeiten. Es ist diese als Urbanisierung eher fehlbezeichnete
Umwandlung der Menschheit von Bauernfamilien in abhängig Erwerbstätige,
die durch Geburtenrückgang zur Überwindung der *youth bulges* führen wird. Im
Jahre 2003 sind immer noch 60 Prozent der weniger entwickelten, aber nur 25
Prozent der entwickelten Welt ländlich strukturiert (PRB 2003). Die 40-prozentige
Urbanität der weniger entwickelten Welt soll auf knapp 60 Prozent bis 2030 steigen.
1950 lag sie noch bei rund 18 Prozent (Hodgson 2002). Es ist dieses Verschwinden
der männlich beherrschten Landfamilie, das nicht nur als effektivste Waffe gegen
Jugendterror dienen wird, sondern auch die Sorge vor einem weltweiten Geburten-
mangel ab 2050 erklärt.

Es ist dieser langfristige Prozeß, mit dem die amerikanische Strategiepla-
nung kalkuliert. Beeinflussen oder gar abkürzen kann sie ihn allerdings nicht. Man
muß sich mit dem Wissen begnügen, daß die Lage nach vier bis fünf Jahrzehnten
viel entspannter sein wird als bis 2025. Für eine apokalyptische Dauerstimmung
gibt es somit keinen Grund.

Vielmehr ist – zumindest langfristig – Optimismus gerechtfertigt. Für die
nahe Zukunft jedoch will man sich vorbereiten. Was sieht man als die entscheidende Gefahr? Aktuell sind es gewiß Terrorgruppen, die mit Megatötungswaffen

(biologisch, chemisch oder nuklear) zivilisatorische Zentren angreifen könnten. Aber man wirft auch einen Blick zurück.

Japans historischer Marsch auf die Weltbühne

Im Jahre 1931 ist die Welt noch so durch und durch europäisch oder doch europäisiert, daß nur noch Japan, Thailand, Afghanistan und Äthiopien, das Italien 1935 mit Giftgas angreift, außerhalb der westlichen Herrschaft liegen. Dazu gibt es ein geschwächtes China, das Europa zwar nicht gehört, in dem man aber frei schalten und walten kann und über dessen einstweilige Nichtaufteilung man sich verständigt hat. Und gerade jetzt schafft Japan die demographischen und stukturellen Bedingungen für seinen Marsch auf die Weltbühne:

Demographie (Lahmeyer 2003e) und Eigentum im Aufstieg Japans

1873	Schaffung einer Eigentumsordnung 1895 wird China die Flotte vernichtet sowie Korea und Taiwan entrissen	**35 Millionen** Einwohner
1905	Vernichtung der russischen Flotte 1914–1918 fallen in Europa 10 Millionen Mann; Japan verliert nicht einen Soldaten	**45 Millionen** Einwohner
1931	Errichtung einer Kolonie in China	**65 Millionen** Einwohner
1941	Bombardierung von Pearl Harbour	**75 Millionen** Einwohner
1945	Little Boy und Fat Man beenden die japanische Expansion nuklear	**72 Millionen** Einwohner

Mit der Versenkung der chinesischen und russischen Flotten sind die imperialen Fernwaffen der nachbarlichen Hauptkonkurrenten bereits 1905 ausgeschaltet. Am 18. September 1931 beginnt mit der Bombardierung von Mukden und Changchun die Errichtung einer japanischen Kolonie in Mandschurei (Yoshihashi 1980). Die japanische Expansion läuft nach Plan. Die im Westen befürchteten Großtötungen durch japanische A rmeen finden statt. Im Dezember 1937 werden allein in Nanking 200.000 Chinesen abgeschlachtet (Chang 1996; Yamamoto 2000). Keiner will diesen Neuen dulden, der Geschichte machen und das Ganze destabilisieren wird. Der Völkerbund fordert Rückzug und stößt Drohungen aus. Aber auf den Schlachtfeldern des Ersten Weltkrieges hat man sich gerade verblutet, während Japan Millionen junger Männer dazu gewinnt. Eine brauchbare Distanzwaffe zur Eindämmung hat man nicht. Niemand will eine weitere Flotte verlieren. Man braucht sie auch gegen Deutschland und Italien, die Europa in Atem halten.

Auf einen vorbeugenden Schlag erst gegen das neue Reich in Fernost und dann das Dritte Reich in Europa kann man sich nicht verständigen. Am 7. Dezember 1941 greift Japan Amerika in Pearl Harbour an, sodaß man sich nun beider Aufsteigerimperien gleichzeitig erwehren bzw. einen Weltkrieg ausfechten muß. Bald vier Jahre kämpft das fernöstliche Land für die Eroberung des halben Globus, bis man es nach gewaltigem Ringen, nicht endenden Bombenangriffen und schließlich durch *Little Boy* auf Hiroshima (6. August 1945) und *Fat Man* auf Nagasaki (9. August 1945) endgültig niedergeworfen hat.

Winston S. Churchill vor allem hat rechtzeitige Rüstungen gegen die Kriegsvorbereiter Japan und Deutschland gefordert. Er ist dafür von den Friedensfreunden im britischen Parlament und den Diktatoren draußen immer wieder als Kriegstreiber angegriffen worden. Drei Jahre nach Ende des von den anderen betriebenen Krieges erinnert er sich an seine Isolation: «In dieser fatalen Epoche [1931–1939] erging man sich in sanft klingenden Plattheiten und verweigerte die Anerkennung unangenehmer Fakten. Die Sehnsucht nach Volkstümlichkeit und der Kampf um Wählerstimmen wurde über die vitalen Interessen des Staates gestellt. Es gab echte Liebe für den Frieden, aber mehr noch den erbärmlichen Glauben, daß Liebe seine einzige Grundlage sein könne» (Churchill 1948, 89).

Die von Churchill seit 1934 geforderte erste Variante von *Star Wars* trägt ihm den besonderen Zorn der Parlamentarier ein. Mit einer Kombination von kosmischen Augen (Radar) und himmlischen Feuerspuckern (*Spitfire*-Abfangjägern) will er Hitlers schnell erlangte Bomberüberlegenheit neutralisieren. Dies wird als gefährliche Provokation der Deutschen betrachtet. Überdies würden Hitlers Bomber immer durchkommen. Deshalb solle auf Frieden, allgemeine Abrüstung und Armutsbekämpfung gesetzt werden. Daraufhin fällt England in der Luftbewaffnung weiter zurück. In der *Battle of Britain* (13.8.–17.9.1940), die Churchill nicht mehr als Abgeordneter begleitet, sondern als Premier leitet (seit 10. Mai 1940), kann die spät, aber nicht zu spät geschaffene Luftabwehr das Blatt gegen Hitler endgültig wenden und auch die Pazifisten wieder ruhig schlafen lassen. Nach der *Star Wars*-Rede des US-Präsidenten Ronald Reagan (23. März 1983) wiederholt sich die Empörung – diesmal über die unnötige Provokation der kommunistischen Reiche in Rußland und China. Auch jetzt heißt es, daß die Raketen ja doch durchkämen. Diese Debatte hält bis heute an.

Präventive Ausschaltung von Nukleardespoten

Jungmännermäßig steht die entwickelte Welt im 21. Jahrhundert viel schlechter da als nach allen Verlusten beider Weltkriege zusammen im zwanzigsten. Man ist militärtechnisch weiter und doch weniger kampfbereit als damals. Und gegenüber den aktuellen *youth bulge*-Zahlen wäre das Japan von 1931 ein Spaziergang gewesen. Massenvernichtungswaffen schützen den Westen schon lange, aber nur noch so lange, wie die Zahl der darüber verfügenden Nationen überschaubar bleibt. Atomwaffen stellen schon an sich ein Risiko dar. Wo aber nukleare Arsenale und bereits genoziderprobte Despoten zusammenfinden, lassen sich die Alarmsirenen nicht mehr abstellen.

Mit Atomwaffen kann man manches anfangen. In einem weit gehend balancierten Weltsystem liegt ihr Potenzial aber nicht in der offensiven nuklearen Bedrohung anderer Atommächte. Wenn jedoch mit überlegenen Bodentruppen Gebiete überrannt werden, die einer anderen Atommacht nicht wirklich gehören, aber doch Teil ihres Einflußgebietes (*US interests*) sind, und deren potenzieller Gegenschlag dann mit eigenen Atomwaffen weggedroht werden kann, findet Geschichte statt.

Historie ereignet sich meist durch Rebellionen oder Revolutionen mit ihren Nächten der langen Messer sowie durch Expansionen mit ihren Kriegen und Völkermorden. Immer wieder sorgen die nachdrängenden Jungen für diese Dynamik.

Verbote von Angriffskriegen gibt es nach der europäischen Ausblutung im Ersten Weltkrieg seit dem Pariser Vertrag von 1927 und vor allem seit der UN-Charta von 1945 mit ihrem Ziel, «Angriffshandlungen und andere Friedensbrüche zu unterdrücken und internationale Streitigkeiten [...] durch friedliche Mittel nach den Grundsätzen der Gerechtigkeit und des Völkerrechts zu bereinigen» (Artikel 1). Und doch gilt ungebrochen das altrömische *si vis pacem, para bellum* [wenn du den Frieden willst, bereite den Krieg vor].

Wie sieht ein typisches Kriegsszenario aus? Das klassische Beispiel liefert seit 1980 mit seinem Angriff auf Iran natürlich der Irak. Er wird auch nach seiner jüngsten Niederlage mit einem Bevölkerungssprung von 25 auf 45 Millionen zwischen 2003 und 2025 (Lahmeyer 2003i) erstrangiger Unruheherd bleiben. Einstmals von Saddam verfolgte schiitische Führer bieten schon eine Woche nach ihrer Befreiung für die Vertreibung der USA und die Vernichtung Israels das Leben ihres Nachwuchses an: «Nein zu Amerika, nein zu Saddam. [...] Lange Reihen heiliger Krieger stellen sich auf für den Kampf gegen die Amerikaner» (James 2003, 1).

Obwohl das bisher auf den Irak bezogene Szenario durch seine viel größeren Schwierigkeiten bei der Nuklearbewaffnung hypothetisch geworden ist, bleibt es aufschlußreich für das Grundmuster künftiger Konflikte: Ein demographisch noch brisanterer Irak als unter Saddam also gelange an ein halbes Dutzend nuklearer Sprengköpfe mit den passenden Raketen. Schon unter Saddam begehrt man diese Kombination – in den Worten seines Halbbruders und Geheimdienstchefs Barzan al-Tikriti – vor allem als «starke Hand für die Neuzeichnung der nahöstlichen Landkarte» (Pollack 2002; Broder 2003, 1).

Mit schnellen Luftschlägen – im alten Szenario sogar mit Giftgas – werden die Prinzenviertel von Riadh und Kuwait City eliminiert. Nach Austilgung der Herrscherfamilien werden beide Ölgiganten mit konventionellen Truppen angegriffen. Der Irak hat immerhin fast so viele Söhne unter 15 wie Frankreich und die Entschlossenheit seiner bisherigen Herrscher davon reichlich zu ‹verheizen›, stellt niemand in Abrede. Saddam Hussein findet am 17. Januar 2003 – dem zwölften Jubiläum des Beginns des ersten amerikanisch-irakischen Krieges – für den gegen Amerikaner geplanten Verbrauch seines youth bulge sogar sakrale Formeln: «[Iraks] Glaube ist nach der großen Konfrontation [...] durch das großzügig vergossene Blut, durch Leid und lobenswertes Ausharren gestärkt worden. Der von Gott gegebene Glaube, dessen Banner mit dem großzügig vergossenen Blut seiner Söhne parfümiert wurde, ist durch die Opfer vertieft worden, die Gott angenommen hat» (Hussein 2003, 8).

Zu den angreifenden Soldaten eines zukünftigen Irak – so geht das Szenario weiter – laufen nun junge Männer aus den eroberten Territorien in Scharen über und verleihen schon dadurch der Invasion ein Stück Legitimation. Im Vorfeld des zweiten Golfkrieges haben sich – etwa am 8. Oktober 2002 – sogar junge Bürger des 1990 vergewaltigen Kuwait bereit gefunden, für Al-Qaida amerikanische Soldaten zu töten und dabei selbst das Leben zu verlieren (CNN 2002).

In Weiterverfolgung des Szenarios greifen die frischen Truppen aus Irak, Saudi-Arabien und Kuwait nun auch die übrigen Kleinmonarchien, aber auch Staaten wie Syrien und Jordanien an. Der ohnehin unruhige Jemen läuft über. Über Nacht bildet sich ein Block mit 17 Millionen Jungen unter 15. Die Nummer 9 der Welt ist entstanden. Sie liegt vor Mexiko, ist demographisch weit stärker als etwa Rußland oder Japan und hat so viele Söhne wie Deutschland, England und Frankreich zusammen. Wer diesen nun schon halb gerechtfertigten Sieger noch aufhalten will, muß nun seinerseits mit Atomwaffen drohen. Für den Fall, daß der Bedrohte nuklear zurück drohen kann, steht man dann nicht mehr nur vor dem *mourir pour Danzig?* [Sterben für Danzig?] von 1939, sondern vor einem Nuklearisieren für längst getötete Herrscherfamilien.

Wo – wie in Nordkorea – Atomwaffen schon bereitliegen, sind die USA längst zu einem diplomatischen Schlingern und Lavieren genötigt. Interventionskonzepte – wie der durch den neuen südkoreanischen Premierminister Roh Moo-Hyun bekannt gemachte Plan eines massiven Überraschungsangriffs auf die Atomanlagen im Dezember 2002 (Solomon 2003, 2) – alternieren mit Angeboten, bei Verzicht auf das Nuklearprogramm die Ernährung der hungernden Bevölkerung sicherzustellen. Dennoch droht die altkommunistische Diktatur am 7. Februar 2003: «Wenn die US-Schritte zu einer Verstärkung der Aggressionstruppen nicht gestoppt werden, wird ganz Korea zu Asche reduziert werden und die Koreaner werden den schrecklichen atomaren Katastrophen nicht entgehen. [...] Wenn die USA einen Überraschungsangriff auf unsere friedlichen Nuklearanlagen starten, wird dies einen totalen Krieg auslösen» (dpa 2003). Am 23. April 2003 – in einer Diplomatie-phase des Konflikts – wird die Ankündigung eines jederzeit möglichen nuklearen Schlages wiederholt (CNN 2003). Es ist genau diese Drohung mit Atomkrieg für den Fall des Widerstands gegen Diktaturen, die präventiv ausgeschaltet werden soll. Auch für die Supermacht wird es lebensgefährlich, wenn sie mit zwei oder gar mehr solcher Mächte gleichzeitig in den Ring muß.

Die Strategie der Vereinigten Staaten zielt mithin auf eine sequenzielle Aus-schaltung despotischer Staaten mit Megatötungswaffen, weil ihre eigene Macht für die zeitgleiche Bekämpfung auch nur zweier aggressiver Atommächte nicht aus-reicht. Amerika folgt dabei nicht einer allenthalben geforderten «Gerechtigkeits»-Abfolge – die Bösesten zuerst –, sondern einer Optimierungssequenz. Man beginnt also dort, wo man die eigene Ausgangsposition durch Verhinderung zusätzlicher Atommächte am ehesten stabilisieren kann. Die bereits vorhandenen Atomdikta-turen werden bis zum Schluß aufgespart, weil jede einzelne von ihnen die gesamte Aufmerksamkeit des militärischen Apparates erfordert.

Man kann nicht sagen, daß diese Strategie mit viel Publizität vorgetragen und verteidigt würde. Daraus erwachsen verständlicherweise Irritationen. Selbst führende amerikanische Kommentatoren zeigen sich vor dem zweiten Golfkrieg verwirrt: «Die zentrale Frage [bezüglich Saddams Irak] lautet, ob es um Demokra-tie oder um Amerikas Macht geht» (Keller 2003). Da der Präsident (Bush 2003) je nach Begründungserfordernis einmal von der Ausschaltung genozidaler Gegner und ein andermal von der Verbreitung der Demokratie spricht, trägt er zu den Konfusionen bei. Es geht schlichtweg um die bereits vorhandenen Demokratien und um die amerikanische Macht, mit der allein diese verteidigt werden können. Wenn nach der Niederwerfung von Despotien Demokratien aufgebaut werden können, stärkt das den demokratischen Weltverband. Die Despotien werden aber nicht als solche niedergeworfen, sondern nur insoweit sie bereits als Bedroher von Demokratien auftreten. Ansonsten hätte man sehr schnell mit mehr als hundert autoritären Regimen gleichzeitig zu kämpfen.

Überschüssige Söhne werden zu Massenheeren geformt

Wie für den – ja nur mittelfristig ausgeschalteten – Irak gibt es ganz ähnliche Szenarien für andere Reichsbildner, die überschüssige Söhne zu konventionellen Massenheeren formen und mit Megatötungswaffen verbinden können. So hat etwa Iran – als effektivster aller Terrorpaten (Ledeen 2002) – seit dem Angriff des Irak im Jahre 1980 seine Bevölkerung in nur 22 Jahren – und ungeachtet des militärischen Verlustes etlicher hunderttausend Knaben und Männer – von 38 Millionen auf 67 Millionen im Jahre 2002 hochgeschraubt (Lahmeyer 2003s). Irans geheimes Atomwaffenprogramm aus eigenen Uranvorkommen (Saghand) soll – neben der Vernichtung Israels – ein Imperium der Schiiten (400 Millionen der 1200 Millionen Muslime) auf den Weg bringen und ist seit mindestens 1991 im Gange (Koch/Wolf 1997; Kessler 2003).

Die arabische Führungsmacht Ägypten ist von 30 Millionen Einwohnern im Jahre 1967 (Niederlage gegen Israel im Sechstagekrieg) auf 71 Millionen im Jahre 2002 gepresst (Lahmeyer 2003p). Atomwaffen entwickelt es nicht nur (Schuster 2002), um Israel zu beseitigen, sondern auch, um etwas Größeres in Angriff zu nehmen. Das Land am Nil hat schon jetzt mehr Söhne als Rußland und fast doppelt so viele wie Deutschland.

In der Atommacht Pakistan wird – qua Einverleibung von Kaschmir und den paschtunischen Teilen Afghanistans – von einem großen Reich geträumt. Von 50 Millionen Einwohnern im Jahre 1960 (Lahmeyer 2003u) über 150 Millionen (2003) soll es in dem islamischen Land auf 330 Millionen Menschen im Jahre 2050 gehen. Die aus dieser rasanten Entwicklung erwachsende Dynamik und Konfliktträchtigkeit führt seit Ende 2002 zur «Talibanisierung» wichtiger Provinzen (Moreau/Yousafazi/Hussain 2003, 33). Parallel dazu bringen sich junge Sunniten und Schiiten in den Moscheen um (AP 2003). Der bürgerkriegsähnliche Kampf um eine neue nationale Linie gegenüber der äußeren Welt hat begonnen.

In Gujarat unmittelbar an der pakistanischen Grenze kommt im Gleichschritt die antiislamische Hinduisierung der Atommacht Indien voran mit einigen Tausend Toten allein im Jahre 2002. Diese Radikalisierung gilt als rätselhaft nach Jahrzehnten säkularer Politik durch Nehrus Congress-Partei und ständig besser werdender Ernährung. Aber in nur 40 Jahren – zwischen 1961 und 2001 – ist Gujarat von 21 auf 51 Millionen Einwohner angeschwollen (Lahmeyer 2003w). Für die immer neuen Wellen von Ehrgeizigen kann die überkommene Parteienlandschaft schlichtweg nicht mehr genügend Pfründe bereitstellen. Ob das für die Zuspitzung eine Rolle spielen könnte, wird nicht einmal gefragt. Stattdessen werden die Parolen der jungen Männer über die Korruption der Herrschenden als ausreichende Analyse geglaubt und der Congress-Partei empfohlen, endlich «die Schlacht um Indiens Seele» aufzunehmen (Power/Mazumdar 2003, 33). Aber sind die alten Herren früher wirklich weniger korrupt gewesen? Indiens Intellektuelle sind entsetzt über den mussolinesken Ton der neuen Führer à la Narendra Modi, Premier von Gujarat, aber die jungen Männer trauen ihm ein Hinduimperium zu.

Selbst Marokko (14 Millionen Einwohner 1967, aber 31 Millionen 2002 (Lahmeyer 2003q) überrennt 1975 die spanische Westsahara und hat seitdem die Widerstand leistenden Sahauris weit gehend ausgerottet. Seine Reichsbildungspolitik will es seit August 2002 mit der Einnahme der spanischen Städte Melilla und Ceuta fortsetzen. Spaniens Gegenpläne für einen Kommando-Handstreich gegen die marokkanische Hauptstadt Rabat wirken zwar konquistadorisch kühn (wha 2002, 5). Aber es ist das arabische Land, das Söhne verbrauchen kann (35 Prozent unter 15), während Spanien (14 Prozent unter 15) um jeden wie um ein einziges Kind bangen muß. Oder wo wäre heute ein Pizarro, der mit drei Brüdern das Feuer direkt in die Zitadelle des gegnerischen Rais tragen könnte?

Islamische Ambitionen zur Reichsbildung

Die Atomwaffen- und Raketenentwicklung etlicher islamischer Staaten dienen also Zielen der Reichsbildung. Dennoch werden internationale Terroristen versuchen, von diesen Megatötungswaffen – für die Ausrottung der Juden Israels oder Angriffe auf OECD-Metropolen – etwas in die Hand zu bekommen. Da niemand ausschließen kann, daß besagte Regime sie ihnen zuschanzen, sind die führenden Nuklearmächte allein schon für die Ausschaltung dieser Bedrohung gezwungen, die Entwicklung solcher Waffen noch vor ihrem Abschluß zu zerstören. Gleichwohl gehört Vertrauen zwischen Großtötern unterschiedlicher Interessenlagen – etwa zwischen einem imperialen Irak und einem strafwütigen Bin Laden – zu den historischen Ausnahmen. Dieses Argument gilt nicht für vergleichsweise anonyme Gifte und Krankheitserreger, oder die Bereitstellung von Verstecken und Ruheräumen. Die mögen Terroristen für das Eröffnen von Nebenkriegsschauplätzen durchaus zugeschanzt werden. Zumindest zwischen Osama Bin Ladens Al Qaida und der – vor allem gegen Kurden eingesetzten – Irak-Terrortruppe Ansar al-Islami (Unterstützer des Islam) scheint all das schon lange funktioniert zu haben (Rantburg 2003b).

Nun können innerhalb eines Drittweltatomstaates – etwa Pakistan – Revolutionäre zum Siege gelangen und dann, durchaus gegen den Willen der bisherigen Führung, die Massenvernichtungswaffen in die Hand bekommen und mit ihnen losschlagen. Dann muß ungeheuer schnell gehandelt werden – und das fehlerfrei: «Einige Staaten, die den Terror fördern, entwickeln oder haben bereits Massenvernichtungswaffen. Terrorgruppen hungern nach diesen Waffen und würden sie gewissenlos einsetzen. Und wir alle wissen, daß diese Waffen in den Händen von Terroristen zu Erpressung, Völkermord und Chaos führen müßten. Diese Fakten können nicht geleugnet werden. Wir müssen uns ihnen stellen. Bei der Verhinderung der Anwendung von Massenvernichtungswaffen gibt es keinerlei Raum für Irrtum und keine Chance, um aus Fehlern zu lernen. Gewiß muß unsere Koalition durchdacht vorgehen, aber Nichtstun ist keine Option. Männer ohne jeden Respekt vor dem Leben dürfen niemals die ultimativen Instrumente des Todes in ihre Hände bekommen» (Bush 2002b).

Die Nachfolger Saddams sind längst geboren

Wer kann solche Operationen übernehmen außer Amerika? Vielleicht noch ein paar britische, nationalchinesische oder israelische Formationen. Wenn Amerika in einer solchen Stunde einen Fehlschlag erleidet, ist niemand da, der hinterher die Brocken aufsammeln kann. Im Guten wie im Schlechten ist Europa letztmalig global eingriffsfähig mit Churchills Empire und Hitlers Reich, also vor 1945. China ist – außer bei Einzelaktionen – technologisch noch nicht weit genug, an die Seite oder gar an die Stelle Amerikas zu treten, wenn es denn jemals in die Rolle einer demokratischen Führungsmacht hineinwachsen wird. Während man vor allem in Kontinentaleuropa vor amerikanischen Alleingängen gegen Genoziddiktaturen zittert oder gegen sie wütet, besagt die Sorge der Strategen, daß bald gar kein Gang mehr gemacht werden kann, weil nicht einmal mehr Amerika dazu fähig oder willens ist. Womöglich liegt in der Hoffnung, das Heranwachsen aggressiver neuer Imperien verhindern zu können, die Vanitas der grossen Demokratie. Lässt sich Geschichte wirklich still legen? Gewiss stellt das Erobern von Ländereien seit dem Pariser Vertrag von 1927 ein internationales Verbrechen dar. Wenn aber die Angreifer mit Massenvernichtungswaffen Stärkeres haben als Paragraphen, wer soll dann deren Einhalt noch überwachen? Der US-Präsident, der beim Versuch eines Schutzes des Völkerrechts Schläge mit Massenvernichtungswaffen hinnehmen muß, könnte zugleich der letzte Weltsheriff werden. Das *America is finished* als Wehklagen, mehr aber noch als Triumphgeheul dürfte dann lange kein Ende haben.

Auch und vor allem aus diesem Grunde hat das Pentagon die Entwicklung von Kleinatombomben (*mini nukes*, mit etwa 1 Prozent Sprengkraft einer Hiroshimabombe) im März 2002 an die Öffentlichkeit durchsickern lassen. Diese Bomben sollen tief verbunkerte Laboratorien und Arsenale für biologische, chemische und nukleare Waffen knacken. Seit 1993 sind Vorstufen solcher Instrumente unter dem Namen B61-11 entwickelt worden.

Im Jahre 1996 hat die Drohung mit ihrem Einsatz den libyschen Diktator Gaddafi dazu gebracht, den Bau eines gewaltigen Tiefbunkers im März 1997 einzustellen (CDI 2002). Eine neue Entwicklungsstufe dieser Penetrationsbomben soll die von B61-11 ausgehenden Kontaminierungen vermeiden, die bei einem *preemptive strike,* also einem kriegsvorbeugenden Militärschlag vollkommen unakzeptabel wäre.

Selbst wo der Sturz des einen oder anderen Saddam und damit das Verhindern neuer Reiche gelingt, wird die massive Sehnsucht danach bei den jungen Männern weiterleben. Ihnen werden schlauere und kühlere Anführer erwachsen. Wir kennen ihre Namen noch nicht, aber sie sind längst geboren und werden in den Geschichtsbüchern der Zukunft stehen. Gerade erfolgreiche Verhinderungskriege werden den Haß der ohnmächtigen Vielen noch steigern und auch dem Terror weitere Rekruten bescheren. Doch diese jungen Männer stehen ohnehin bereit. Sie werden nicht durch westliche Provokation erzeugt, sondern daheim geboren.

Selbst auf dem Höhepunkt der Saddam'schen Großtötungen von Kurden und Schiiten in den 1990er Jahren haben ihn ehrgeizige junge Araber nicht wegen der Massaker an Muslimen kritisiert, sondern eher zu einer gescheiteren Verfolgung seiner Ziele angestachelt. Ein libanesischer Intellektueller wie Abbas Beydoun sieht das deutlich, kann es dann aber nicht einordnen und nur ohnmächtig die mangelnde arabische Demokratiebereitschaft beklagen: «Dies ist vielleicht auf die ‹furchtbare Politisierung› zurückzuführen, an der die meisten arabischen Intellektuellen kranken. Diese Politisierung lässt sie sprechen wie Machthaber oder im Hintergrund wirkende Generäle» (Beydoun 2003). Eben das ist es. Bessere Strategen und Krieger wollen an den Platz des gestürzten Baumeisters im Dienst eines Imperiums, um endlich seinem Programm auf klügere Weise zum Siege zu verhelfen.

Idolisierung aggressiver Führer heute und damals

So kann es kaum verwundern, daß etwa auch die jungen Leute Südkoreas den nordkoreanischen Diktator Kim Jong II gerade wegen seines Atompotenzials bewundern. Von den mindestens 500.000 Menschen, die er seit 1994 verhungern läßt (Hayashi 1997) und von seinem unvermindert tötenden Gulag (Bork 2003, 10) lassen sie sich kaum irritieren. Nach der Einstufung dieses Landes in die «Achse des Bösen» durch den US-Präsidenten George W. Bush ist die Zahl der amerikafeindlichen Südkoreaner dramatisch hochgeschnellt – von 15 Prozent 1994 auf 53 Prozent 2002. Aber nur 26 Prozent der über 50-Jährigen gehören in diese Gruppe. Von den 20- bis 30-Jährigen hingegen sind es 75 Prozent. Eine 29-jährige Frau erklärt Anfang 2003: «Wenn Nordkorea Atomwaffen will, soll es sie ruhig haben. Nordkorea würde uns nie angreifen. Wir sind ein und dasselbe Volk» (Goodman/Choo 2003, 6). Die Phantasien über die Möglichkeiten einer vereinigten 70-Millionen-Nation mit der ökonomischen Stärke Südkoreas und den dann noch verbesserbaren Megatötungswaffen des Nordens erweisen sich als unwiderstehlich. Und in der

Tat bräuchte ein solches Korea keine Amerikaner mehr. Aber mit China zöge man nuklear gleich, und das altgehaßte Japan ließe man hinter sich. Man tafelte im selben Klub mit Frankreich und Großbritannien. Auf jeder diplomatischen Bühne der Welt wären junge Koreaner dabei und wichtig. Wie wohl das nationale Fühlen der Deutschen aussähe, wenn sie über die DDR an Atomwaffen gelangt wären – mit all dem Uran im Erzgebirge?

Die jungen Muslime, Koreaner etc. idolisieren ihre aggressiven Führer im 21. Jahrhundert also kaum anders als etwa im 18. Jahrhundert die Deutschen aus Goethes Kindheit den späteren Großfriedrich, der – mit Preußen – gerade nicht dem ressourcenreichsten Gemeinwesen vorsteht und dennoch blutiger und tückischer oder eben kühner und intelligenter als alle anderen deutschen Fürsten sein Reich durch räuberische Überfälle auf die Nachbarn schmiedet. Diesen großen Töter bewundert der junge Goethe: «Aber kaum hatte ich am 28. August 1756 mein siebentes Jahr zurückgelegt, als gleich darauf jener weltbekannte Krieg ausbrach, welcher auf die nächsten sieben Jahre meines Lebens auch großen Einfluß haben sollte. Friedrich der Zweite, König von Preußen, war mit 60.000 Mann in Sachsen eingefallen, und statt einer vorgängigen Kriegserklärung folgte ein Manifest, wie man sagte, von ihm selbst verfaßt, welches die Ursachen enthielt, die ihn zu einem solchen ungeheuren Schritt bewogen und berechtigt. [...] Und so war ich denn auch preußisch oder, um richtiger zu reden, fritzisch gesinnt. [...] Ich freute mich mit dem Vater unserer Siege, schrieb sehr gern die Siegeslieder ab, und fast noch lieber die Spottlieder auf die Gegenpartei. [...] Bei den Großeltern [...] wollte mir kein Bissen mehr schmecken: denn ich mußte meinen Helden aufs greulichste verleumdet hören. [...] So fing ich nun, wegen Friedrichs des Zweiten, die Gerechtigkeit des Publikums zu bezweifeln an. [...] Bedenke ich es aber jetzt genauer, so finde ich hier den Keim der Nichtachtung, ja der Verachtung des Publikums, die mir eine ganze Zeit meines Lebens anhing» (*Dichtung und Wahrheit*, Erster Teil, Zweites Buch).

Die Fritzischen und die Bin-Laden'schen haben mithin viel gemein. Mit unverhüllter Wehmut, daß ihm selbst diese Rolle nicht mehr gehört, hat sogar Libyen Diktator Gaddafi das zugestanden: «In der islamischen Welt ist er [Bin Laden] ein Prophet geworden und alle jungen Leute verehren ihn» (Weymouth 2003, 18). Mordversuche von Al-Qaida gegen die blutige Operettenfigur der 1980er Jahre dürften dieses Eingeständniss kaum erleichtert haben. Im Mai 2003 verfügt Osama bin Laden über das höchste moralische und politische Ansehen in fünf von sechs islamischen Ländern (Ausnahme Türkei), die in einer weltweiten Forschung über die Autorität von Politikern einbezogen wurden: Palästina, Indonesien, Jordanien, Marokko und Pakistan (Bortin 2003, 1/6).

Nur ein wankender Hegemon muß sich rüsten

Kehren wir auf die andere Seite zurück, die ausgelöscht werden soll. Die westliche Führungsmacht stellt sich für weitere zwanzig oder mehr Jahre auf *youth bulge*-geborene Konflikte ein. Wenn die Entwaffnung eines Reichsbildners gelingt, so bedeutet dies selbstverständlich nur einen Etappensieg, der die nächsten Waffengänge aussichtsreicher macht, nicht jedoch irgendeinen Weltfrieden bringt. Gerade weil noch auf Jahrzehnte hinaus mit Terror gerechnet wird, soll die Zahl der Gegner, denen gleichzeitig widerstanden werden muß, möglichst klein gehalten werden. Ein nächster Irak, wo immer er auch liege, soll keine Möglichkeit haben, mit weiteren seines Schlages eine Achse zu bilden.

Ist es möglich, daß *Freedom's Fortress*, die zu einer Festung Nordhalbkugel heranwachsen will, die Jahrzehnte bis zum Abschwellen des *youth bulge* durchhalten und zugleich kriegerische Reichsbildungen verhindern kann? Im Jargon nicht nur deutscher Medienleute und Regierungsführer ist Amerika der Abenteurer und die «selbstgerechte Supermacht», die sich alles leiste, weil sie jeden schlagen könne. In Wirklichkeit stecken die Amerikaner längst in einer Festung und überlegen, wie sie aus ihrer Deckung ab und an einen vorbeugenden Schlag führen können, um sich nicht noch weiter einigeln zu müssen.

Jeder versteht, daß der ab 90 u.Z. errichtete römische Limes für die Schwächung des Römischen Imperiums steht. Alle wissen, daß die chinesische Mauer gebaut wird, als man die Kraft zu militärischen Offensiven gegen feindliche Stämme nicht mehr aufbringt. Seit Amerika – mit dem *Ballistic Missile Defense System* – einen Schutzschild bis hoch in den Weltraum zu bauen beginnt, ist offensichtlich geworden, daß es sich in abnehmender Machtkurve befindet – trotz seiner überragenden Technologie. *Star Wars* ist nicht Ausdruck für einen dynamischen Eroberungswillen, sondern für die schlichte Abwesenheit eines solchen. Auch Limes und Mauer sind zu ihrer Zeit unübertroffene Leistungen der besten Miltäringenieure eines Hegemon, aber eben eines wankenden.

Die USA bringen – mit weniger als 5 Prozent der Weltbevölkerung – auch im Jahre 2003 noch 50 Prozent aller Mittel der Menschheit für Forschung und Entwicklung auf. Da mag noch manche Wunderwaffe erfunden werden. Aber die Unruhe über die unheimlichen vielen hundert Millionen Männer außerhalb der Tore breitet sich noch schneller aus. Das Außenministerium fordert mittlerweile «*alle* Amerikaner, die außerhalb der Vereinigten Staaten leben», zu Vorkehrungen gegen Unruhen und Terrorangriffe auf (Dickey/Hirsh 2003, 22; Kursive G.H.). Die Vorstellung, daß die USA gerade jetzt ihren Einflußgipfel erstiegen hätten und deshalb ein Weltgewaltmonopol zum Schutze der Zivilisation aufrichten könnten und sollten (Tönnies 2002), hat gewiß ihren Charme. Die Amerikaner jedoch haben guten Grund, sich ganz anders zu sehen. Sie können schlichtweg nicht beliebig oft ihren einzigen Sohn herausschicken, um draußen zehn andere vom Kämpfen abzuhalten. Gleichwohl verfallen auch sie gelegentlich in die ihnen fast immer vorgehaltene Selbstüberschätzung, wenn etwa der Präsident die aktuelle militärische Kraft seines Landes als «unprecedented» (historisch noch nie dagewesen) bezeichnet (Bush 2002c). *Unprecedented* ist Amerikas Macht lediglich zwischen 1941 und 1949 als man die beiden Großreiche Deutschland und Japan schlägt, das Britische Empire und die Sowjetunion über Wasser hält und ein halbes Jahrzehnt lang das Nuklearwaffenmonopol verteidigen kann.

Gegenseitiges Bombardement von Gotteshäusern

Solange die *youth bulges* sich nur in internen Konflikten abbauen, wird man sich zurückhalten und Lippenbekenntnisse für den Frieden abgeben. «Laßt uns zufrieden und macht Bürgerkrieg oder Völkermord, sonst gibt es Krieg», wird also nach draußen gerufen. In einem fiktiven Brief des US-Präsidenten George Bush an seine islamischen Kollegen aus der Feder des *New York Times*-Kolumnisten Thomas L.

Friedman (2002, 7) heißt es ganz in diesem Sinne: «Freunde, entweder führt ihr einen Krieg innerhalb eurer Zivilisation oder es wird Krieg geben zwischen den Zivilisationen.» Erst wenn ihr fertig seid bzw. euch zur Genüge reduziert habt, wollen wir gerne an jedem gewünschten Ort eine würdige Friedenskonferenz ausrichten.

Bereits in Afghanistan will man eigentlich dieser Aufforderung entsprechen – und das lange vor der Zerstörung der *Twin Towers* am 11. September 2001. Amerika macht sich damals daran, die Nordallianz unter ihrem – am 9.11.2001 dann ermordeten – Führer Massoud, in eine dauerhaft kampffähige Armee gegen die Taliban ausbauen: «Dadurch wollte man die frisch gebackenen Terrorabsolventen der Al-Qaida-Ausbildungslager an die Seite der Talibanverbände in den Kampf gegen den Norden zwingen. ‹Man fixiert sie auf die innerafghanischen Fronten›, sagt ein Antiterrorbeauftragter, ‹und hofft sie dadurch zu töten, sodaß keiner mehr für Terroranschläge außerhalb Afghanistans übrig bleibt. Das war die allgemein akzeptierte Linie› » (Calabresi et al. 2002, 34).

Das Verschlampen dieses Planes wird teuer bezahlt. Es mag aber als Hinweis darauf genommen werden, daß ähnliche Pannen immer wieder passieren können. Und dann wäre der kosmische Schutzschild vielleicht eine Bedingung dafür, daß auf einen Angriff immer noch in Maßen reagiert werden könnte. Denn wenn ein hereinfliegendes Projektil tatsächlich in der Luft gestoppt wird, hat man eine Frist für das nüchterne Abwägen von Gegenschritten gewonnen. Hingegen dürften ohne solchen Schild hart getroffene Atommächte verführt sein, furchtbar und endgültig das Abschußgebiet ganz schnell und endgültig zu verbrennen – umso mehr, wenn sie weder *mini nukes* noch *smart bombs à la* USA zur Verfügung haben.

Man ermutigt die amerikanische Führung, in den kommenden Jahrzehnten zu heidnischen (*pagan*) Praktiken der Kriegführung zurückzukehren, also den Lebensschutz bzw. die Mittelverhältnismäßigkeit hintanzustellen, solange der Gegner seine Massentötungen gerade an Wehrlosen vollzieht (Kaplan 2001; 2003). Gewiß, bei einem Rückfall des Westens hinter die Prinzipien eines Montesino oder Victoria wäre es nach dem 11. September 2001 zu verheerenden Vorstößen gekommen. Die Wohnviertel der Terroristen wären pulverisiert, die Zitadellen der islamischen Granden ständen in Flammen und vielleicht wäre sogar Mekka ausradiert. Das gegenseitige Wegnehmen oder Schleifen der Gotteshäuser ist ja über lange Jahrhunderte eine Praxis der christlich-islamischen Kriege. Man kann nur als zivilisatorische Gnade empfinden, dass wir so etwas nicht einmal mehr denken wollen. Daß islamistische Terroristen kaum an etwas anderes denken, mag den Vorstoß Robert Kaplans ein Stück weit nachvollziehbar machen. Gerade Al Qaida-Bewunderer erwärmen sich im Internet nämlich an Predigten großen historischen Atems: «So wie unsere Ahnen Konstantinopel eroberten [1453 durch Sultan Mohammed II.], werden wir auch bald Rom (Romiya) und den Vatikan erobern. Denn Gott ist mit uns» (Weidenfeld 2002, 8).

Entwaffnungskriege als allerletztes Verteidigungsmittel

Aber gerade Amerika hat zielgenauere Mittel. Das sich humaner fühlende Europa hingegen könnte bei einem Volltreffer auf Paris, London oder Petersburg viel todbringender reagieren als die «unreife» Neue Welt. Amerika kann, hinter seinem Schutzschild hervorkommend, durch überlegte Schläge (*preempitve strikes*) Angriffspotenziale gezielt ausschalten und nach bereits erfolgten Attacken auf seine Festung immer noch chirurgische Eingriffe beim Gegner versuchen. Und genau diese «Identifizierung und Zerstörung der Drohung, bevor sie unsere Grenzen erreicht», ist die jetzt formulierte Doktrin geworden (Bush 2002c). Am 2. Dezember 2002 hat mit Australien bereits die zweite Anglo-Nation – von der Fläche immerhin das sechstgrößte Land der Erde – *preemptive strikes* gegen antiaustralische Terroristen in anderen Nationen angekündigt (Marsh 2002, 6). Noch weiter geht Brajesh Mishra, Sicherheitsberater der indischen Regierung, im Februar 2003. Der Vertreter des in wenigen Jahren volkreichsten Landes der Erde fordert einen neuen Kern von Demokratien, die jenseits von UNO und der damaligen Paris-Berliner-Achse den Terror bekämpfen: «Es ist eine Allianz [...], die den politischen Willen und die moralische Autorität hätte, um schwer wiegende Entscheidungen zu treffen über Präemptivschläge und Vergeltungsmaßnahmen, die erforderlich werden könnten in extremen Fällen terroristischer Provokation» (Buchsteiner 2003, 8).

In der Debatte um die Megatötungswaffen des Irak ist auch von amerikanischer Seite die vorbeugende militärische Entwaffnung immer wieder als allerletztes

Mittel bezeichnet worden, das nur als Verteidigung gegen einen bereits erlittenen Angriff erlaubt sei. *Entwaffnungskriege* sind aber keineswegs letztes Mittel der Politik. Vielmehr sollen sie Kriege ganz anderer Dimension verhindern, die als veritabler *Vernichtungskrieg* gegen einen Angreifer in der Tat dann das letzte Mittel wären. Gleichwohl bleibt für die Demokratien ein unlösbares Dilemma. Der US-Senator Robert C. Byrd bringt das am 12. Februar 2003 auf den Punkt, als er vor dem zweiten Irakkrieg warnt: «Ich muß ernsthafte Zweifel anmelden am Urteilsvermögen eines Präsidenten, der behaupten kann, daß ein massiver, nicht provozierter Militärschlag gegen eine Nation, die zur Hälfte aus Kindern besteht, ‹den höchsten moralischen Traditionen unseres Landes› entspreche» (Byrd 2003, 33). Der Senator hat nicht so gesprochen beim Krieg gegen das ebenfalls zur Hälfte von Kindern bewohnte Afghanistan Bin Ladens und der Taliban. Ein Fridericus Rex im 18. oder ein Saddam Hussein im 21. Jahrhundert agiert ohne solche Sorge. Er kann ganze Armeen hinopfern, gerade weil sein Land zur Hälfte aus Kindern besteht, die so schnell wie möglich selbst Helden fürs Vaterland werden wollen oder sollen. So legt Preußen zwischen 1700 und 1760 von 1,7 auf 4 Millionen Menschen zu (McEvedy/Jones 1978, 71). Das «Hunde, wollt ihr ewig leben?», das Friedrich 1757 in Kolin seinen bereits geschlagenen Grenadieren zuruft, drückt die Zuversicht auf weiteres Menschenmaterial unübertroffen aus. Und gerade auch dafür ist Friedrich als ein Großer verehrt worden.

Zunehmende militärische Verwundbarkeit Deutschlands

In deutschen Diskussionen fällt auf, wie schnell selbst ausgewiesene Champions der Menschenrechte auf «unsere», also die zuvor scharf verurteilten amerikanischen Atomwaffen, zurückgreifen wollen, wenn sie sich einen 11. September in Frankfurt oder Hamburg vorstellen. Bisher hat Al-Qaida dies ja nur angedroht (Focus Online 2002) und sich darauf beschränkt, deutsche Touristen in Tunesien und Bali sowie deutsche Soldaten in Kabul zu ermorden. Vielleicht ist die höhere militärische Verwundbarkeit der Deutschen Auslöser derart genozidärer Phantasien. Hier wird schließlich aus einem demographisch von Nummer 13 (2003) auf nur noch

Nummer 30 (2050) abrutschenden Land schwadroniert, das über keine ernsthaften Waffen und kaum noch kampfbereite junge Männer verfügt. In jedem Fall würden nach einem Treffer zwischen Rhein und Ruhr die Empörungen über den kosmischen Schutzschild der USA umgehend Anklagen darüber weichen, daß man nicht auch unter ihn schlüpfen durfte. Alldeutsche Mahnungen, daß Amerika seine «Aggressionen» gefälligst ohne den deutschen Weltfriedenskämpfer durchstehen solle, wären schnell vom Tisch. So weit allerdings wird man es gar nicht kommen lassen. Man ähnelt zu sehr den frühen Christen, die das römische Imperium zwar gehaßt, vor seinem Untergang sich jedoch niedergeworfen und um seine Verschonung zum Herrn geschrien haben.

Die Deutschen liefern für die Mischung aus Schutzbedürfnis und dem Drohen mit fremden Waffen zwar nicht das einzige, aber doch ein Paradebeispiel. Vor dem zweiten Irakkrieg treten ihre Führer als «deutschwegige» Pazifisten gegen Bushs «Spielerei mit Krieg» auf (ar 2002, 3). Da sie sich dabei mit den Akut-Kriegern Putin (Tschetschenien) und Chirac (Elfenbeinküste) verbünden, wird der Verkauf ihrer Impotenz als Keuschheit schnell durchschaut. Man kann ja nicht einmal die in Afghanistan stationierten Soldaten «mit eigenen Kräften [...] evakuieren», weil es «an geeignetem Fluggerät» fehlt (Leersch 2003, 4). Nur weil die Amerikaner durch Zusage von Luftkapazität den Deutschen auch noch diese Verantwortung abnehmen, können sie sich im Kampf gegen den Terror überhaupt sichtbar machen.

Im Jahr 2002 wenden die gut 280 Millionen US-Amerikaner für ihr Militär 350 Milliarden Dollar und die 60 Millionen Briten immerhin noch knapp 40 Milliarden auf, während sich die 83 Millionen Deutschen mit 25 Milliarden Dollar für global untaugliches Gerät und Personal begnügen (Baker 2002, 8). «Europa hat mit 2 Millionen Soldaten eine halbe Million mehr als die Amerikaner, aber nur ein Bruchteil davon ist wirklich einsetzbar» (Black 2002, 2). 250 amerikanischen Großraumflugzeugen für die schnelle Fernverlegung von ganzen Divisionen stehen 11 europäische Maschinen gegenüber. Vor 2010 sind eigene Modelle (Airbus 400M) nicht verfügbar. 50 Prozent aller US-Flugzeuge können auch nachts eingesetzt werden, von den europäischen aber nur 10 Prozent.

Im Jahre 2003 beginnen die Briten mit dem Bau der beiden größten Flugzeugträger ihrer Geschichte. Sie sollen 2012 und 2015 in Dienst gehen, das Land also für die Gipfelzeit weltweiter *youth bulge*-Krisen global einsatzfähig halten (vgl. bereits UK 2000). Eine Ankündigung deutscher Flugzeugträger für eine wirklich spürbare Beteiligung an friedenssichernden Bündnissen würde wohl als Zeitungsente abgebucht werden. Und doch könnte nur ein Schritt in diese Richtung die Glaubwürdigkeit des Landes wiederherstellen.

Bis auf weiteres werden die deutschen und ihnen ähnliche Kantonisten von den USA in zukünftige Schutzplanungen ganz väterlich und selbstverständlich einbezogen. Das gilt selbst dann, wenn US-Basen aus Deutschland nach Polen verlegt werden sollten (Urban/Käppner 2003), weil der weiter östlich deckende kosmische Schild den westlichen Nachbarn automatisch mit beschützt. Die neuen EU-Miglieder aus Osteuropa dringen entschieden auf die Allianz mit den USA. Bei der Vorstellung, in die Obhut eines belgisch-deutsch-französisch-russischen Konsortiums zu geraten, läuft es diesen gerade der Despotie entronnenen Ländern eiskalt über den Rücken. Sie hören die Botschaft des *Missile Defense* deshalb mit Erleichterung: «Die Raketenabwehr-Agentur wurde dafür geschaffen, bestehende und entstehende Bedrohungen mit ballistischen Raketen gegen die Vereinigten Staaten, ihre auswärts stationierten Verbände, ihre Alliierten und Freunde auf der Welt zu beantworten» (MDA 2002).

Abbau von *youth bulges* durch Bürgerkriege

Noch denkt kaum jemand über eine Welt nach, in der die amerikanische Demokratie sich ebenfalls alles von bloßer Friedfertigkeit erhofft. Manches spricht schließlich für eine längerfristige Linkstendenz der USA (Judis/Teixeira 2002), weil dort die Mobilität nach oben abnimmt und nur 20 Prozent auf relativ sicheren und gut bezahlten Posten sitzen. Die übrigen 80 Prozent haben zwar Arbeit, aber in der globalen Konkurrenz werden sie zunehmend aufstiegspessimistisch (Perrucci/Wysong 2003). Immer mehr Amerikaner könnten sich fragen, ob sie in Zukunft mit ihren 59 Millionen Kindern (Stand 2003) auch nur den 60 Millionen-Nachwuchs Pakistans – geschweige denn der gesamten islamischen Welt – reformieren, besiegen oder gar versorgen können. In einer Welt ohne Yankee-Hüter wird das

Geschichtemachen und Imperiumbauen allenthalben noch zunehmen. Langweilig wäre das nicht.

Bis dahin findet die Warnung der Ersten Welt an die *youth bulge*-Nationen, es gefälligst bei Bürgerkriegen und Genoziden zu belassen, weil es sonst ungemein wuchtige transnationale Kriege geben werde, oftmals das Einverständnis der dortigen Eliten – zumindest so weit sie nicht als Atommächte größere Vorhaben verfolgen. Verglichen mit einem Waffengang gegen eine *high tech*-Nation erscheint die Zerschlagung des heimischen *youth bulge* als das einfachere Vorhaben. Das klassische Beispiel liefert Ruanda im Jahre 1994. In Kenntnis der 1948er UNO-Konvention gegen Völkermord, die alle 140 Unterzeichner zu seiner «Verhütung und Bestrafung verpflichtet» (Artikel 1), kreieren sie für die Tötung von über 500.000 Tutsis und nicht gezählten demokratischen Hutus ganz bewußt den Tarnnamen *guerre civile*. Im UNO-Sicherheitsrat tragen Amerikaner und Franzosen den *civil war*-Euphemismus mit, um die bei *genocide* gegebene Eingriffspflicht umgehen zu können. Insgesamt sechsmal fleht der kanadische UNO-Kommandeur vor Ort, General Romeo Dallaire, seine New Yorker Vorgesetzen Buthros Gali und Kofi Annan, das Töten beenden zu dürfen (ausführlich Des Forges 2002, 707 ff.) Statt ihm die verlangten 2000 Mann zu schicken, verringert man seine bereits vorhandenen 2500 auf 250.

Der General verfällt später in Schwermut, nachdem er begreift, daß nach dem Völkerrecht die New Yorker Anordnungen keine Grundlagen haben. Auch gegen die Befehle Kofi Annans hätte er den Genozid unterbinden müssen. Der 1994 zuständige US-Präsident Clinton entschuldigt sich im März 1998 in Kigali für die raffinierte Interventionsvermeidung nicht nur Amerikas, sondern aller eingriffsfähigen Mächte. Kofi Annan, dem die Forschung eine «besondere Verantwortung» für das Gelingen des Völkermordes zuweist (Des Forges 2002, 36), bekommt 2001 den Friedensnobelpreis.

Daß die meisten Tötungen per Bürgerkrieg und internem Genozid erfolgen, resultiert vorrangig aus dem Interesse der Eliten in den betroffenen Ländern. Sie wollen den kleinen Teufel daheim nicht gegen den großen Knüppel Belzebub da draußen tauschen. Dennoch wird immer auf eine Möglichkeit gelauert, die jungen Leute fern der eigenen Paläste und Banken zu beschäftigen. Für das Abbauen von *youth bulges* bleiben Bürgerkriege und Völkermorde gleichwohl das Mittel der Wahl, nicht nur für die Eliten der weniger entwickelten Welt, sondern – allerdings stillschweigend – eben auch für die Erste Welt. Daß dort bisher alle Versuche gescheitert sind, auch nur eine einzige Völkermordfrühwarnung zu installieren, obwohl so etwas für den Preis einer mittleren Drogenklinik zu haben wäre (Heinsohn 2000), könnte genau damit zusammenhängen. Außer ein paar idealistischen Internet-Diensten gibt es diesbezüglich nichts.

Grenzüberschreitendes Töten gibt es überall da, wo Guerillas sich im Nachbarland verstecken, dieses sie nicht bekämpfen will oder kann und dann als ihr freiwilliger oder unfreiwilliger Alliierter mit Sanktionen rechnen muß. Transnational verlaufen in gewisser Weise auch die Begegnungen, in denen junge Leute gegen ihr Land bereisende westliche Altersgenossen vorgehen, in denen also Touristen durch Terroristen den Tod finden. Zu genuinen Kämpfen würden diese Attentate aber erst bei einer Bewaffnung der Reisenden mutieren. Bisher hat man – etwa in Ägypten – lediglich mit einem militärischen Spezialtraining für einheimische Reiseführer begonnen und so eine bürgerkriegsähnliche Variante beibehalten (Al-Gumhuriya 1998).

Von dem weltweit guten Dutzend unstrittig transnationaler Kämpfe haben die bekanntesten, in absoluten Zahlen aber keineswegs die blutigsten, ihren Ausgang in Pakistan und in den arabischen Ländern. Dabei ist ein «Tötet die Inder, weil sie unsere muslimischen Brüder in Kaschmir unterdrücken» für Pakistan oberflächlich weniger bedrohlich als das «Tötet die Juden, weil sie unsere arabischen Brüder in Palästina unterdrücken» für die Araber. Pakistan hat seine *youth bulge*-Kämpfer weg von der eigenen Gurgel und kann zugleich mit seinen Atomwaffen ernsthafte indische Reaktionen in Schach halten. Es sei denn, Indien garantiert nukleare Enthaltsamkeit und fährt zugleich einen massiven konventionellen Angriff mit seiner überlegenen Armee. Das Nuklearrisiko wäre dennoch nicht auf Null gebracht.

Die vielfachen Funktionen des Nahostkonflikts

Die arabischen Regierungen wollen bei allem Ausrottungsgeschrei eine bestimmte Schwelle nicht überschreiten, da die israelischen Atomwaffen im Bunker bleiben sollen. Das beste Beispiel dafür bietet Anwar Sadats Kalkül, mit dem Yom Kippur-Angriff von 1973 nur militärisch ehrenvoll den Sinai zurückzugewinnen, um dann sogar mit Israel Frieden zu schließen. Da er seine Ägypter nicht mit der Flutwelle eines zerstörten Assuandammes ins Mittelmeer gespült sehen will, hat er eine im Volk durchaus ersehnte Judenausrottung nicht riskiert.

So erfüllt der Nahostkonflikt etliche Rollen. Ein Teil der arabischen *youth bulges* verschont die eigenen Eliten und kämpft gegen Jerusalem oder stellt seine Energien darauf ein. Man kann die frommen jungen Männer schließlich nicht für die muslimischen Brüder in Sinkiang kämpfen lassen, da China nicht lange fackeln würde. Sollte man gegen Israel einmal siegreich sein, werden allerdings selbst die fanatischsten Kämpfer merken, daß auch nach Millionen getöteter Juden nicht ein einziger interessanter Posten für sie herausgekommen ist. Der weltweite Glaube vom Nahostkonflikt als größtem Menschheitsproblem käme zumindest den direkten Tötern schnell abhanden. Von einem Sandhügel mehr in den arabischen Weiten würde es ohne Ablegen der Kampfanzüge schnurstracks zurück in die eigenen Hauptstädte gehen. Dann könnte man vielleicht aus Harvard heimgekehrte Prinzen noch im Todesröcheln gegen daheim gebliebene Scharfmacher wüten hören: «Ein bedrohtes und verteufeltes Israel sollte unser Blitzableiter sein. Sie sollten die Juden hassen und immer mal wieder welche töten, um nicht uns anzugreifen. Habt ihr Algerien vergessen, wo verfluchte Rebellen schon viele tausend aus unseren Rängen massakriert haben? Israel war unser Lebensanker! Wie konntet ihr Wahnsinnigen zulassen, dass man ihn herausreißt?»

Während etwa europäische Regierungen vor dem zweiten Irakkrieg und auch danach wieder eine Endlösung der Israelfrage als Bedingung für den Weltfrieden fordern, wissen die Amerikaner, daß Israel nur *einen* Vorwand für den antiwestlichen Haß liefert. Hätte Palästina nicht mehr zu tötende Juden an seiner Seite, würde es sehr schnell zu einem zweiten Algerien werden. Bei einem wirklichen Frieden mit Israel ebenso wie bei seiner Vernichtung könnten die um Positionen kämpfenden jungen Palästinenser sich nur noch gegenseitig eliminieren. So bringen sich im libanesischen Ein el-Hilweh mit seinem enormen Kinderreichtum Anhänger Bin-Ladens und Gefolgsleute Arafats – letztere unter dem Namen «Jugend des bewaffneten Kampfes» – mit den gewohnten Sprengladungen gegenseitig um und müssen damit fertig werden, daß europäische Fernsehcrews ausbleiben (NA 2003), weil Stories gegen Juden dabei nicht abfallen.

Europa kann Israel nicht lieben

Die Europäer haben also die arabischen Rechtfertigungen für ihren Haß als den wirklichen Grund ihrer Tötungsbereitschaft auserkoren. Die Amerikaner sehen dagegen den eigentlichen Antrieb im explosivsten *youth bulge* der modernen Geschichte (Helgerson 2002, 4), der nach einer Hinopferung der Juden umgehend neue Rechtfertigungen finden wird.

Europa trägt etwas mit Juden aus. Dafür ist man bereit, aus EU-Steuermitteln einen despotischen Arafat zum Multimillionär zu machen. Man bezahlt – und das parallel zum weltweiten Einsatz Europas gegen die Todesstrafe – auch seine Justiz, deren Blutrichter und Henker Oppositionelle gleich reihenweise als Kollaborateure und Judenfreunde aufhängen oder erschießen. Es gehe um humane Erleichterungen und Erziehung, verteidigt man sich. Aber man finanziert Schulbücher, in denen zu lesen ist: «Es gibt keine Alternative zur Zerstörung Israels. [...] Vielleicht hat Allah die Juden in unser Land gebracht, um sie auszulöschen, wie es bei ihrem Krieg gegen Rom geschah» (Osten-Sacken 2002, 1). Das ist kaum direkt aus europäischer Beraterfeder geflossen. Aber kann die stumme Billigung wirklich überraschen? In einer Umfrage vom September 2002 geben Europäer auf einer 100er-Skala, bei der alle Werte unter 50 Antipathie signalisieren, den Juden Israels einen Wert von nur 38. Die Wut der Deutschen auf das israelisch-jüdische Tausendstel der Menschheit (gerade 5 Millionen von 6,25 Milliarden) fällt mit einem Wert von nur 32 noch einmal deutlich heftiger aus und wird im befragten Europa lediglich von den Polen (29) übertroffen. Auch von den übrigen untersuchten europäischen Nationen erreicht keine einzige auch nur einen neutralen Wert (50) für Israel (Niederlande 48,

England und Frankreich 43, Italien 42). Hingegen bekunden die Amerikaner mit 55 zwar auch keine sehr hohe Neigung für den bedrohten Kleinstaat in Nahost, aber doch immerhin eine positive (CFR/GMF 2002b, 35).

Vordergründig wirkt auch der Ärger der Europäer über die jüdischen Siedler, deren Zahl Jerusalem im Jahrzehnt seit dem Oslo-Friedensversuch (1993–2003) von 100.000 auf etwa 200.000 sogar noch verdoppelt hat. Diese Leute haben schließlich in Israel selbst Gegner genug, sodaß hier nichts unbeklagt oder ungesagt bliebe, wenn Europa nicht «endlich auch Kritik» üben dürfe. Ohnehin wiederholt man dort ja meist nur, was zuvor von israelischen Journalisten aufgedeckt und weltweit verbreitet wird. Überdies bewirken andere Siedler keineswegs weltweite Kampagnien zu ihrem Rückzug. Viele Millionen Chinesen in Tibet oder Sinkiang, Araber im irakischen Kurdistan oder im algerischen Berberland, Russen in Estland, Lettland oder Tschetschenien führen keineswegs zu einem westlichen Haß auf Han, Araber und Moskowiter, obwohl die von ihnen getroffenen autonomen Bevölkerungen nicht weniger zornig sind als die Palästinenser und überdies in den Heimatgebieten der Siedler jede Menge Platz wäre.

Deutschland wird den Juden Auschwitz niemals verzeihen

Die nachtretende Feindseligkeit aus Europa auf Israel, das ohnehin mehr Ausrottungsdrohungen erhält als alle übrigen Nationen gemeinsam, muß als gravierendes kollektives Symptom zur Kenntnis genommen werden. 17.000 Anschläge mit fast 130 erfolgreichen (sowie 120 verhinderten) Selbstmordanschlägen der zweiten Intifada (September 2000 bis Juli 2003) gegen israelische Juden haben den europäischen Zorn nicht gemildert. Auf die deutsche Bevölkerung übertragen wären das 270.000 Anschläge mit 13.000 Toten durch 2000 Selbstprenger in 33 Monaten. Das berührt eine kleine Minderheit, während die Erregung über die israelischen Gegen- und Präventivschläge fast total zum Zuge kommt (exemplarisch am Journalismus untersucht etwa durch Behrens 2003).

Der alte Kontinent könnte mit den Jahren noch auffälliger werden. Wenn wir einen Mongolen treffen, prüfen wir ihn auch nach 750 Jahren blitzschnell darauf, ob er vielleicht ein Dschingis Khan ist. Dieser Mongolenblick wird auch die Deutschen – und in Abstufungen ihre Helfershelfer und stillschweigenden Billiger des Alten Kontinents – noch in ferner Zukunft treffen. Immer wieder werden sie nach Hitler-Zügen abgerastert. Das erbost natürlich besonders alle diejenigen, die am Holocaust wirklich unschuldig gewesen sind, also an die 90 und bald 100 Prozent der Deutschen, die damals Kinder oder ungeboren waren. Fast das gesamte Volk ist vom Symptom der verfolgten Unschuld befallen. Selbst liebenswerte Zeitgenossen und Friedenskämpfer fahnden auf einmal wie besessen nach israelischen Missetaten, weil sie hoffen, dadurch irgendwie und vor allem endgültig vom Hitlerfluch loszukommen. Von hundert Gewalttaten weltweit kennt man vielleicht eine, von zehn jüdischen aber neun. Die gekränkte Unschuld ist eine gefährliche, unberechenbare und rachsüchtige Spezies. Die Sentenz des verstorbenen Freundes Zvi Rix (in Wien geboren und im israelischen Rechovoth begraben), daß Deutschland den Juden Auschwitz niemals verzeihen werde, wollte dieser Erregung Ausdruck geben. Er hatte seinen Hobbes gelesen: «Einem Menschen mehr Schaden zugefügt zu haben, als man wiedergutmachen kann [...], veranlaßt den Täter, den Geschädigten zu hassen» (Hobbes 1996 [1651], 83).

Gerade mit derart aufgewühlten Deutschen ist zuerst darüber zu reden, warum sie es leid sind, über deutsche Verbrechen zu hören, statt sie nur immer wieder zu ermahnen, bloß niemals die Erinnerung zu verlieren und gut zu Juden zu sein. Ist erst der Mechanismus der verfolgten Unschuld durchschaut, kann aus dem fanatischsten Antizionisten wieder ein nüchterner und fairer Betrachter der Lage Israels werden, der das Heil der Menschheit nicht mehr zwanghaft an die Lösung der Judenfrage in Nahost bindet. Dort wird die dunkle Seite des europäischen Engagements deutlich gespürt. Mittlerweile glauben 80 Prozent der Juden Israels, daß sie gegen die islamische Welt in einem nackten Überlebenskrieg stehen und keineswegs nur um Grenzziehungen mit den Palästinensern ringen. Dennoch lehnen bei einer denkbaren neutralen Truppe zur Trennung der Kämpfenden 85 Prozent von ihnen europäische Soldaten ab, während nur 67 Prozent gegen solche der arabischen Todfeinde votieren (N. Busse 2002, 10).

Gleichwohl melden sich auch andere Stimmen aus dem Alten Kontinent. Eine Gruppe von 50 Abgeordneten des Europäischen Parlaments begehrt im Januar 2003 Auskunft darüber, warum aus den hiesigen Steuergeldern für Arafats Schatulle auch «namentlich bekannte Attentäter» entlohnt werden (Middel 2003, 6). Und diese Minderheitseuropäer haben in Nahost eine Saite gefunden, die sich durchaus anschlagen läßt: «Rawyiah Shawi, ein Sprecher der Antiarafat-Fraktion im palästinensischen Nationalrat sagt: Wir werden niemals frei werden, wenn wir nicht die Demokratie einführen» (Taheri 2003, 12).

VI. Hereingelassene und Herausgehaltene

Im Jahre 2003 sind es im Westen – nach den Israelis – nur noch die Amerikaner und Isländer, die mit 2050 Kindern pro 1000 Frauenleben ihre Bevölkerung aus eigener Kraft erhalten können. Nur knapp hinter ihnen liegen die Irinnen und Neuseeländerinnen. Die übrigen Frauen des Kontinents haben pro 1000 um die 1400 Kinder (mit Eckwerten von 1100 [Tschechien, Ukraine] und 1900 [Frankreich]). Vor allem in Frankreich und England (1600 Kinder pro 1000), aber auch in Belgien und den Niederlanden (je 1700) sorgen beträchtliche asiatische und afrikanische Minderheiten dafür, daß man nicht noch weiter hinter die Nettoreproduktion zurückfällt. Rußland läge ohne seine Minderheiten nicht einmal bei seinen aktuell 1300 Kindern pro 1000 Frauen, sondern gleichauf mit der Ukraine.

Der unaufhaltsame europäische Sterbeüberschuss

Die Unterschiede im Fortpflanzungsverhalten haben innerhalb der Ersten Welt bereits zu geschichtsmächtigen Konsequenzen geführt. Im Jahre 2003 ist nur jeder sechste Amerikaner, aber bald jeder vierte Japaner, Deutsche, Italiener, Schweizer oder Skandinavier über 60 Jahre alt (PRB 2003). Diese Vitalitätsdifferenz mag zu der besonderen Schärfe beitragen, mit der auf dem Alten Kontinent die größere Wehrbereitschaft der USA verurteilt wird. Der schiere amerikanische Wille, zu leben und dafür zu obsiegen, wirkt hierzulande irritierend, ja beinahe geschmacklos. Einen wirklichen *youth bulge* weist in Europa lediglich die alteingesessene Minderheit der Sinti und Roma mit einem Durchschnittsalter von 19 Jahren für die gesamte Ethnie von 8 Millionen auf (25 Prozent in der EU und der Rest in den Gebieten von aktuellen und späteren Beitrittskandidaten). Aber auch diese Gruppe – organisiert in der *Trans-European Roma Federation* – kann den europäischen Sterbeüberschuß nicht signifikant verringern und wird ohnehin nur ungern als Gegengewicht zu Amerika ins Feld geführt (Wagstyl 2003, 3). Die im Jahre 2004 in die Europäische Union eintretende Slowakei mit durchschnittlich gerade 1,25 Kindern pro Frau will seine niedrige Geburtenrate durch Zwangssterilisation von Romafrauen sogar noch weiter herunterdrücken (CFRR 2003).

Die entwickelte Welt hat neben dem relativ stabilen Anglo-Block (Australien mit 1700 und Kanada mit 1500 Kindern pro 1000 Frauen) und einem schon heftig wankenden Westeuropa in den ostslawischen SU-Nachfolgestaaten einen Alarmbereich immensen Ausmaßes, der sich in schnellem Absterben befindet. In seine Territorien strebt selbst der *youth bulge* dieser Erde nur höchst ungern. Und weil die Lage so prekär ist, suchen diese Länder viel stärker die Nähe zu Amerika, als Westeuropa das tut. Rußland, das als Herrennation der Sowjetunion die drittgrößte Bevölkerung der Welt kontrolliert hat, wird bis 2050 mit dann gerade noch 100 Millionen Einwohnern auf Nummer 15 oder 16 absinken, während die Amerikaner, die damals als Nummer 4 hinter ihm rangieren, mit bald 420 Millionen auf Nummer 3 vorrücken könnten.

Die 13 Millionen Quadratkilometer von Russisch-Asien haben noch 24 Millionen Einwohner – gegenüber 2,4 Milliarden auf den ebenfalls 13 Millionen Quadratkilometern Chinas und Indiens. Die ethnischen Russen wandern überdies aus Asien/Sibirien ab. Da findet ein kultureller Exodus von Leuten statt, die sich in Fernost längst als «Ausländer» empfinden. Die notdürftige Erhaltung der Infrastruktur besorgen angeheuerte Chinesen, deren Zahl auf 200.000 bis zwei Millionen geschätzt wird. In *The End of Eurasia* bekennt Dmitri Trenin: «Wenn die Russen in Fernost scheitern, wenn Entvölkerung, Entindustrialisierung und Zerfall weitergehen […], dann wird das europäische Rußland den Einfluß auf diese Gebiete verlieren» (Trenin 2001, 208). Gegenüber der wachsenden Macht Chinas und den islamischen *youth bulge*-Nationen im Süden Russisch-Asiens sieht Trenin eine Chance nur über die – in Königsberg zu übende – «Einbindung in die Europäische Union und den Aufbau eines Bündnisses mit den Vereinigten Staaten» (Carnegie 2002).

«Frauen sind der entscheidende Teil des demographischen Prozesses»

Aber Nordasien liefert eben nicht das einzige Problem des riesigen Landes, das mittlerweile 13.000 verlassene Dörfer aufweist. Schon heute braucht es für die Geburt von drei Söhnen nur eine Gaza-Palästinenserin, immerhin drei Amerikanerinnen, schon vier bis fünf Westeuropäerinnen und fast sechs ethnische Russinnen oder Ukrainerinnen. Diese demographische Auswegslosigkeit treibt längst zu Mixturen aus Verzweiflung und Gewaltbereitschaft nach Art einer Hexenverfolgung. So hat der Chef der liberaldemokratischen Partei in der Duma, Alexander Mitrofanov, Gefängnisstrafen bis zu fünf Jahren für lesbische Frauen verlangt, weil sie keine Kinder bekämen: «Frauen sind der entscheidende Teil des demographischen Prozesses, weshalb man sie härter anfassen muß» (WV 2002, 26).

Die 50 Millionen Menschen, die man in wenigen Jahrzehnten zur Stabilisierung allein von Russisch-Asien bräuchte, lassen sich nicht am Schreibtisch eines Weltdemographen aus Überschussregionen einfach dorthin verpflanzen. Die jungen Leute aus den *youth bulge*-Regionen suchen eben nicht große Räume, sondern Posten.

Zehn Millionen junge Nigerianer, die weg wollen, träumen nicht von der Erhabenheit sibirischer Weiten, sondern von westlichen Metropolen. Aller Zauber liegt in den hochentwickelten OECD-Staaten und da vor allem in den Anglo-Regionen mit immerhin fast 27 Millionen Quadratkilometern Land sowie ausgebauter Rechtssicherheit für die Prosperität verbürgenden Eigentumsstrukturen.

Russisch-Asien – ein Zehntel des irdischen Festlandes – dürfte also implodieren, auch wenn seine Grenzen mit Raketen gesichert bleiben. Anders als Alaska oder Kanada muß es ohne jede ausländerfreundliche Integrationskraft auskommen. Das verlockende «wir sind tolerant und geben Geld auf die Hand» wird dort nicht vernommen. Die Nordhalbkugel, die schon Bush senior mit Gorbatschow 1990 von San Francisco einmal um den Globus bis Wladiwostok zur Festung ausbauen wollte, könnte sich alsbald zur Hälfte als Riesenbrache erweisen. Auch deshalb streben die Russen unter den US-Schirm. Seit dem Juni 2003 unterstützten sie sogar die Entwaffnung der Nuklearaspiranten Iran und Nordkorea. Dennoch wird Rußland nicht damit aufhören, die alte Großmacht bei Gelegenheit wenigstens vorzutäuschen. Da es darin Frankreich ähnelt, versuchen die beiden auch durch Zusammengehen schrecklicher zu erscheinen, als sie sind.

Östlich der Oder: lauter sterbende Völker

Die Ukraine und Weissrussland – noch einmal 800.000 km^2 – stecken ebenfalls in einem schnellen Bevölkerungsrückgang mit Einkindfamilien und permanenter Abwanderung nach Westeuropa, wo mit deren Hilfe der eigene Geburtenrückgang zeitweilig partiell ausgeglichen werden soll. Selbst Polen verfügt nur über sehr mäßige Integrationskraft, ist also für Einwanderer, die seine Ungeborenen ausgleichen könnten, nicht sonderlich verlockend. Beträchtliche Gebiete des Landes sind nach den Tötungen, Vertreibungen und Umsiedlungen zwischen 1939 und 1950 nie wieder in Nutzung genommen worden. Bestenfalls aus der siechen Ukraine kann man sich eine demographische Infusion erhoffen.

Ein Land wie Bulgarien – immerhin EU-Kandidat – hat in 10 Jahren von seinen knapp acht Millionen Einwohnern bereits eine Million der Besten nach Westeuropa und Nordamerika abgegeben (E. Busse 2002, 8). Wenn aus der Bundesrepublik gleich viel junge Leute – also 10 Millionen Hochschulabsolventen – verschwinden würden, geriete auch dieses Land in eine Existenzkrise.

Und doch wirkt all das läppisch gegen Rumänien, das nach Auskunft der Weltbank als erstes Land mehr Rentner (6,1 Millionen) als Erwerbstätige (4,2 Millionen) aufweist: «Dagegen erscheinen die Probleme Deutschlands, wo man bis 2050 ein Absinken von vier auf zwei Erwerbstätige pro Ruheständler erwartet, harmlos» (McAleer 2003, 7). Denn wie in Deutschland ist auch in Rumänien die Arbeitslosigkeit nicht mit Strukturreformen, sondern mit Frühverrentung beantwortet worden. Nach 20 bzw. 25 Jahren Arbeit können Frauen mit 50 und Männer mit 55 abtreten. Zur Frührente berechtigende Härtefälle schließen das Leben als Ballerina und Orchesterflötist mit ein. Überdies wollen fast 60 Prozent der Rumänen unter 29 Jahren ihre Heimat verlassen (Bolzen 2002, 4). Die Europäische Union wird gegen Ende des Jahrzehnts in dem Balkanland im Wesentlichen ein paar nichtlohnende Ölquellen nebst einem Millionenheer von Verbrauchten und Erschöpften anschließen kön-

144

nen. Womöglich lassen sich weitere aus Nordwest dazu gesellen, für die mit den Einheimischen zusammen dann ein riesiges Mallorca hochgezogen wird. Nur am Rande sei hier auch der Panikfall Armenien genannt, wo die Bevölkerung von 3,8 Millionen 1990 auf 2,3 oder gar nur noch 1,4 Millionen im Jahre 2002 weggesackt ist (Wehner 2003b, 3)

Der demographische Minusrekord mit nur noch 1,0 Kindern pro Frau wird allerdings westlich der Oder in der Ex-DDR verzeichnet. Exemplarisch gilt im an Polen grenzenden Brandenburg die Vergreisung und Entleerung der Kleinstädte und Dörfer als «größte Herausforderung der kommenden Jahre» (Metzner 2003, 14). Hinreißend, wie sich da *ein* sterbendes Volk – die Deutschen – vor der Überflutung mit polnischen Arbeitern fürchtet, und das *andere* sterbende Volk – die Polen – vor Armeen von deutschen Aufkäufern polnisch-altdeutscher Erde zittern, und wie dann die EU-Aufnahmeverträge all dem auch noch mit Sonderklauseln Rechnung tragen. In Deutschland sollte man nervös werden, wenn keine Polen mehr zuwandern, während es den Polen vor dem Ausbleiben des Geldes deutscher Käufer grausen sollte.

Während in Europa Feindschaften von gestern die aktuelle Politik prägen, halten sich die US-Strategiedenker an eine nüchterne Analyse des alten Ostblock. Deshalb fürchten sie ihn nicht als demnächst wieder erstarkenden Gegner, sondern ahnen schon, daß man da nicht einmal einen echten Alliierten gewinnen wird, sondern einen immer stärker strauchelnden Schützling: «Rußlands Bedeutung wird dauerhaft fallen. Gegen 2015 wird Eurasien [= Russisch Asien und das alte sowjetische Zentralasien] nur noch eine geographische Bezeichnung für eine Region ohne politischen, wirtschaftlichen und kulturellen Zusammenhalt sein. […] Rußlands Macht wird abnehmen […] und die Ressourcen zur Durchsetzung seines Willens gegen andere werden weiter schwinden» (CIA-NFIB 2000, 43 f.; ähnlich Davanzo et. al. 2003).

Die von Rußland immer noch gerne bedrohten baltischen Republiken mit immerhin weiteren 175.000 Quadratkilometern brechen – über zu niedrige Geburtenraten und Auswanderung – ungeachtet der Postkartenschönheit ihrer Hansestädte ebenfalls weg. 1200 Kinder auf 1000 Lettinnen, 1300 für Estinnen und Litauerinnen sind der demographische Stand im Jahre 2003. Auch hier blüht der

Aberwitz: Mit einem demographisch austrocknenden Rußland messen sich grau werdende Länder, die ihre russischen Minderheiten loswerden wollen.

Die Vermittlung von ökonomischem Wissen ist die beste Entwicklungshilfe

Lassen sich die exkommunistischen Staaten wenigstens so weit attraktiv machen, daß ihr demographisches Ausbluten aufhört und sie womöglich sogar Einwanderungsattraktivität gewinnen? Sie brauchen dafür keine anderen Ratschläge als die übrigen Entwicklungsländer.

Gebt uns frei, dann werden wir reich und mächtig wie ihr, tönt es in den 1960er Jahren aus Europas Kolonien. Gebt uns Entwicklungshilfe, denn ihr seid noch reicher geworden, seit ihr uns nicht mehr ausbeutet, heißt es kaum zehn Jahre später. Laßt freie Märkte zu, rufen die Gelehrten der alten Herrenländer. Also gibt man Preise frei, kauft Maschinen oder bekommt diese sogar geschenkt und doch wird die Armut größer. Ist es möglich, daß die Berater ihr eigenes System nicht verstehen?

Wenn man den weniger entwickelten Ländern helfen will, dann darf man ihnen kein Geld geben. Die denken sonst in der Tat, daß auf rätselhafte Weise riesige Tresore voll mit dem edlen Papier gerade in den OECD-Staaten gelandet sind, die somit ruhig mal etwas abgeben könnten. Doch die haben keine Kisten, sondern für die Geldschaffung belastbares Eigentum. Die Etablierung von Eigentum wiederum erfordert nur ganz geringen technischen Aufwand. Bloße Besitztümer müssen um Eigentumstitel ergänzt und dabei breit gestreut werden. Diese Verteilung muß in Dokumenten über die Eigentumstitel fixiert werden. Kataster und Grundbücher sind anzulegen. Man muß also schreiben und Urkundenstempel herstellen können. Man muß an Gesetze gebundene Polizei und unabhängige Gerichte schaffen, die in die Eigentumstitel – ohne Ansehen der Macht ihrer Halter – vollstrecken können. All diesen Anforderungen können auch die Nicht-OECD-Länder ohne großartige Gedankenverrenkungen nachkommen. Keine Hilfe zur Selbsthilfe kann sich segensreicher auswirken als die Information über die Mechanismen der Geldschaffung.

Ein akademisch ungeehrter Außenseiter wie Hernando de Soto (1992; 2000) aus dem Entwicklungsland Peru muß daherkommen, um dem Entwicklungsland Ägypten zu zeigen, wie der Weg aus der Armut auszusehen hat. Neun Zehntel der Immobilien Ägyptens – so findet er heraus – können nicht für die Kreditaufnahme belastet werden, weil sie lediglich unvollstreckbarer Besitz sind. «Totes Kapital» nennt der Peruaner das ein wenig dunkel. Durch Umwandlung des bisherigen Besitztitel in Eigentumstitel – jetzt in der Sprache dieses Autors – würde der Preis des gänzlich neu geschaffenen Eigentums «dreißigmal höher als der Marktwert aller Firmen [liegen], die an der Kairoer Börse registriert sind» (Soto 2001, 35).

Wenn etwa 70 Prozent der Weltgeldschaffung immer noch mit Grundeigentum besichert ist, Entwicklungsländer aber kaum 10 Prozent ihres Landes als solches Eigentum zur Verfügung haben, dann sind Elend und zugleich extreme Unterschiede in den Einkommen unvermeidlich. Die OECD-Staaten und eine noch einmal so große Gruppe – insgesamt 59 Länder – schaffen auf ihren Eigentumsstrukturen 96 Prozent des Weltbruttosozialprodukts und halten zugleich 98 Prozent der Weltbörsenkapitalisation (Merril Lynch/Cap Gemini 2002,17). Die übrigen 140 Länder erbringen nur 4 bzw. 2 Prozent. Der «große Satan» ist niemand anders als ihre eigene Nichtvereigentümerung. Die Dauerrede von den reichen Nationen, die endlich ihre Privilegien mit den armen Völkern teilen sollten, könnte aus dem Bereich bloßer Torheit herausfinden, wenn diese «Vorrechte» als vollstreckbare Eigentumstitel identifiziert und ins allgemeine Bewußtsein gehoben würden (exemplarisch verfehlt von Emmatt 2003). Die Nationen, die sie noch nicht haben, würden dann nicht mehr nach Teilung des anderswo Geschaffenen, sondern nach Ausbreitung dieser Rechte auch bei sich rufen. Sollte es einmal gelingen, die ungeheure Wohlstandsverhinderung durch Abschottung des Besitzes gegen seine Vereigentümerung zu überwinden, wäre in vielen Ländern erstmals eine realistische Zukunftsperspektive gegen Apathie oder Terror gesetzt. Zugleich wäre die intellektuelle Fantasie vom Markt als angeblichem Essenzial des Wirtschaftens vom Tisch (als auch theoretisch durchdachten Wegweiser für eine solche Öffnung vgl. U. Heinsohn 2001).

Trotz Wirtschaftsentwicklung keine *youth bulge*-Absorption

Selbst bei einer Installation des Wirtschaftens und der daraus resultierenden Wohlstandssteigerung werden – das legt die bisherige Geschichte nahe – keineswegs automatisch auch die *youth bulges* untergebracht. Deshalb haben die eigentumsgeprägten Europäer beides gemacht – Wirtschaftsentwicklung und ungeheuer tötungsintensive Welteroberung. Warum sollte sich das geändert haben? So sei die eigentliche Gefahr für das saudische Herrscherhaus «das Bevölkerungswachstum. Da tickt eine Zeitbombe!» (Kepel 2002, 121). Wohl wahr! Aber wovon erhofft sich der renommierte Islamkenner deren Entschärfung? «Die aufgeschlosseneren Kreise haben das erkannt und drängen auf Liberalisierung» (Kepel 2002, 121). Die anderen fürchten gerade dadurch das Brechen der Dämme. Schließlich haben sie erlebt, wie selbst der hoch demokratische und liberale Westen der späten 1960er Jahre schon unter einem Mini-*youth bulge* namens Babyboom hier und da gewackelt hat.

Die Wahhabiten gehen also einen anderen Weg. Anfang Juni 2003 kommt es in Mekka zur ersten Schießerei – mit zehn Toten – zwischen jungen Saudis in Polizeiuniformen und jungen Saudis von der Islamistenseite – «verirrte junge Männer» im bisherigen Jargon der Prinzen. Westlich gesinnte Intellektuelle Ägyptens befürchten von freien Wahlen ebenfalls eine islamistische Demokratur und staunen über Berater, die ihnen runde Tische wie in Polen und der DDR verheißen (Diehl 2003, A9), wo es doch um ökonomisch implodierende sterbende Völker ging und nicht um die demographische Explosion der Araber. Die führt ganz konsequent dazu, daß auch in Marokko im April 2003 die eigentlich geplanten demokratischen Kommunalwahlen unterbunden werden. Man folgt dem südamerikanischen Beispiel seit den 1960er Jahren.

1400 Millionen Kinder unter 15 (ohne China) wachsen 2003 in den Entwicklungsländern heran. Womöglich 600 Millionen von ihnen müssen in den kommenden 15 Jahren zu Hause raus. Davon können, ja sollen 60 Millionen oder auch mehr in die Erste Welt kommen, um dort die Vergreisung zu mildern. Damit würde der bisherige Zustrom lediglich verdoppelt. Allein 2001 sind – zusätzlich zu den 4 Millionen Neugeborenen daheim – eine Million Menschen mit ausgewähltem Unternehmergeist und fast durchweg unter 30 Jahren in die USA gekommen.

148

Auch die 15 EU-Länder melden für das Jahr 2002 vier Millionen Neugeborene und einen Immigrationsüberschuß von einer Million Menschen – allerdings bei einer Ausgangsbasis von 380 Millionen Einwohnern gegenüber den 285 Millionen der USA. Die Fünfzehn könnten bis 2050 auf hoch vergreiste 330 Millionen absinken und dann 420 Millionen Amerikanern gegenüber stehen. Selbst mit den zehn Neumitgliedern ginge es immer noch von 460 auf dann 390 Millionen herunter. Die Philosophen (Habermas, Derrida etc.), die seit Mai 2003 in den Feuilletons ihre Forderungen nach einer moralischen Weltrettung durch Europa erheben, übergehen dieses Abrutschen in träumerischer Weltvergessenheit. Aber auch ihre auf Amerika setzenden Kritiker können sich nicht dazu verstehen, aus der weit höheren demographischen Vitalität der USA ein Argument gegen europäisches Schwadronieren zu schmieden. Daß überdies viel mehr ehrgeizig-begabte Europäer nach Nordamerika streben als umgekehrt, bleibt auf beiden Seiten der Barrikade ebenfalls außen vor. Und doch stammen über zehn Prozent der in die USA drängenden Talente aus dem ohnehin angeschlagenen Europa (1,3 Millionen allein zwischen 1990 und 2000; USBC 2001).

30 Millionen Immigranten nehmen die beiden entwickelten Großräume gemeinsam in 15 Jahren ohnehin auf. Insofern gibt es bei einer Verdoppelung für jeden zehnten Emigrationswilligen aus der Dritten Welt eine gute Chance. Die übrigen 540 Millionen bilden eben den *youth bulge*, für den eine Unterbringung noch gesucht wird. Da auch die Einwanderer altern und tendenziell kaum mehr Kinder haben werden als die Alteingesessenen, muß jede zukünftige Einwanderung höher ausfallen, sodaß noch ein paar Drittweltjugendliche mehr hereingelassen werden könnten (European Commission 2002).

Freunde aus Kanada frotzeln gerne, daß – Gott sei Dank! – sie die Chinesen hereingelassen haben (bereits 1 von 32 Millionen Kanadiern im Jahre 2003), als man noch welche bekommen konnte, und nicht Deutschland. Ein auch in Nordamerika nicht fehlender Rassismus gegen die relativ integrationsresistenten *orientals* beruhigt sich also mit dem Gewinn von Tüchtigen, für deren Einfangen obendrein die ansonsten respektierte deutsche Konkurrenz zu dumm war. In Vancouver gibt es bereits dreißig chinesische Schulen mit jeweils etwa 1000 Schülern und man denkt in der Stadt daran, die Zweitsprache Französisch durch Chinesisch zu ersetzen.

«Gott sei Dank haben wir die Araber, die Schwarzafrikaner und immer schon die Roma», wird dagegen noch selten aus deutschen Landen und Europa triumphierend in die Welt gerufen. Auch in dieser Stummheit bekundet sich Ressentiment. Gleichwohl – das zeigen die Daten der Tabelle im II. Kapitel – werden es vor allem Araber und Afrikaner sein, aus denen die Alte Welt ihren Geburtenmangel kompensieren muß. Was heute schon fast täglich in Nußschalen auf das Mittelmeer geht, um darin – zu Hunderten – umzukommen oder – zu Tausenden – nach Andalusien, Süditalien und Griechenland zu gelangen, startet zumeist in den Gebieten südlich der Sahara. Die zweisprachig englischen Südasiaten (aus Pakistan, Indien, Bangla Desh, Sri Lanka, Myanmar [Burma] etc.) werden ihr Glück vorrangig im Angloraum suchen.

Geburtenschwache Länder auf der Suche nach Hochqualifizierten

Den afrikanischen Raum verspüren die Verfasser der 300-seitigen deutschen Zuwanderungsenquête (Süssmuthbericht; BMI 2001) genau, wenn sie langfristig jährlich 200.000 und ab sofort jährlich 50.000 Einwanderer als Minimum für das Überleben Deutschlands fordern, aber die Liefernationen diskret im Dunkel lassen. In Wirklichkeit braucht es allein in Deutschland bis 500.000 jährlich, um die seit Jahrzehnten an der Nettoreproduktion fehlenden Geburtenzahlen auszugleichen, um also so dazustehen, als ob jede hiesige Frau 2,1 Kinder bekäme oder bekommen hätte und nicht 1,3 oder 1,4. Selbstredend wissen das alle Beteiligten. Die Zahl 300.000 repräsentiert denn auch den realistischen Minimalkonsens.

Die Medienbegleitung zur Präsentation des Süssmuthberichts vom 4. Juli 2001 arbeitet gerne mit Bildern von bebrillten Ostasiaten oder indischen Computerspezialisten. Nun haben jedoch alle OECD-Staaten und auch die ostslawischen Länder ihre eigenen Süssmuthberichte. Und so erklären alle – und ohne viel Wissen vom anderen – mutig ihre Bereitschaft, berufserfahrene und integrationswillige Hightech-Genies in größeren Mengen aufzunehmen. Drei Sprachen sollen die können – ihre Muttersprache, Englisch, denn sonst geht's ja nicht, und natürlich Deutsch oder Niederländisch oder Italienisch. Wenn alles gut geht – so hofft man in Deutschland – gewinnt man irgendwann wirklich 300.000 pro Jahr – schon weil unter den Einheimischen kaum jemand zwei Sprachen richtig beherrscht. Guten Leumund sollen die Neuen auch noch belegen und obendrein Geld mitbringen. Wer schon woanders 82.000 Euro jährlich verdient hat, soll noch schneller jenes 100-Punktekonto voll haben, das zur Einwanderung berechtigt.

Auch bei diesen Kriterien hat man wieder an die reichen – aber nicht zweimal zu vergebenden – Hongkongchinesen mit erstklassigen Englischkenntnissen in Vancouver gedacht und die kanadischen Witzbolde noch nicht gekannt.

Weil die Ideen nun schon einmal sprießen, will man in Deutschland auch noch die Zuwanderung von Führungskräften und Schlüsselpersonal für die Wirtschaft und die Wissenschaft erleichtern. Aber selbst nach fast vierzig Jahren Export von Hochqualifizierten aus der gesamten unentwickelten Welt (1960–2000) sind dabei gerade einmal 40.000 jährlich bzw. 1,5 Millionen insgesamt für *alle* entwickelten Staaten gemeinsam zusammengekommen (CIA-NFIB 2000, 15). So viele will jetzt Deutschland in fünf Jahren alleine für sich. Was wirklich erlangt werden kann, sind 12.500 Fachkräfte (Greencard) in den zwei Jahren von August 2000 bis August 2002 (Emmerich 2002), von denen etliche schon wieder abgewandert sind. Die haben nicht nur Stolz darüber empfunden, daß sie die hohen Auswahlhürden überspringen konnten, sondern in ihnen gerade auch die eingebaute Kälte und schnelle Umkehrbarkeit ihres Schicksals verspürt (Tzemach 2002, 1/6). Von daher konnte die bloß zweiprozentige Planerfüllung – 6000 Spezialisten pro Jahr statt 300.000 – die Irrlichtereien der Einwanderungsbeauftragten gar nicht schnell genug ins allgemeine Bewußtsein rücken.

Die Lage ist also verzwickt. Man funkt in die Welt, daß man sehr viele von da draußen braucht, aber an den Grenzen wird dann Klartext gesprochen: Ihr nicht! Und doch: «‹Sie finden ihren Weg, notfalls irgendwann mit Gewalt. Die Afrikaner, die sich auf den Weg machen, das sind die jungen und die starken›, sagt Encarna Márquez, Sprecherin von Algeciras Acoge, der Hilfsorganisation» (Brinkbäumer 2002, 128). Man will noch hart die Türe zuschlagen, hält das mental aber gar nicht mehr durch. Ins längst marokkanisch bedrängte Ceuta, wo Europa 1415 seinen ersten – damals portugiesischen – Außenposten in die afrikanische Erde treibt, liegt die jetzt spanisch bewachte Mauer gegen den Übertritt Afrikas nach Europa:

«Irgendwie sind die Grenzen immer offen. [...] Europa muß sich damit abfinden, dass die Immigranten kommen.» Und soll Europa das nicht auch?

Allein Spanien wird bis 2050 (nach dortigem Süssmuthbericht; G.H.) etwa 12 Millionen zuwandernde Arbeitskräfte benötigen, um die Renten zu garantieren, derzeit hat man gerade 1,1 Millionen Ausländer (Burghardt 2002, 11). Lieber Dörferauffüllungen in Aragon und Navarra als Dörferabschlachtungen in Kolumbien und Guatemala, ließe sich die neue Einwanderungspolitik Spaniens umschreiben, dessen Landschaften von 2000 verlassenen Siedlungen geziert werden. Der Bürgermeister des aragonischen Teruel erklärt im Februar 2003 nach Ansiedlung der ersten 250 Latinos in seiner Provinz: «Entweder zwingt man die Leute mit Gewalt zu mehr Babys oder man bringt junge Leute von draußen herein. Wir haben uns gedacht, daß Lateinamerikaner sich schnell integrieren lassen. Sie haben die Sprache, die gemeinsame Geschichte» (Ghazvinian 2003, 39).

Nun mag Spanien sich einstweilen noch aus dem lateinischen Teil der Neuen Welt versorgen, aber Gesamteuropas Südamerika heißt nun einmal Afrika. Während Europas Weltbevölkerungsanteil (ohne Sowjetunion/Rußland in Asien) zwischen 1900 und 2003 von 25 auf gut 10 Prozent abgesackt ist, hat Afrika den seinen von 6 auf 12 Prozent verdoppelt. Faßt man beide Kontinente zusammen, ändert sich beim Weltbevölkerungsanteil zwischen 1900 (31 Prozent) und 2050 (27 Prozent) so viel nicht, bei der Zusammensetzung allerdings verwandelt sich eine vierfache Zahlenübermacht Europas in eine dreifache Unterlegenheit. Die daraus resultierenden Perspektiven bzw. Erfordernisse liegen auf der Hand. Würde Deutschland, Österreich oder die Schweiz auch nur den heutigen Anteil an Schwarzafrikanern der USA (12,6 Prozent; allerdings 17 Prozent der Schüler) anstreben, dann könnte man mit über 10 Millionen bzw. je einer guten oder knappen Million Afrodeutschen, Afroösterreichern und Afroschweizern bei der Überwindung des Rassismus Vorbildliches leisten.

Bevölkerung (PRB 2003; USBC 2003a)

	Europa *(3 Veto-Sitze im fünfköpfigen UN-Sicherheitsrat)*	Afrika *(ohne Veto-Sitz im UN-Sicherheitsrat)*
1900	420 Millionen ca. 25 % Weltanteil [USA/Kanada 80 Millionen]	100 Millionen ca. 6 % Weltanteil [Südamerika 70 Millionen]
2003	670 Millionen ca. 10,5 % Weltanteil [USA/Kanada 320 Millionen]	850 Millionen ca. 12 % Weltanteil [Südamerika 535 Millionen]
2050 (Schätzung)	630 Millionen 7 % Weltanteil [USA/Kanada 450 Millionen]	1845 Millionen 20 % Weltanteil [Südamerika 815 Millionen]

Geburtenverhinderung als Verstoß gegen das Menschenrecht

Deutschland allein benötigt bis 2050 mindestens 15 und womöglich sogar 25 Millionen Neuzugänge – wieder also die Zahl von 500.000 jährlich, der keiner richtig ins Gesicht sehen möchte.

Selbstredend wird es mit den Neuankömmlingen Schwierigkeiten zuhauf geben. Wer wollte ausschließen, daß gerade aus der islamischen Welt voll ausgebildete Antisemiten herbeiströmen und ihre hiesigen Gesinnungsgenossen verstärken? Die könnte man dann nicht einfach mit Ausländertoleranz bedenken. Man ersieht daran, daß unsere imponierenden Anstrengungen zur Fremdenliebe nicht aus dem Streben nach dem Guten als solchem erwachsen. Wenn wir nicht müßten, würden wir uns menschen- und völkerrechtlich nicht so fit machen. Aber das Aufziehen eigener Kinder wirkt noch unerreichbarer, also strengen wir uns an. Das entwertet den Kampf gegen die Xenophobie in keiner Weise, zeigt aber seinen sehr pragmatischen Horizont.

Das Menschenrecht schützt immer die Lebenden. Gewachsene historische Ansprüche auf gepflegte alte Kulturräume können eine Beseitigung der nunmehr dorthin Strebenden nicht begründen. Es schützt überdies das Zeugen und Gebären, erlaubt also deren Behinderung für die Konservierung vertrauter Mehrheitsverhätnisse innerhalb der eigenen Landesgrenzen nicht. Gemäß Artikel 2d und 2e der

UNO-Völkermordkonvention realisiert sich der Genozid bereits durch die «Verhängung von Maßnahmen, die auf die Geburtenverhinderung innerhalb der Gruppe gerichtet sind [sowie die] gewaltsame Überführung von Kindern der Gruppe in eine andere Gruppe».

Wie brutal auch immer Frauen zur Vermehrung gezwungen werden, und wie unverhüllt auch immer von ihren kleinen Jungen die spätere Vertreibung oder Ausrottung der gegenwärtig noch Stärkeren ersehnt wird – aktuelle Beispiele liefern die Kosovo- und Palästinakonflikte –, diese Jungen schützt das Menschenrecht nicht weniger als die einzigen Söhne oder gar Einzelkinder der Gehaßten.

Obwohl wir mittlerweile über viele internationale Strafgesetze gegen Genozid verfügen, stehen *nach* seinem Vollzug die von ihm Profitierenden wieder unter dem Menschenrecht. Die Kinder deutscher oder irakischer Völkermörder haben nicht ein Gramm Recht weniger als die Waisen der von ihren Vätern ermordeten Juden oder Kurden – auch dann nicht, wenn Erstere vom Töten Letzterer träumen. Nur die direkten Anstifter und Töter können bestraft werden. Deshalb dürften auch in Zukunft gegen ein befürchtetes Verschwinden aus der Geschichte oder den Verlust eines mythisch geliebten Amselfeldes (Kosovo von serbisch Kos = Amsel) genozidale Vorstöße gegen häufiger Gebärende versucht werden. Selbst wenn man die Täter am Ende stoppt, gelangen bestenfalls die Milosevics vor internationale Gerichte, während alle anderen «Serben», die gerade dieses Töten von ihrem Führer gewollt haben, unter dem Schutz des Menschenrechts bleiben. Das große – nachhitlerische – Standardbeispiel für siegreiche und zugleich straflos gebliebene «Serben» liefert im Abendland bekanntlich die Erledigung des osteuropäischen Deutschenproblems im Frieden nach 1945. Etwa 2,1 Millionen – davon 135.000 im serbisch dominierten Jugoslawien – werden umgebracht und weitere 13 Millionen vertrieben, von denen viele bald nach den Strapazen der Flucht versterben (Statistisches Bundesamt 1958). Aus solchen Erfolgen können Kalküle geschmiedet werden.

Die Angst vor *youth bulge*-Kämpfen in den eigenen Städten

Nationen, die sich als bleibenswert empfinden, müssen selbst gebären und/oder Einwanderer und – gerade auch – Einwanderinnen unter das Menschenrecht stellen, damit sexuellen Verdrängungskämpfen in der neuen Heimat vorgebeugt wird. Der Menschheit ältestes Gebot gegen Ausländerfeindlichkeit aus der Torah wäre entsprechend um die eckigen Klammerzusätze zu ergänzen: «Wenn ein Fremdling [eine Fremde] bei euch wohnt in eurem Lande, den [die] sollt ihr nicht bedrücken. Er [sie] soll bei euch wohnen wie ein [eine] Einheimischer [Einheimische], und du sollst ihn [sie] lieben wie dich selbst» (*3. Mose* 19: 34).

Daß man die Zuzügler dann gerne schnell an das eigene Gebären assimilieren würde, ist gar nicht so fern von dem Motiv, aus dem andere zum Genozidverbrechen schreiten. Wie groß die Arbeit des Aufnehmens ist, zeigt sich nicht zuletzt daran, daß etwa Europäer in nichteuropäischen Kulturen nur selten «integriert» werden konnten. Als Katholiken Süd- und Mittelamerika eroberten, dachten sie kaum an Anpassung. Man ist dort auch ein halbes Jahrtausend später noch gut katholisch, spricht Spanisch und Portugiesisch – und die verbliebenen Eingeborenen müssen es auch so halten. Warum sollten Muslime anders verfahren? Weil sie nicht als Sieger, sondern als Gäste kommen? Ein jüngerer Erkenntnisstand zur Fachliteratur über den «Halbmond über Deutschland» resümiert: «Es muss einen deutschen Islam geben, wird ihn geben müssen – das sagen alle drei Bücher. Zugleich aber können sie nicht verschweigen, daß die Zahl der engagierten und qualifizierten Gesprächspartner klein ist, während auf der anderen Seite die Zahl der Desintegrationsprediger gestiegen ist» (Drobinski 2002, 12).

In den Arabervierteln Strassburgs, um die bisher eher Deutsche und Franzosen gekämpft haben, sorgen junge Männer immer häufiger für brennende Autos und bewaffnete Überfälle. Am Ende verweigern überfallene Busfahrer den Transport. Wie aus der Ersten in die Dritte Welt hat dann der Bürgermeister nach Hautepierre und Cronenbourg, nach Meinau und Neuenhof gerufen: «Macht Bürgerkrieg bzw. diszipliniert euch untereinander, sonst schneidet euch die Zentrale vom Rest Europas und Frankreichs ab». Das hilft erst einmal. Die Busse fahren wieder (Gutschker 2002, 3).

Das Überschwappen von *youth bulge*-Kämpfen aus der Dritten Welt direkt in die geliebten eigenen Städte zeigt das Ausmaß der benötigten Phantasie. Wer davon am meisten aufbringt, wird am ehesten etwas von den stürmischen Immigranten haben, denn eintreffen werden sie so oder so. Nichts wird sich da als unkompliziert erweisen. Gleichwohl liegen inspirierende Erfahrungen etwa für Mauritius vor, wo Hindus, Muslime, Kreolen, Chinesen und europäische Ethnien an einer passablen Zukunft arbeiten (dazu bereits Lutz 1994).

Gleichwohl wollen neben all der Integrationsarbeit daheim die globalen Kämpfe und Reichsbildungen mit den gut 250 Millionen jungen Männern, die man in den nächsten 15 Jahren nirgendwo reinlassen will, auch noch bewältigt werden. Nun könnten aus den in der ganzen Welt gewonnenen Neubürgern durchaus Kämpfer für internationale Friedensmissionen und das Unterbinden von Völkermorden rekrutiert werden. Auf die eigenen Söhne wird man kaum ausweichen wollen, nachdem die wenigen noch Aufgezogenen zwar schon als Dreijährige in einer Sambatruppe mittrommeln können, aber von der überkommenen Knabenerziehung zu Kampfgeist und Todesmutigkeit endlich befreit worden sind. Es ständen in einer solchen Europäischen Fremdenlegion dann ausgewanderte gegen daheim gebliebene Drittweltsöhne.

Unter den Einwanderern beginnen gewaltorientierte Probleme meist erst in der zweiten Generation. Während die Eltern aus Dankbarkeit für die rettende Öffnung der Grenze eher zu Überanpassung tendieren, sieht sich der Nachwuchs oft schon als zu entschädigendes Opfer, an dem eine ungenügende Integration wieder gut gemacht werden muß: «Die große Mehrheit der [EU-]Beschäftigten aus Drittländern scheint Arbeit im Bereich niedriger Qualifikation/Bezahlung des Arbeitsmarktes innezuhaben. [...] Die Tatsache, daß Zuwanderer eher Diskriminierung, Ausbeutung und Mißbrauch ausgeliefert sind, wird durch Sprachbarrieren noch verschlimmert» (European Commission 2002, 14).

Von einer solchen Unterschicht ohne Wahlrecht ist es dann nicht weit zu härteren Reaktionen gegen die lieblos-ungeliebte neue Heimat. So hat etwa ein Imam aus dem doch recht urfranzösischen Lyon bereits den zweiten Sohn in den Terror ziehen sehen. Einen bringen die Amerikaner im Dezember 2001 aus Afghanistan ins Lager der Al-Qaida-Gefangenen nach Guantanamo, und den zweiten hindern französische Spezialeinheiten im Dezember 2002 an einem Giftanschlag auf die Russische Botschaft in Paris (Economist 2003b, 23). Islamisten französischer Vorstädte gehen längst gewaltsam gegen gemäßigte eigene Geistliche vor und erpressen für die Bewaffnung ihrer Gruppen muslimische Geschäftsleute: «Wir müssen den Koran in der einen und die Kalaschnikow in der anderen Hand tragen», agitieren sie die jungen Araber (Sifaoui 2003).

Wachsender Widerstand gegen die Assimilation bei jungen Migranten

In London/North Finsbury predigt Scheich Abu Hamsa el Masri den Dschihad gegen alle Ungläubigen. Der Ägypter hat einen britischen Paß. Unter seinen vielen Schülern ragen der Schuhbomber Richard Reid und der verspätete 20. Todespilot für den 11. September 2001, Zakarias Moussaoui, heraus. Die Durchsuchung seiner Moschee am 20. Januar 2003 durch Scotland Yard nennt der Scheich vor den Fernsehkameras der Welt «einen Krieg der Blair-Regierung gegen den Islam» (Kielinger 2003a, 5). Als er den Absturz der US-Raumfähre Challenger (28.1.2003) als «Strafe Gottes» feiert, weil neben Christen auch ein Jude und eine Hindufrau umkommen, drohen ihm die Behörden bei weiteren solchen Auftritten den Entzug des Gemeinnützigkeitsprivilegs seiner Moschee an.

In Bremen entführt am 25. April ein 17-jähriger Libanese einen Linienbus. Er will Gotteskrieger werden, Al-Qaida-Häftlinge freipressen und dann in Israel Juden töten. Er klagt nicht über Hunger und genießt alle Freiheiten eines deutschen Staatsbürgers, aber er fühlt sich für den Karrierekampf um die Spitze nicht gewappnet. Den gesetzestreuen Eltern schreibt er: «Ich habe nur Stress im Leben. [...] Ich werde schlimmer als Bin Laden». Seine Moschee hat auch ein junger Bremer Türke besucht, den die Amerikaner in Afghanistan fassen und nach Guantanomo bringen (Mlodoch/Schneider 2003, 1). Fast gleichzeitig mit dem Bremer schließen in England 50 junge Leute ihre Ausbildung für das Judentöten in Israel ab. Zwei von ihnen – Omar Khan Sharif aus Derby und Asif Mohammed Hanif aus Hounslow – schaffen am 30. April 2003 in Tel Aviv die Ermordung von drei Menschen (Kielinger 2003b, 6).

Weil also sehr viele der nachwachsenden Jünglinge in den neuen Heimat-
ländern eher selten nach oben kommen, wo sie genauso hin wollen wie die vor Ort
Geborenen, werden sie zur erstrangigen Sympathisantenszene für die radikaleren
Brüder aus den Herkunftsgebieten. So wollen sich zwar 41 Prozent der britischen
Muslime in die Hauptgesellschaft integrieren. «In der jüngeren Generation allerdings wächst der Widerstand gegen die Assimilation» (Heimrich 2003, 3). Diese
Haltungen und vor allem die todeswütigen Aktionen wirken beinahe umgehend auf
die Öffentlichkeit. Schon Ende 2002 befürworten 84 Prozent der Nordamerikaner
und 68 Prozent der EU-Europäer striktere Einwanderungskontrollen zur Eindämmung des transnationalen Terrors (CFR/GMF 2002a).

In den USA mit ihren maximal drei Millionen Muslimen (Haaga 2002) steht
mittlerweile fast jede der etwa 1200 Moscheen unter Beobachtung, weil auch nur
ein einziger wirklicher Terrorist unter den ansonsten bloß Zornigen nun einmal
aufgestöbert werden muß (Downey/Hirsh 2002): «Moscheen könnten als Cover
für terroristische Aktivitäten dienen» (Isikoff 2003, 6). Besucher, Asylanten und
Neueinwanderer aus 25 *youth bulge*-Nationen müssen sich bei den US-Behörden
melden. 13.000 Muslime befinden sich in Abschiebehaft. So unvermeidlich solche
Auflagen auch sein mögen, so sicher befeuern sie auch den Groll der Neuankömm-
linge und den Antiamerikanismus in ihren Herkunftsländern (Perlez 2003, 4).

Bei der Diskussion eines anderen westlichen Weges, den man als weitge-
hende Unterbindung der Immigration bei zunehmender Selbstvermehrung be-
zeichnen könnte, wirken seit 2002 die Niederländer am provokativsten. Quer durch
alle Parteien von links über liberal bis zu konservativ werden nun für Einwanderer
und bereits Anwesende Integrationskurse mit Gewicht auf westlichen Werten gefordert – einschließlich der nicht verhandelbaren Akzeptanz von Frauenemanzipation
und Homosexualität. Überdies soll Kompetenz in der niederländischen Sprache
nachgewiesen werden. Muslimische Imame sollen überhaupt nicht mehr einwan-
dern dürfen, sondern vor Ort ausgebildet werden.

Durch den Binnenmarkt-Kommissar der Europäischen Kommission, den
niederländischen Liberalen Frits Bolkestein, ist dieser dramatische Schwenk kaum
noch lokal zu begrenzen, da dieser Politiker sehr offensiv formuliert: «Das wird
durch ganz Europa gehen. Man kann die Wirklichkeit auf Dauer einfach nicht ver-

drängen. Die Realität wird sich der Politik überall genauso aufzwingen wie in Holland. Die Politiker können dem nicht entkommen. Es ist ein Unglück, daß Politiker in Frankreich und England dieses Problem nicht direkt konfrontieren. Wenn das so weitergeht, wird es explodieren» (Vinocur 2003, 9).

Nun wird der Schutz der Homosexuellen allein den europäischen Geburtenrückgang schwerlich umkehren. Ist es gleichwohl denkbar, daß einmal eine holländische und eine amerikanische Linie zusammenfinden? Bisher spricht die Wertediskrepanz dagegen. Während sich die Bevölkerungen Nordwesteuropas – mit der Ausnahme Irlands und Polens – von den «traditionellen Werten […] Religion, Familie und Nation» rasant Richtung Ungebundenheit und Hedonismus wegbewegen, haben sich die Amerikaner ihnen gerade stärker zugewandt. Sie stehen dabei mit Ländern wie Indien oder Vietnam gleichauf. In der Selbstverwirklichungstendez hingegen liegen die Amerikaner nicht hinter den Europäern zurück. Alles Teure zur Verschönerung des Lebens wird mindestens so heftig konsumiert wie in Europa. Aber bei den konservativen Grundwerten bewegen sie sich immer weiter von Europa weg (Economist 2003a, 20).

Man weiß nicht recht, ob die Europäer einfach weiter vorne marschieren auf dem an sich ja eher amerikanischen Weg des Fortschritts, oder ob einmal mehr die Amerikaner lediglich einen Trend setzen, der fünf bis zehn Jahre später auch in Europa angenommen wird. In Amerika stellt Kalifornien die Avantguarde-Region dar für alles von der Technologie über die Lebensstile bis hin zur Kunst. Man kann in Europa sagen, daß man nicht wie Amerika werden will. In Amerika sagt man, daß man nicht wie Kalifornien werden will. Kalifornien selbst muß alleine gehen. Nun ist diese Urheimat der Frauenemanzipation noch stärker als das ganze Land Anfang der 1990er Jahre auffällig geworden: «Die US-Volkszählung von 1990 liest sich wie ein Nachruf auf die amerikanische Familie, [aber kurz danach] zeigt eine Roper-Umfrage für *Good Housekeeping*, daß zum ersten Mal nach einem Jahrzehnt das Ideal der Verbindung von Karriere und Mutterschaft bei den Frauen keine Mehrheit mehr findet» (Frazier 1994, 92). Zur Überraschung der Fachleute und Soziologen prognostiziert gleichzeitig das *Center for Continuing Study of the California Economy*, «daß Kalifornien im nächsten Jahrzehnt [1990–2000] ein stärker kindorientierter Markt sein wird» (Frazier 1994, 92).

Obwohl die Amerikaner – und unter ihnen noch einmal verstärkt die hispanischen und Afro-Minderheiten – geburtenfreudiger sind als die übrige Erste Welt, hat die Trendwende von 1990 demographisch so viel nun auch nicht bewegen können. Am Zwang, in den optimalen Mutterschaftsjahren mangels anderer Versorgung Karriere machen zu müssen, hat sich nichts geändert. Gleichwohl hat man sich von einem lang währenden Rückgang der Geburten in ihre stetige Stabilisierung auf Höhe der Nettoreproduktion gedreht.

Europas Hoffnung auf eine demographische Wende

Die kleine demographische Wende der Amerikaner wird man aus Europa mit wachsender Neugier analysieren. Denn selbst bei einer extrem liberalen Öffnung der Grenzen können Einwanderer eines nicht sonderlich gut – nämlich viele begabte junge Leute bereitstellen, die *von klein auf* in einer hochtechnologischen Gesellschaft heranwachsen, souverän mit ihr umgehen lernen und dann die kritische Masse bilden, die sie ideenreich auf neue Höhen führt. Diese Voraussetzung für ein Verbleiben Europas im Spitzensegment der Weltwirtschaft kann womöglich mit *direkt* in der Wissensgesellschaft aufgewachsenem eigenen Nachwuchs leichter erreicht werden als mit wie auch immer motivierten Zuzüglern aus Afrika und der muslimischen Welt. Selbst Kinder aus zugewanderten Familien, die ihre *gesamte* Schulausbildung in Deutschland erhalten, scheinen keine Garantie für das Halten eines hohen Niveaus zu geben. Im Gegenteil, sowie der Migrantenanteil in Schulklassen bei 20 Prozent liegt, rutscht das Leistungsnievau *aller* Kinder in diesen Klassen ab, wird allerdings selbst bei 40 oder mehr Prozent Migrantenkindern nicht mehr schlechter (Peter 2003, 4). Hier wird Gewaltiges gelingen müssen.

So fehlen allein deutschen Unternehmen «in den kommenden Jahren jährlich etwa 20.000 Absolventen von Ingenieur-Studiengängen. [...] Siemens, BMW, Linde und – wahrscheinlich noch gravierender – all die innovativen Mittelständler etwa im Maschinenbau, die das wirtschaftliche Rückgrat der Bundesrepublik bilden, bekommen nur noch in ungenügender Zahl jene Fachleute, die ihnen weiterhin einen Platz an der Spitze sichern können» (Riebsamen 2003, 7).

Trotz der Technologisierung von immer mehr Bereichen ist in Deutschland «die Zahl der studierenden Ingenieure pro 100.000 Einwohner [...] von 540 auf knapp über 350 [geschrumpft]. In den nächsten Jahren [...] wird sich das Verhältnis von frisch ausgebildeten Ingenieuren zu frischen Pensionisten auf eins zu vier verschlechtern» (Petersdorf 2003, 33). Kaum jemand rechnet damit, daß all diese Lücken, die ja nicht nur in Deutschland aufreißen, allein mit Afrikanern geschlossen werden können.

Bei einer Wende nicht nur Amerikas, sondern auch Europas zurück zur Eigenvermehrung muß der Druck innerhalb der *youth bulge*-Länder, und von dort ausgehend, auf der ganzen Welt wachsen. Man mag das vernachlässigen, weil sich ohnehin nur 60 von 600 Millionen in den kommenden 15 Jahren eine Chance hätten ausrechnen können. Aber man verspürt vielleicht spätestens dann, daß im ersten Viertel des 21. Jahrhunderts noch ganz andere Verluste anstehen könnten als im gesamten Jahrhundert davor. Daß ein solcher Satz Unrecht behalten will, versteht sich von selbst.

Literatur

Adams, J. (2003), «The Red Scare», in: Newsweek, 11. August, S. 36 f.

ai (2002), «Hunger und Armut in Abnahme begriffen: Partielle Entwicklungserfolge in den neunziger Jahren», in: Neue Zürcher Zeitung, Nr. 193, 22. August, S. 23

Alex, A.J. (2002), Maoists of Nepal, IPCS [Institute for Peace and Conflict Studies] Terrorism Project, www.ipcs.org/nmt/milgroups/maoist-nep.

Al-Gumhuriya (1998), «Egyptian Tour Guides to get Counter-Terror Training», 24. Mai,

Al-Mozany, H. (2003), «Saddam lebt von unserer Angst», in: Der Tagesspiegel, 23. März, S. 27

Aly, G., Heim, S. (1993), Vordenker der Vernichtung. Auschwitz und die deutschen Pläne für eine europäische Neuordnung (1991), Frankfurt/M.: Fischer

Anderson, M. (1980), Approaches to the History of the Western Family 1500–1914, London: Macmillan

Ansari, M. (2001), «The jehad factories», in: Frontline, Bd. 18, Nr. 16, 4.–17. August, www.flonnet.com

AP (2003), «Seven Shot Dead in Pakistan Mosque», in: cnn.worldnews, 22. Februar

ar (2002), «Der Streit um den ‹deutschen Weg›», in: Die Welt, 18. September, S. 3

Aspen Strategy Group (1993), Harness the Rising Sun: An American Strategy for Managing Japan's Rise as a Global Power, Lanham, Md: Aspen Strategy Group and Univ. Press of America

Bacevich, A. J. (2002), American Empire: The Realities and Consequences of U.S. Diplomacy, Cambridge/MA & London: Harvard University Press

Baker, G. et al. (2002), «Britain and Europe: Diplomacy & Defence», in: Financial Times, 7. November, S. 8

Bartley, R. L. (2003), «Saddam and Osama: Brothers Under Their Skins», in: The Wall Street Journal Europe, 3. Februar, S. A9

Baschwitz, K. (1990), Hexen und Hexenprozesse: Die Geschichte eines Massenwahns und seiner Bekämpfung (1963), Gütersloh et al.: Bertelsmann et al.

Batzarov, Z. (1999), Geopolitical Systems, www.iris-bg.org/publications/geopolitical.htm

Behrens, R. (2003), «Raketen gegen Steinewerfer»: Das Bild Israels im «Spiegel», Münster et al.: LIT Verlag

Ben-Yehuda, N. (1981), «Problems Inherent in Socio-Historical Approaches to the European Witch Craze», in: Journal for the Scientific Study of Religion, vol. 20, S. 326–338

Beydoun, A. (2003), «Islam und Westen. Ja zum Krieg! Nein zum Krieg! Das Regime Saddams ist auch in der arabischen Welt verhasst. Nur die USA können es stürzen. Aber den Amerikanern glaubt man nicht, dass sie dem Irak die Demokratie bringen wollen», in: Die Zeit, Nr. 3, 10. Januar

Bhattarai, B. (2003), «Maoist Truce Holds on First Day in Nepal», in: Financial Times, 31. Januar, S. 4

Black, J. (2002), «Nato Chief Scorns Europe Forces», in: The Guardian, 9. November, S. 2

Blaut, J.M. (1992), «Fourteen Ninety-Two», in: Political Geography, Bd. 11, Nr. 4, S. 355–385

BMI [Bundesministerium des Inneren] (2001), Zuwanderung gestalten – Integration fördern, Bericht der unabhängigen Kommission «Zuwanderung», www.bmi.bund.de/dokumen te/Artikel/ix_46876.h

Bolzen, S. (2002), «‹Wenn ich könnte, wäre ich schon lange weg›: Rumäniens Jugend leidet am schleppenden Aufbau des Landes», in: Die Welt. 24. August, S. 4

Bork, H. (2003), «Der verschleierte Gulag: Flüchtlinge aus Nordkorea erzählen von Zwangsarbeit und Gräueltaten in riesigen Lagern», in: Süddeutsche Zeitung, 31. Januar, S. 3

Bortin, M. (2003), «Muslims Lament Israel's Existence: A Vote of Trust in Bin Laden», in: International Herald Tribune, 4. Juni, S. 1/6

Bouthoul, G. (1972), Kindermord aus Staatsraison: Der Krieg als bevölkerungspolitischer Ausgleich [1970: Infanticide différé = Nachgeholter Kindesmord], Stuttgart: Deutsche Verlags-Anstalt

Boxer, C.R. (1990), The Dutch Seaborne Empire: 1600–1800 (1965), London: Penguin

Brinkbäumer, K. (2002), «Schneetreiben im Paradies: In Marokko warten Tausende Afrikaner auf die Überquerung der Straße von Gibralta», in: Der Spiegel, Nr. 25, 17.6, S. 126–128

Brinkhoff, T. (2003), Most Populous Urban Agglomerations, www.infoplease.com/ipa/ A0884418.html

Brockhaus (1932), «Ostdeutsche Kolonisation», in: Der Große Brockhaus, Bd. XIII, Leipzig: Brockhaus Verlag

Broder, J.M. (2003), «Saddam Half-Brother Caught», in: International Herald Tribune, 18. April, S. 1/4

Buchsteiner, J. (2003a), «Im Gefolge Washingtons: Indien nutzt den weltpolitischen Wind für seine Rivalität mit Pakistan», in: Frankfurter Allgemeine Zeitung, Nr. 52, 3. März, S. 8

Buchsteiner, J. (2003b), «Der König und maoistische ‹Volkskrieger› entscheiden über Nepals Zukunft», in: Frankfurter Allgemeine Zeitung, Nr. 126, 2. Juni, S. 4

Burghardt, P. (2002), «Die Wächter vor Gibraltar: In der spanischen Enklave Ceuta steht Europas teuerste Mauer. Sie soll afrikanischen Flüchtlingen den Weg nach Norden versperren», in: Süddeutsche Zeitung, Nr. 141, 21. Juni, S. 11

Burnell, V. (2003), «US-Led Forces Hunt Rebels After Clash in Afghanistan», in: Financial Times, 29. Januar, S. 7

Bush, G.W. (2001), Freedom at War with Fear [20. 9.], www.whitehouse.gov/news/releases/2001/09/20010920

Bush, G.W. (2002a), State of the Union Adress [29. Januar 2002], www.whitehouse.gov/news/releases/2002/01/20020129

Bush, G.W. (2002b), Remarks by the President on the Six-Month Anniversary of the September 11th Attacks (March 11, 2002), www.whitehouse.gov/news/releases/2002/03

Bush, G.W. (2002c), National Security Strategy of the United States of America [September 20, 2002], www.whitehouse.gov/news/releases/2002/10/print/20021007

Bush, G.W. (2003), Remarks by the President at the American Enterprise Institute Annual Dinner. Washington Hilton Hotel, [February 26, 2003], www.whitehouse.gov/news/releases/2003/02/20030226-11.html

Busse, E. (2002), «Nur Versager kehren zurück: In Bulgarien wandern die Besten der jungen Generation aus», in: Frankfurter Allgemeine Zeitung, Nr. 127, 5. Juni, S. 8

Busse, N. (2002), «Europäische Vermittlung, nein danke: In Israel herrscht großes Mißtrauen gegenüber der Nahostpolitik der EU», in: Frankfurter Allgemeine Zeitung, Nr. 234, 9. Oktober, S. 10

Byrd, R.C. (2003), «Dieser Krieg ist falsch. Die Weltgeschichte am Wendepunkt» [12.2.2003], in: Frankfurter Allgemeine Zeitung, Nr. 51, 1. März, S. 33

Calabresi, M. et al. (2002), «They Had a Plan. Special Report: The Secret History», in: Time, 12. August, S. 22–35

Carnegie (2002), «Events: Dmitri Trenin on End of Eurasia», Carnegie Endowment of International Peace, 2. April, www.ceip.org/files/events/events.asp?EventID=471

CDI [Center for Defense Information] (2002), «Mini-Nukes, Bunker-Busters and Deterrence: Framing the Debate» (B. Friedman), in: Terrorism Project, 26. 4., www.cdi.org/terrorism/mininuke

CFR/GMF [The Chicago Council on Foreign Relations/The German Marshall Fund of the United States] (2002a), Worldviews 2002 [: Europeans See the World as Americans Do, but Critical of U.S. Foreign Policy, www.worldviews.org/key_findings/transatlantic_report.htm#kf1 [September 2002]

CFR/GMF [The Chicago Council on Foreign Relations/The German Marshall Fund of the United States] (2002b), Worldviews 2002: Comparing American and European Public Opinion on Foreign Policy. Transatlantic Key Findings Topline Data: Full Release, www.worldviews.org/questionnaires/transatlantic_questionnaire.pdf [September 2002]

CFRR [Center for Reproductive Rights] (2003), Body and Soul: Forced Sterilization and Other Assaults on Roma Reproductive Freedom, www.crlp.org/pub_bo_slovakia.html

Chang, I. (1996), The Rape of Nanking: The Forgotten Holocaust of World War II, New York: Basic Books

Chang, J. (1991), Wilde Schwäne. Die Geschichte einer Familie: Drei Frauen in China von der Kaiserzeit bis heute, München: Droemer Knaur

Charny, I. W., Hg. (2000), Encyclopedia of Genocide, Santa Barbara/Ca et al. : ABC-CLIO (copyright 1999)

Choucri, N. (1974), Population Dynamics and International Violence, Lexington: Lexington Books

Choucri, N., Hg. (1984), Multidisciplinary Perspectives of Population and Conflict, Syracuse/NY: Syracuse University Press

Churchill, W. (1998), Struggle for the Land: Native North American Resistance to Genocide, Ecocide and Colonization, Winnipeg: Arbiter Ring

Churchill, W. S. (1948), The Gathering Storm, 1st volume of The Second World War, Boston & Cambridge: Houghton Mifflin Company & The Riverside Press

CIA [Central Intelligence Agency] (2003), The World Factbook 2002, www.cia.gov/cia/publications/factbook/

CIA-NFIB [Central Intelligence Agency – National Foreign Intelligence Board] (2000), Global Trends 2015: A Dialogue About the Future With Nongovernment Experts, www.odci.gov/nic/pubs/2015_files/2015.htm

CNN (2002), «Marines in Fatal Assault had no Ammo: One American Killed, Another Wounded in Shooting», www.cnn.com/world, 9. Oktober

CNN (2003), «N. Korea: War at ‹any moment›», www.cnn.com/world, 24. April

Coates, J. (2001), Convicts and Orphans: Forced and State-Sponsored Colonizers in the Portuguese Empire, 1550–1755, Stanford/CA: Stanford University Press

Cohn, N. (1970[3]), The Pursuit of the Millennium: Revolutionary Millenarians and Mystical Anarchists of the Middle Ages (1957), London: Paladin Books

Cohn, N. (1976[2]), Europe's Inner Demons: An Enquiry Inspired by the Great Witch-Hunt (1975), Frogmore, St. Albans, Herts.: Paladin Books,

Congreve, J. (2002), Enter the Dragon: The Influx of Chinese into Muslim Communities of Xinjiang, in: Financial Times: FT Weekend, 27./28. Juli, S. I

Congress [Congressional Reports: Intelligence and Security] (1993), The New Islamist International: Task Force on Terrorism & Unconventional Warfare, House Republican Research Committee, 1. Februar, www.fas.org/irp/congress/1993_rpt/house_repub_report

Conquest, R. (1990), The Great Terror: A Reassessment, New York: Oxford University Press

Cortés, H. (1550), Von dem Newen Hispanien so im Meer gegen Nidergang: Zwo gantz lustige unnd fruchtreiche Historien (1520–26), Augsburg: Ulhart

Coughlin, C. (2002), Saddam: King of Terror, New York: Ecco

Courtois, S. et al., Hg. (1997), Le Livre Noir du Communisme: Crimes, terreur, répression, Paris: Robert Laffont

Czempiel, E.-O. (2002), Weltpolitik im Umbruch: Die Pax Americana, der Terrorismus und die Zukunft der internationalen Beziehungen, München: Beck

Damon, A. L. (2002), «Can Remittances Break the Cycle of Poverty?» (1999), in: Congressional Hunger Center, www.hungercenter.org/international/essay_amy_damon

DA-USA [Department of the Army – United States of America] (2002a), «Geostrategic Change and the Evolving Threat: What Sort of World in 2020?», in: Generalleutnant R.L. Rigby, Future Combat System Industry Day, Mai, S. 3, www.darpa.mil/fcs/

DA-USA [Department of the Army – United States of America] (2002b), «Trends in 3 Broad Areas Will Drive Future World», in: Generalleutnant R.L. Rigby, Future Combat System Industry Day, Mai, S. 3 A, www.darpa.mil/fcs/

Davanzo, J., Oliker, O., Grammich, C. (2003), «A Shrinking Russia», in: The Atlantic Monthly, Bd. 292, Nr. 1, Juli/August

Deckers, D. (2003), «Blühende Landschaften: Ein Lagebericht von Europol über Afghanistan zeigt, daß wieder reichlich Heroin auf Europa-Reise ist», in: Frankfurter Allgemeine Zeitung, Nr. 31, 6. Februar, S. 9

Deloria, V. (1969), Custer Died for Your Sins: An Indian Manifesto, New York: Macmillon

Delumeau, J. (1978), La peur en Occident, Paris: A. Fayard

Des Forges, A. (2002), Kein Zeuge darf Überleben: Der Genozid in Ruanda (1999), Hamburg: Hamburger Edition

Dettmer, J.-M. (2002), «Fast Food und Fernsehen: Amerikaner immer dicker», in: www.n-tv.de, 20. Juni

Dickey, C., Hirsh, M. (2003), «Perils of Victory», in: Newsweek, 2. Februar, S. 21–23

Dieffenbach, J. (1886), Der Hexenwahn vor und nach der Glaubensspaltung in Deutschland, Mainz: Kirchheim

Diehl, J. (2003), «From an Egyptian Jail to Hope for Mideast Democracy», in: The Wall Street Journal Europe, S. A9

Dießenbacher, H. (1994), «Bürgerkrieg und Völkermord in Ruanda. Ethnischer Klassenkonflikt und Bevölkerungswachstum», in: Aus Politik und Zeitgeschichte. Beilage zur Wochenzeitung das Parlament, 5. August, S. 14–23

Dießenbacher, H. (1998), Kriege der Zukunft: Die Bevölkerungsexplosion gefährdet den Frieden, München & Wien: Carl Hanser

Diessenbacher, H. (2001), «Vermehrungsdrang auf ‹heiliger Erde›», in: Sozialwissenschaftliche Literatur Rundschau, Heft 43, S. 29–45

Downey, S., Hirsh, M. (2002), «A Safe Haven? Focusing on the Fundamentalist Strain of Islam, Investigators Are Searching American Mosques for Signs of Support for Terror», in: Newsweek, 30. September, S. 48–50 dpa (2003), «Warnung vor Atomkatastrophe», news.focus.msn.de/G/GN/gn.htm?snr=116425& streamsnr=7, 7. Februar

Drinnon, R. (1980), Facing West: The Metaphysics of Indian Hating and Empire Building, Minneapolis/MN: University of Minnesota Press

Drobinski, M. (2002), «Halbmond über Deutschland», in: Süddeutsche Zeitung, Nr. 154, 6./7. Juli, S. 12

Drogin, B. (2002), «U. S. Has Found no Qaeda Leaders Amongst Captives of Guantanamo», in: International Herald Tribune, 19. August, S. 2

Dtic [Defense Technical Information Center] (2000), Future Warfare: Joint Vision 2020. America's Military: Preparing for Tomorrow, www.dtic.mil/jv2020/

Dupâquier, J. (1979), «Population», in: P. Burke (ed.), The New Cambridge Modern History – XIII: Companion Volume, Cambridge: Cambridge University Press

Economist (2002), «Dollarisation in Latin America: El Salvador Learns to Love the Greenback», in: The Economist, 28. September bis 4. Oktober, S. 65 f.

Economist (2003a), «Special Report: American Values», in: The Economist, 4.–10. Januar, S. 18–20

Economist (2003b), «France and Terrorism: Fertile Ground», in: The Economist, 4.–10. Januar, S. 22 f.

Economist (2003c), «Special Report Diasporas», in: The Economist, 4.–10. Januar, S. 25–27.

Ehrlich, P. R. (1968), The Population Bomb, New York: Ballantine

Ehrlich, P. R., Ehrlich, A. H. (1990), The Population Explosion, New York: Simon & Schuster

Eisermann, G. (1962), Vilfredo Paretos System der allgemeinen Soziologie (1916), Stuttgart: Ferdinand Enke

Elegant, S., Tedjasukmana, J. (2003), «The Jihadi's Tale: The Confessions of Two Bali Bombers...», in: Time, 27. Januar, www.time.com/time/asia/covers/1030127/story

Ellinger, K. (1980[2]), «Die Hexen», in H. Haag, Hg., Teufelsglaube (1974), Tübingen: Katzmann, S. 440–476

Emmerich, M. (2002), «Nur wenige Frauen nutzen die Greencard: Auch nach zwei Jahren ist die Nachfrage verhalten», in Berliner Zeitung, 6.8, www.berlinonline.de/aktuelles/berliner_zeitung/berlin/

Emmott, B. (2003), Vision 20/21: Die Weltordnung des 21. Jahrhunderts, Frankfurt am Main: S. Fischer

European Commission (2002), The Social Situation in: the European Union, europa.eu.int/comm/employment_social/news/2002/jun/inbrief_en.pdf

Eurostat (2003), European Social Statistics: Demography, CD-Rom

FAS [Federation of American Scientists] (2002), Military Analysis Network: The World at War, www.fas.org/man/dod-101/ops/war/

Ferguson, N. (2001), The Cash Nexus: Money and Power in the Modern World, 1700–2000, London et. al.: Allen Lane

Fieldhouse, D. K. (1965), Die Kolonialreiche seit dem 18. Jahrhundert, Frankfurt am Main: Fischer Bücherei (Fischer Weltgeschichte Band 29)

Fieldhouse, D. K. (1966), The Colonial Empires, London: Weidenfeld and Nicolson

Fischer, H.-J., et al. (2003), «Wo, bitte, geht's nach Bagdad?», in: Frankfurter Allgemeine Sonntagszeitung, Nr. 3, 19. Januar, S. 7

Flandrin, J.-L. (1978), Familien: Soziologie, Ökonomie, Sexualität (1976), Frankfurt am Main et al.: Ullstein

Flinn, M. W. (1981), The European Demographic System 1500–1820, Brighton: Harvester

Focus Online (2002), «El Kaida droht Deutschland», www.focus.de, 9. Oktober

Forbes, T. R. (1966), The Midwife and the Witch, New Haven: Yale University Press

Frankenberger, K.-D. (2003), «Amerikas neuer Spielgefährte: Die Vereinigten Staaten wenden sich von Europa wie von Japan ab – und China zu», in: Frankfurter Allgemeine Sonntagszeitung, Nr. 16, 20. April, S. 10

Frazier, S. H. (1994), Psychotrends: What Kind of People Are We Becoming?, New York et al.: Simon & Schuster

Friedman, T. L. (2002), «Muslims Must Defuse the Holy Bomb», in: International Herald Tribune, 28. November, S. 7

Frontline (2002), Ambush in Mogadishu, www.pbs.org/wgbh/pages/frontline/shows/ambush

Fuchsbriefe (2003), «Unternehmen: Gründen um jeden Preis?» in: Fuchsbriefe, Nr. LVII/41, 26. Mai, S. 2

Fuller, G. (1995), «The Demographic Backdrop to Ethnic Conflict: A Geographic Overview», in: Central Intelligence Agency, Hg., The Challenge of Ethnic Conflict to National and International Order in the 1990's, Washington: CIA (RTT 95-10039, Oktober), S. 151–154

Gabai, R. V. (1997), Francisco Pizarro and His Brothers : The Illusion of Power in Sixteenth-Century Peru, Norman et al.: University of Oklahoma Press

Gannon, J. (1997), «Challenges to US Intelligence», in: Central Intelligence Agency: Speeches and Testimony, 13. Oktober, www.cia/gov/cia/public_affairs/speeches/archives

Gannon, J. (1998), «Intelligence Challenges for the Next Generation», in: Central Intelligence Agency: Speeches and Testimony, 4. Juni www.cia/gov/cia/public_affairs/speeches/archives

Gantzel, K. J., Schwinghammer, T. (1995), Die Kriege nach dem Zweiten Weltkrieg 1945 bis 1992: Daten und Tendenzen, Münster: LIT

Garamone, J. (2000), «Joint Vision 2020 Emphasizes Full-Spectrum Dominance», in: American Forces Information Service, 2. Juni, www.defenselink.mil/news/Jun2000/n06022000_20006025.html

Genz, L. (1954), «Vad förorsakade de stora häxprocesserna?» (with an English summary entitled

«What caused the great trials for witchcraft?»), in: Arv: Tidskrift för Nordisk Folkminnesforskning, Bd. X, S. 1–37

Germund, W. (2002), «Im Ausnahmezustand: Im Königreich Nepal kämpfen maoistische Rebellen seit Jahren gegen die Regierung», in: Berliner Zeitung, 25. Februar, S. 3

Ghazvinian, J. (2003), «The Land of Opportunity: A Desolate Region of Spain Lures Latin Americans», in: Newsweek, 10. Februar, S. 39

Gibbs, N. (2002), «Making Time for a Baby», in: Time, Bd. 159, Nr. 20, 20. Mai, S. 40–45

Giorgis, D.W. (1989), Red Tears: War, Famine and Revolution in Ethiopia, Trenton/New Jersey: The Red Sea Press

Giscard d'Estaing, V.-A. (1986), The Second World Almanac of Inventions, New York: Pharos Books / Scripps Howard

Gittings, J. (2002), «China Turns Its Back to Communism to Join Long March of the Capitalists», in: The Guardian, 9. November, S. 3

Gobineau, J. A. Comte de (1853ff), Essai sur l'inégalité des races humaines, Paris: Firmin-Didot

Goldstone, J. A. (1991), Revolution and Rebellion in the Early Modern World, Berkeley et al.: University of California Press

Goodman, P. S., Cho, J. (2003), «Mir wäre es egal, wenn die Amerikaner gehen würden», in: Die Welt, 16. Januar, S. 6

Grigg, D. (1980), Population Growth and Agrarian Change: A Historical Perspective, Cambridge: Cambridge University Press

Günther, I. (2002), «Mütter und Martyrer», in: Berliner Zeitung, 27./28. Juli, S. 2

Gutiérrez, G. (1990), Gott oder das Gold. Der befreiende Weg des Bartolomé de Las Casas, Freiburg i. Br.: Herder

Gutschker, T. (2002), «Wenn es dunkel wird, brennen die Autos: Straßburg steht heute für Kriminalität», in: Frankfurter Allgemeine Zeitung, Nr. 126, 4. Juni, S. 3

Haaga, J. (2003), «How Many Muslims Live in the United States?» (11/2002), in: Population Reference Bureau (PRB), www.prb.org/Template.cfm?

Hammes, M. (1995), Hexenwahn und Hexenprozesse (1977), Frankfurt am Main: S. Fischer

Harel, A., Lis, J. (2002), «Thousands Attend Funerals of Two Militants Killed in Gaza Blast», in: Ha'aretz English Edition, 5. Juli, www.haaretzdaily.com

Harff B., Gurr, T. (1996), «Victims of the State: Genocides, Politicides and Group Repression from 1945 to 1995», in: Jongman, A. J., Hg., Contemporary Genocides: Causes, Cases, Consequences, Leiden: PIOOM, S. 33–58

Hastings, M. (2003), «The Deadly Noodle: Greasy Burgers and Processed Food May Be the most Insidious Forms of American Cultural Imperialism», in: Newsweek, 20. Januar, S. 40 f.

Hatcher, J. (1977), Plague, Population and the English Economy 1348–1530, London: Macmillan

Hayashi, K. (1997), Kim Jong Il's North Korea: An Ardous March, Tokyo: Institute of Developing Economies

170

Heimrich, B. (2003), «Zur Hadsch mit gemischten Gefühlen: Britische Muslime und der drohende Krieg im Irak», in: Frankfurter Allgemeine Zeitung, Nr. 23, 28. Januar, S. 3

Heinrich von Lettland (1959), Livländische Chronik (1227), übers. v. A. Bauer, Darmstadt: Wissenschaftliche Buchgesellschaft

Heinsohn, G. (1979), Theorie des Tötungsverbotes und des Monotheismus bei den Israeliten sowie der Genese, der Durchsetzung und der welthistorischen Rolle der christlichen Familien- und Fortpflanzungsmoral, in: J. Müller, B. Wassmann, Hg. L'invitation au voyage zu Alfred Sohn-Rethel (Festschrift für Alfred Sohn-Rethel zum 80. Geburtstag), Bremen: Unibuchladen Wassmann, Heft 7

Heinsohn, G. (1984), Privateigentum, Patriarchat, Geldwirtschaft: Eine sozialtheoretische Rekonstruktion zur Antike (1982), Frankfurt am Main: Suhrkamp

Heinsohn, G. (1999[2]), Lexikon der Völkermorde (1998), Reinbek bei Hamburg: Rowohlt Verlag

Heinsohn, G. (2000), Völkermordfrühwarnung / Genocide Watch, Bremen: Uni-Druck, Schriftenreihe des Raphael-Lemkin-Instituts für Xenophobie- und Genozidforschung Nr. 8

Heinsohn, G. (2001), Zins und Geld: Gemeinverständliche Grundlegung der Wirtschaftstheorie, St. Gallen: Management Zentrum

Heinsohn, U. (2001), «Eigentum und Entwicklung», in: H.-J. Stadermann, O. Steiger, Hg., Verpflichtungsökonomik: Eigentum, Freiheit und Haftung in der Geldwirtschaft, Marburg: Metropolis, S. 295–335

Heinsohn, G., Steiger, O. (1981), «Geld, Produktivität und Unsicherheit in Kapitalismus und Sozialismus – Oder: Von den Lollarden Wat Tylors zur Solidarität Lech Walesas», in: Leviathan, Bd. 9, Nr. 2, S. 164–194

Heinsohn, G., Steiger, O. (1987), «Warum mußte das Speculum zweimal erfunden werden? – Eine Replik», in: Kritische Justiz, Bd. 20, Nr. 2, S. 200–207

Heinsohn, G., Steiger, O. (1994[3]), Die Vernichtung der weisen Frauen: Beiträge zur Theorie und Geschichte von Bevölkerung und Kindheit (1985[1]), München: Heyne (um Nachwort aktualisierte Wiederausgabe in Vorbereitung)

Heinsohn, G., Steiger, O. (1999), «Birth Control: The Political-Economic Rationale Behind Jean Bodin's Démonomanie», in: History of Political Economy, Bd. 31, Nr. 3, S. 423–448

Heinsohn, G., Steiger, O. (2002a), Eigentum, Zins und Geld: Ungelöste Rätsel der Wirtschaftswissenschaft (1996[1]), Marburg: Metropolis

Heinsohn, G., Steiger, O. (2002b), Eigentumstheorie des Wirtschaftens versus Wirtschaftstheorie ohne Eigentum, Marburg: Metropolis

Heinsohn, G., Knieper, R. und O. Steiger (1986[2]), Menschenproduktion: Allgemeine Bevölkerungstheorie der Neuzeit (1979), Frankfurt a.M.: Suhrkamp

Helgerson, J. L. (2002), The National Security Implications of Global Demographic Change, www.odci.gov.nic

Hennig, R. (1956), Terrae incognitae, Bd. 4, Leiden: E. J. Brill

Her. [Abk.] (2002), «Bin Ladin droht mit neuen Anschlägen gegen Amerika», in: Frankurter Allgemeine Zeitung, Nr. 233, 8. Oktober, S. 6

Himes, N. E. (1936), Medical History of Contraception, Baltimore: Williams & Wilkins

Hirschfeld, M. (1930), hgg. v. J. R. Spinner, Geschlecht und Verbrechen, Wien: Schneider & Co.

Hobbes, Th. (1969 [1651]), Leviathan (Faksimile der Erstausgabe von 1651), Menston: Scolar Press

Hobbes, Th. (1996 [1651]), Leviathan, Hg. H. Klenner, Hamburg: Meiner

Hodgson, D. (2002), The Urbanization of the World, www.faculty.fairfield.edu/faculty/hodgson/Courses/so11/population/urbanization

HRW [Human Rights Watch] (1998), Stop the Use of Child Soldiers, www.hrw.org

HRW [Human Rights Watch] (2002), Defending Human Rights Worldwide: Documents by Country, www.hrw.org

Huber, S. (1962), Pizarro und seine Brüder: Die Eroberer des Inkareichs und das Werden der spanisch-amerikanischen Welt, Olten et al.: Walter

Hughes, P. M. (1997), «Statement», The Senate Select Committee On Intelligence, 5. Februar

Hunczak, T. (1990), «The Ukrainian Losses During World War II», in: Berenbaum, M., Hg., A Mosaic of Victims: Non Jews Persecuted and Murdered by the Nazis, New York & London: New York University Press, S. 116–127

Huntington, S. P. (1996), The Clash of Civilizations, New York: Simon & Schuster

Huntington, S. P. (1996), Kampf der Kulturen: Die Neugestaltung der Weltpolitik im 21. Jahrhundert, München & Wien: Europa Verlag

Huntington, S. P. (2001/2002), «The Age of Muslim Wars», in: Newsweek: Special Davos Edition, Dezember 2001–Februar 2002, S. 6–13

Hussein, S. (2003), «Baghgad führt einen Dschihad» (Redeauszug), in: Die Welt, 20. Januar, S. 8

Hutzler, C., Lawrence, S. (2003), «Migrants in China Get New Rights: Rural Residents May Seek City Jobs as Directive Ends Past Employment Barriers», in: The Wall Street Journal Europe, 20. Januar, S. A2

Ingram, E. (2001), The British Empire as a World Power, London et al: Frank Cass

Innocentius VIII. (1974), «Tenor Bullae Apostolicae adversus haeresim maleficarum» (Romae, 1484, nonis Dec.), in: J. Sprenger and H. Institoris, Malleus Maleficarum: Der Hexenhammer, übers. u. hgg. v. J. W. R. Schmidt, Berlin: H. Barsdorf 1906; Nachdruck Darmstadt: Wissenschaftliche Buchgesellschaft, 1974, S. xxxii–xxxvi.

Irsigler, F. (2002), «Hebammen, Heilerinnen und Hexen», in: R. Beier-de Haan, R. Voltmer, F. Irsigler, Hg., Hexenwahn: Ängste der Neuzeit. Begleitband zur gleichnamigen Ausstellung des Deutschen Historischen Museums (DHM) 3. Mai bis 6. August, Berlin: DHM, S. 142–153

Isikoff, M. (2003), «FBI: Touchy New Targeting», in: Newsweek, 3. Februar, S. 6

172

Jamaat-e-Islami Pakistani (2003), «MMA Will Rid Pakistan of Foreign Agencies», www.jamaat.org/news/pr011203.html, 11. Januar

Jamani, A. S. al- (2003), «Der Ölpreis könnte explodieren», in: Der Spiegel, Nr. 3, 13. Januar, S. 104 (Interview)

James, B. (2003), «Iraqi Cleric Warns U.S. to Leave Before ‹We Force You Out›, in: International Herald Tribune, 18./9. April, S. 1/5

Judis, J. B., Teixeira, R. (2002), The Emerging Democratic Majority, New York: Scribner

Jung, J. H. (1788), Lehrbuch der Staats-Polizey-Wissenschaft, Leipzig: Weidmann

Jütte, R. (2003), Lust ohne Last: Geschichte der Empfängnisverhütung, München: C. H. Beck

Kagan, R. (2002), «Mission ewiger Friede: Die Europäer sind schwach. Deshalb können sie Amerikas Macht nicht begreifen», in: Die Zeit, 11. Juli, S. 9

Kamen, H. (2003), Spain's Road to Empire: The Making of A World Power 1492–1763, London: Allan Lane

Kaplan, R. D. (2001), Warrior Politics: Why Leadership Demands a Pagan Ethos, New York: Random House

Kaplan, R. D. (2003), «Supremacy by Stealth», in: The Atlantic Monthly, Bd. 292, Nr. 1, Juli/August

Keegan, J. (1993), A History of Warfare, New York: Alfred A. Knopf

Keller, B. (2003), «Is It About Democracy? The Question of American Power», in: International Herald Tribune, 10. Februar, S. 8

Kennedy, P. M. (2000), Aufstieg und Fall der großen Mächte: Ökonomischer Wandel und militärischer Konflikt von 1500 bis 2000 (1987; deutsch 1989), Frankfurt am Main: S. Fischer

Kepel. G. (2002), «Bin Laden muß sich zeigen» (Interview), in: Der Spiegel, Nr. 26, 24. Juni, S. 120 f.

Kessler, G. (2003), «Group Alleges New Nuclear Site in Iran», in Washington Post, 20. Februar, S. A31

Kielinger, T. (2003a), «Scotland Yard stürmt Moschee im Norden Londons», in: Die Welt, 21. Januar, S. 5

Kielinger, T. (2003b), «London sucht nach Selbstmordattentätern: Über 50 Islamisten mit britischem Pass wollen in Israel Anschläge begehen», in: Die Welt, 5. Mai, S. 5

Kissinger, H. (2002), Die Herausforderung Amerikas: Weltpolitik im 21. Jahrhundert (Does America Need a Foreign Policy? Toward a Diplomacy for the 21st Century [New York: Touchstone]), Berlin: Propyläen

Klaits, J. (1985), Servants of Satan: The Age of the Witch Hunts, Bloomington: Indiana University Press

Kleine-Brockhoff, T., Schirra, B. (2003), «Irak-Konflikt. Das Pentagon- Puzzle. Hortet der Irak Terrorwaffen? Amerika präsentiert neue Indizien. Geschichte einer krampfhaften Suche», in: Die Zeit, 7. Februar, www.zeit.de/2003/07/Beweise

Koch, A., Wolf, J. (1997), «Iran's Nuclear Procurement Program: How Close to the Bomb?», in: The Nonproliferation Review, Bd. 5, Nr. 1, S. 123–135

Konetzke, R. (1965), Süd- und Mittelamerika I: Die Indianerkulturen Altamerikas und die spanisch-portugiesische Kolonialherrschaft, Frankfurt am Main (Fischer Weltgeschichte Band 22)

Kulke, U. (2001), «Die vergessene Zeitbombe: Die Weltbevölkerung wächst ungebrochen in die Katastrophe hinein», in: Die Welt, 8. November, www.archiv.welt.de

Kumanev, G. A. (1990), «The German Occupation Regime in Occupied Territory in the USSR (1941–1944)», in: Berenbaum, M., Hg., A Mosaic of Victims: Non Jews Persecuted and Murdered by the Nazis, New York & London: New York University Press, S. 128–141

Kynge, J. (2002), «Doing Overtime in the Workshop of the World: [...] Has China the Makings of an Economic Superpower?», in: Financial Times, 29. Oktober, S. 7

Kynge, J. (2003), «Shezhen to Increase Rate of Sell-Offs», in: Financial Times, 17. Januar, S. 5

LaFleur, W. (1993), Liquid Life: Abortion and Buddhism in Japan, Princeton: Princeton University Press

Lahmeyer, J. (2003a), Population Statistics:Growth of the population per country in a historical perspective, including their administrative divisions and principal towns, www.library.uu.nl/wesp/populstat/populhome

Lahmeyer, J. (2003b), Nepal: Historical Demographical Data of the Whole Country, Population Statistics: www.library.uu.nl/wesp/populstat/Asia/nepal

Lahmeyer, J. (2003c), Afghanistan: Historical Demographical Data of the Whole Country, Population Statistics: www.library.uu.nl/wesp/populstat/Asia/afghanistan

Lahmeyer, J. (2003d), Russia: Historical Demographical Data of the Whole Country, Population Statistics: www.library.uu.nl/wesp/populstat/Europe/russia

Lahmeyer, J. (2003e), Japan: Historical Demographical Data of the Whole Country, Population Statistics: www.library.uu.nl/wesp/populstat/Asia/japan

Lahmeyer, J. (2003f), Sri Lanka: Historical Demographical Data of the Whole Country, Population Statistics: www.library.uu.nl/wesp/populstat/Asia/srilank

Lahmeyer, J. (2003g), Palestine: Historical Demographical Data of the Whole Country, Population Statistics:www.library.uu.nl/wesp/populstat/Asia/palesti

Lahmeyer, J. (2003h), Côte d'Ivoire [Ivory Coast]: Historical Demographical Data of the Whole Country, Population Statistics:www.library.uu.nl/wesp/populstat/Africa/

Lahmeyer, J. (2003i), Iraq: Historical Demographical Data of the Whole Country, Population Statistics:www.library.uu.nl/wesp/populstat/Asia/iraq

Lahmeyer, J. (2003j), Cuba: Historical Demographical Data of the Whole Country, Population Statistics:www.library.uu.nl/wesp/populstat/Americas/cuba

Lahmeyer, J. (2003k), Lebanon: Historical Demographical Data of the Whole Country, Population Statistics: www.library.uu.nl/wesp/populstat/Asia/lebanon

Lahmeyer, J. (2003l), Algeria: Historical Demographical Data of the Whole Country, Population Statistics:www.library.uu.nl/wesp/populstat/Africa/algeria

Lahmeyer, J. (2003m), Benin: Historical Demographical Data of the Whole Country, Population Statistics:www.library.uu.nl/wesp/populstat/Africa/benin

Lahmeyer, J. (2003n), Saudi Arabia: Historical Demographical Data of the Whole Country, Population Statistics:www.library.uu.nl/wesp/populstat/Asia/saudiar

Lahmeyer, J. (2003o), Yemen: Historical Demographical Data of the Whole Country, Population Statistics:www.library.uu.nl/wesp/populstat/Asia/yemenc

Lahmeyer, J. (2003p), Egypt: Historical Demographical Data of the Whole Country, Population Statistics:www.library.uu.nl/wesp/populstat/Africa/egyptc

Lahmeyer, J. (2003q), Morocco: Historical Demographical Data of the Whole Country, Population Statistics:www.library.uu.nl/wesp/populstat/Africa/moroccoc

Lahmeyer, J. (2003r), Colombia: Historical Demographical Data of the Whole Country, Population Statistics:www.library.uu.nl/wesp/populstat/Americas/colombiac

Lahmeyer, J. (2003s), Iran: Historical Demographical Data of the Whole Country, Population Statistics:www.library.uu.nl/wesp/populstat/Asia/iranc

Lahmeyer, J. (2003t), Turkey: Historical Demographical Data of the Whole Country, Population Statistics:www.library.uu.nl/wesp/populstat/Asia/turkeyc

Lahmeyer, J. (2003u), Pakistan: Historical Demographical Data of the Whole Country, Population Statistics:www.library.uu.nl/wesp/populstat/Asia/pakistac

Lahmeyer, J. (2003v), Ethiopia: Historical Demographical Data of the Whole Country, Population Statistics:www.library.uu.nl/wesp/populstat/Africa/ethiopic

Lahmeyer, J. (2003w), India: Historical Demographical Data of the Administrative Division, Population Statistics:www.library.uu.nl/wesp/populstat/Asia/indiap

Lappé, F. M., Collins, J., Rosset, P., Esparza, L. (1998), World Hunger: Twelve Myths, London. Earthscan

Laqueur, W. (2003a), Krieg dem Westen: Terrorismus im 21. Jahrhundert, Berlin: Propyläen

Laqueur, W. (2003b), «Die Welt als Dschungel: Über den Terrorismus und die Zukunft. Die Menschen werden Freiheiten aufgeben müssen, um sich schützen zu können», in: Der Tagesspiegel, 21. März, S. 28

LC-FRS [Library of Congress: Federal Research Division] (2002), El Salvador: A Country Study (1988), www.memory.loc.gov/frd/cs/svtoc

Ledeen, M. A. (2002), The War Against the Terror Masters: Why It Happened. Where We Are Now. How We'll Win, New York: Truman Talley Books

Leersch, H.-J. (2003), «Afghanistan: KSK in schwere Kämpfe verwickelt», in: Die Welt, 1. Februar, S. 4

Lemke, D. (2002), Regions of War and Peace, Cambridge: Cambridge University Press

Lemkin, R. (1946), «Genocide», in: The American Scholar, Bd. 15, S. 227–230

Locke, J. (1967 [1689]), Two Treatises of Government, Hg. P. Laslett, Cambridge: University Press

Lohse, E. (2002), «Wenn Ausländer da sind, fühlen die Leute sich sicher», in: Frankfurter Allgemeine Zeitung, Nr. 277, 28. November, S. 3

Lovell, W. G., Lutz, C.H. (1995), Demography and Empire: A Guide to the Population History of Spanish Central America, 1500–1821, Boulder/CO: Westview Press

Luttwak, E. N. (1994), «Twilight of the Great Powers: Why We No Longer Will Die for a Cause», in: Washington Post, 26. Juni, S. C1.

Luttwak, E. N. (1995), «Toward Post-Heroic Warfare: The Obsolescence of Total War», in: Foreign Affairs, Bd. 74, Nr. 3 (Mai/Juni,), S. 109–123

Lutz, W., Hg. (1994), Population, Development, Environment: Understanding their Interaction in Mauritius, Berlin et al.: Springer

Mace, J. E. (1986), «The Man-made Famine of 1933 in Soviet Ukraine», in: Serbyn, R./Krawchenko, B., Hg., Famine in Ukraine 1932–33, Edmonton: University of Alberta/Ukrainian Studies, S. 1–14

Macleod, S. (2003), «Inside Syria: Fighting For Dad and Country», in: Time, 28. April, S. 40

Marchalck, P. (1979), «Zur Theorie des demographischen Übergangs», in: M. Wingen et al., Ursachen des Geburtenrückgangs – Aussagen, Theorien und Forschungsansätze zum generativen Verhalten, Stuttgart et. al.: Kohlhammer

Marsh, V. (2002), «Canberra Statement on Terror Action Angers Neighbours», in: Financial Times, 3. Dezember, S. 6

Masterson, K. (2001), «U.S. War May Last for Decades: Military Pushed to Think Broadly, in Houston Chronicle, 22. Oktober, www.chron.com/topstory

Mause, L. de (1977), Hg., «Hört ihr die Kinder weinen?», Frankfurt am Main: Suhrkamp

Mauss, M. (1975), «Die Gabe. Form und Funktion des Austauschs in archaischen Gesellschaften» (1923/24), in M. Mauss, Soziologie und Anthropologie, Bd. 2, München & Wien: C. Hanser

Maxeiner, D., Miersch, M. (2003), «Deutschland allein zuhaus'», in: Die Welt – Die Literarische Welt, 26. April, S. 1 f.

McAleer, P. (2003), «Romania Wakes Up to the Perils of Early Retirement», in: FTfm [Financial Times Fund Management], 20. Januar, S. 7

McEvedy, C., Jones, R. (1978), Atlas of World Population History, London: Penguin

McGregor, R. (2002a), «Shanghai's Property Boom: The Housing Market Is the Most Powerful Means to Transform Society and Politics in China», in: Financial Times, 13. November, S. 13

McGregor, R. (2002b), «China Begins Long March to Reform Land Use», in: Financial Times, 13. November, S. 6

MDA [Missile Defense Agency] (2002), Missile Defense Agency Public Statements, www.acq.osd.mil/bmdo/bmdolink/html/statements.

Meddeb, A. (2002), Die Krankheit des Islam, Heidelberg: Wunderhorn

Meinig, D. (1969), «A Macrogeography of Western Imperialism: Some Morphologies of Moving Frontiers of Political Cntrol», in: F. Gale, G.H. Lawton, Hg., Settlement & Encounter: Geographical Studies Presented to Sir Grenfell Price, Melbourne et al.: Oxford University Press, S. 213–240

Mendoza, D. (2001), «Youth Bulge», in: Newsbreak, Bd. 1, Nr. 4, 13. Dezember, www.inq7.net/nwsbrk

Merril Lynch, Cap Gemini, Ernst & Young (2002), World Wealth Report, o.O.: Cap Gemini Ernst & Young

Meyn, M. et al., Hg. (1984), Die großen Entdeckungen. Dokumente zur Geschichte der europäischen Expansion, hgg. v. E. Schmitt, Band 2, München: C. H. Beck

Metzner, T. (2003), «Einsam und verlassen: Platzeck nennt Bevölkerungsrückgang die ‹größte Herausforderung›», in: Der Tagesspiegel, 13. Mai, S. 14

Middel, A. (2003), «EU-Gelder für Arafat stehen in der Kritik: Parlamentarier fordern Untersuchungsausschuss», in: Die Welt, 15. Januar, S. 6

Mlodoch, P., Schneider, B. (2003), «Er wollte ein ‹Gotteskrieger› sein», in: Weser Kurier, 26. April, S. 1

Modelski, G. (1987), Long Cycles of World Politics, London: Macmillan

Moreau, R., Yousafzai, S., Hussain, Z. (2003), «Pakistan: Along the Afghan Border, Newly Powerful Mullahs Are Spreading a Strict Gospel – A Growing ‹Talibanization›, in: Newsweek, 3. März, S. 33

Mühlmann, S. (2003), «USA bereiten Offensive in Afghanistan vor», in: Die Welt, 23. Juni, S. 7

MWAW [Mediaworkers Against War] (2003), «Jordanian Volunteers: Baghdad's Fall Was a ‹Deal›», 18. April 2003 (übersetzt aus Al Bawaba/Amman), in: www.nwaw.org

Myers, R. (2001), «Gen. Myers Interview with ABC This Week» [21. Oktober], www.dtic.mil/jcs/chairman/Interview

NA [=News Agencies] (2003), «Car Bomb Kills Egyptian Islamist in Lebanon Camp», in: Ha'aretz English Edition, 1. März, www.haaretzdaily.com

Noonan Jr., J. T. (1969), Empfängnisverhütung: Geschichte ihrer Beurteilung in der katholischen Theologie und im kanonischen Recht (1965), Mainz: Matthias-Grünewald-Verlag

Noonan Jr., J. T. (1986^2), Contraception: A History of Its Treatments by the Catholic Theologians and Canonists (1965), Cambridge/Mass.: Harvard University Press,

Nordberg, M. (1984), Den dynamiska medeltiden (The dynamics of the Middle Ages), Stockholm: Tiden

North, D., Thomas, R.P. (1973), The Rise of the Western World, Cambridge: Cambridge University Press

Nowak, N. (2003), «Attentäter von Casablanca kamen aus den Slums», in: Die Welt, 30. Mai, S. 5

Nussbaumer, J., Rüthemann, G. (2003), Gewalt. Macht. Hunger: Schwere Hungerkatastrophen seit 1945, Innsbruck et al.: Studien Verlag

Oehmke, P. (2003), «Freie Radikale», in: Süddeutsche Zeitung – Magazin, Nr. 18, 2. Mai, S. 20–25

O'Hanlon, M. E. (2002), «A Flawed Masterpiece», in: Foreign Affairs, Bd. 21, Nr. 3, Mai/Juni, S. 47–63

Osten-Sacken, T. von der (2002), «Arabischer und islamistischer Antisemitismus: Entstehungsgeschichte und aktuelle Bedrohung», in: Frankfurter Jüdische Nachrichten, Nr. 107, Dezember 2002, S. 1–3, 21 f.

Ott, H., Schäfer, H. (1984), Wirtschaftsploetz, Freiburg und Würzburg: Ploetz

Ovell, W. G., Lutz, C. H. (1995), Demography and Empire: A Guide to the Population History of Spanish Central America, 1500–1821, Boulder/CO: Westview Press

Panigrahi, L. (1972), British Social Policy and Female Infanticide in India, New Delhi: Munshiram Manoharlal

Pareto, V. (1975 [1916]), «Allgemeine Form der Gesellschaft», in: W. Röhrich, Hg., «Demokratische» Elitenherrschaft: Traditionsbestände eines sozialwissenschaftlichen Problems, Darmstadt: Wissenschaftliche Buchgesellschaft

Parker, G. (2002), «Brussels Warns of Ageing Population Crisis», in: Financial Times, 11. Dezember, S. 3

Parry, J. H. (1990), The Spanish Seaborne Empire, Berkeley/CA et al.: University of California Press

Peiser, B. (2000), «Unpredictable Natural Events of Extra-Terrestrial Origin: Their Impacts on Humanity», Vortrag auf dem AAAS Annual Meeting and Science Innovation Exposition, Washington D. C., 17.–22. Februar

Pentagon (2002), Annual Report on the Military Power of the People's Republic of China (Report to Congress Pursuant to the FY2000 National Defense Authorization Act, www.defenselink.mil/news/Jul2002/d20020712china.pdf

Perlez, J. (2003), «2 Top Indonesian Muslims Snub U.S. On Prayer Meeting», in: International Herald Tribune, 29. Januar, S. 4

Perrucci, R., Wysong, E. (2003), The New Clas›s-Society: Good-bye American Dream? (19991), New York: Rowman & Littlefield

Peter, J. (2003), «Ausländerkinder senken Lern-Niveau erheblich: Neue Pisa-Teilanalyse weist auf erhebliche Schwierigkeiten an Schulen schon bei geringem Migrantenanteil hin», in: Die Welt, 4. März, S. 4

Peters, R. (2000), «The Human Terrain of Urban Operations», in: Parameters, Frühjahrsausgabe, S. 4–12, www.army.mil/usawc/Parameters/00spring/peters

Petersdorf, W. v. (2003), «Wie patent sind die Deutschen?», in: Frankfurter Allgemeine Sonntagszeitung, Nr. 26, 29. Juni, S. 33

Petersen, A. (2002), «Wenn Liebe Angst macht», Untersuchung des Hamburger GEWIS Instituts, in: tv: Hören und Sehen, Nr. 27, 6.–12. Juli, S. 24 f.

178

PGI [Prevent Genocide International] (2002), Genocide Watch News Monitor, www.prevent genocide.org/prevent/news-monitor

Ping-ti, Ho (1959), Studies in the Population of China, 1368–1953, Cambridge/Mass.: Harvard University Press

Pollack, K. (2002), The Threatening Storm: The Case for Invading Iraq, New York: Random House

Power, C., Mazumdar, S. (2003), «India: On the Anniversary of the Ethnic Violence in Gujarat, the State's Militant Chief Minister Is Both Unrepentant and Possibly a Harbinger of India's Political Future», in: Newsweek, 3. März, S. 30–33

PRB [Population Reference Bureau] (2003), World Population Data Sheet 2002 of the Population Reference Bureau: Demographic Data and Estimates for the Countries and Regions of the World, www.prb.org/pdf/WorldPopulationDS02_Eng.pdf

Raman, B. (2001), The Maoists of Nepal: Three Perspectives, South Asia Analysis Group, Paper no. 277, www.saag.org/papers3/paper277.

Rana, F. (1998), «The Frustration of Youth: The Coming Demographic Crisis in the Middle East», in: CSIS Intern Web Journal, Bd. 2, Ausgabe 3 (Sommer 1998)

Rantburg (2003a), The Organizations, www.rantburg.com/orglist.asp

Rantburg (2003b), Iraq; Ansar al-Islam, www.rantburg.com/dOrg.asp?ID=65

Reagan, R. (1983), Address to the Nation on Defense and National Security [Star Wars Speech], March 23, 1983, www.cnn.com/SPECIALS/cold.war/ episodes/22/documents/starwars. speech/

Rees, M., Hamad, J. (2002/2003), «Middle Eastern Newsmakers: Sharon/Rantisi», in: Time, 30. Dezember 2002 bis 6. Januar 2003, S. 88 f.

Reichardt, S. (2002), Faschistische Kampfbünde: Gewalt und Gemeinschaft im italienischen Squadrismus und in der deutschen SA, Köln: Böhlau

Reuter, C. (2002), Mein Leben ist eine Waffe: Selbstmordattentäter – Psychogramm eines Phäno-mens, München: C. Bertelsmann

Reuters/AFP (2002), «Tausende Frauen demonstrieren in Bogota für Frieden», in: Berliner Zei-tung, 27./28. Juli, S. 8

Riddle, J. M. (1992), Contraception and Abortion from the Ancient World to the Renaissance, Cambridge/Mass.: Harvard University Press

Riddle, J. M. (1997), Eve's Herbs: A History of Contraception and Abortion in the West, Cambridge/Mass.: Harvard University Press

Riebsamen, H. (2003), «Adieu, Einstein: Die Schüler wenden sich von den Naturwissenschaften ab. Deutschland fehlt der Nachwuchs», in: Frankfurter Allgemeine Sonntagszeitung, Nr. 6, 9. Februar, S. 7

Robin, N. (1997), Atlas des migrations ouest-africaines vers l›Europe, 1985-1993, Paris: éditions de l'Orstom

Robinson, N. (1960), The Genocide Convention, New York: Institute of Jewish Affairs

Romano, R., Tenenti, A. (1967), Die Grundlegung der modernen Welt: Spätmittelalter, Renaissance, Reformation, Frankfurt am Main: Fischer Bücherei (Fischer Weltgeschichte Band 12)

Rowden, M. (1974), The Spanish Terror: Spanish Imperialism in the Sixteenth Century, London: Constable

RSF [Reporters sans Frontières] (2002), Annual Report 2002, www.rsf.org

Rummel, R. J. (1990), Lethal Politics: Soviet Genocide and Mass Murder since 1917, New Brunswick/New Jersey: Transaction Publishers

Russell-Wood, A. J. R. (1998), The Portuguese Empire, 1415–1808: A World on the Move, Baltimore et al.: Johns Hopkins University Press

Samson, J., Hg. (2001), The British Empire, Oxford et al.: : Oxford Univ. Press

Sarig, M. (2002), «Birth of a Nation», in: Ha'aretz English Edition, 1. November, www.haaretz daily.com

Schecter, E. (2001), «Doomsday Demographer Gets a Hearing at the Prome Minister's Office», in: The Jerusalem Report.com, 5. November, www.jrep.com

Scheen, T. (2002a), «Wir sind Ivorer, wir sind deine Brüder: Die Rebellen in Bouaké», in: Frankfurter Allgemeine Zeitung, Nr. 234, 9. Oktober, S. 3

Scheen, T. (2002b), «Die Vergangenheit ist erst fünf Wochen alt. Eine Reise durch ein zerrissenes Land: ‹Willkommen im befreiten Teil der Elfenbeinküste›», in: Frankfurter Allgemeine Zeitung, Nr. 251, 29. Oktober, S. 3

Schipperges, H.(1985), Der Garten der Gesundheit: Medizin im Mittelalter, München und Zürich: Artemis

Schmid, J. (2000), «Bevölkerungswachstum und internationales Konfliktpotential – vom ideologischen zum demographischen Jahrhundert», in: Zeitschrift für Bevölkerungswissenschaft, Bd. 25, Nr. 3–4, S. 477–494

Schmitt, E., Sammelherausgeber, (1984–1988), Dokumente zur Geschichte der europäischen Expansion, 4 Bände, München: C. H. Beck

Schöck, J. (1978), Hexenglaube in der Gegenwart, Tübingen: Müller und Bass

Schröm, O., Laabs, D. (2003), «Unser Mann in der Moschee: Der Verfassungsschutz wußte über die Hamburger Terrorzelle offenbar besser Bescheid als bislang zugegeben», in: Frankfurter Allgemeine Sonntagszeitung, Nr. 5, 2. Februar, S. 41 f.

Schuster, J. (2002), «Geheimdienst: Kairo will Atombomben bauen», in: Die Welt, 22. Juni, S. 5

Sciolino, E. (2001), «Radicalism: Is the Devil in the Demographics», in: The New York Times, 9. Dezember, www.nytimes.com/

Shub, D. (1962), Lenin: Eine Biographie (1948), Wiesbaden: Limes

Sifaoui, M. (2003), Mes frères assassins: Comment j'ai pu infiltrer une cellule terroriste d'al Quaida, Paris: Le Cherche Midi

Sinn, H.-W. (2002), «Wer keinen Nachwuchs hat, muß zahlen», in: Financial Times Deutschland, 29. Dezember

Smith, D. B. (1995), Japan Since 1945: The Rise of An Economic Superpower, Basingstoke, Hampshire te al.: Macmillan

Sobelman, D. (2003), «Saudi Arabia Is Upping Its Fight Against Extremism», in: Ha'aretz English Edition, 22. Februar, www.haaretzdaily.com

Soffer, A. (2002), «Demographics in the Israeli-Palestinian Dispute», in: The Washington Institute for Near East Policy: Peacewatch, Nr. 370, 22. März, www.washingtoninstitute.org

Solé, J., L'amour en Occident à l'Époque moderne (1976); deutsch: Liebe in der westlichen Kultur, Frankfurt a.M. and Berlin: Propyläen, 1979

Solomon, J. (2003), «U. S. and Allies Differ On North Korea Tactic», in: The Wall Street Journal Europe, 20. Januar, S. A2

Soto, H. de (1992), Marktwirtschaft von unten: Die unsichtbare Revolution in den Entwicklungsländern [El Otro Sendero: La Revolucion Informal (1987)], Zürich: Orell Füssli

Soto, H. de (2000), The Mystery of Capital: Why Capitalism Triumphs in the West and Fails Everywhere Else, London: Bantam Press

Soto, H. de (2001), «Totes Kapital und die Armen in Ägypten» (1997), in: H.-J. Stadermann, O. Steiger, Hg., Verpflichtungsökonomik: Eigentum, Freiheit und Haftung in der Geldwirtschaft, Marburg: Metropolis, S. 33–79

Soysa, I. de (2003), Foreign Direct Investment, Democracy and Development, London: Routledge

Speer, A. (1981), Der Sklavenstaat. Meine Auseinandersetzung mit der SS, Stuttgart: Deutsche Verlags-Anstalt

Sprenger, J. (1974 [1487]), «Apologia», in: J. Sprenger, Institoris, H., Malleus Maleficarum: Der Hexenhammer, übers. u. hgg. v. J. W. R. Schmidt, Berlin: H. Barsdorf, 1906; Nachdruck Darmstadt: Wissenschaftliche Buchgesellschaft, S. XLII–XLIV (lateinisches Original) und xliv–xlvi (deutsche Übersetzung)

Sprenger and H. Institoris (1974 [1487]), Malleus Maleficarum: Der Hexenhammer, übers. u. hgg. v. J.W.R. Schmidt, Berlin: H. Barsdorf, 1906; Nachdruck Darmstadt: Wissenschaftliche Buchgesellschaft

Stanton, G.H. (2002), Genocides, Politicides, and Other Mass Murder Since 1945, www.genocie watch.org

Statistisches Bundesamt (1958), Die deutschen Vertreibungsverluste: Bevölkerungsbilanzen für die deutschen Vertreibungsgebiete 1939/50, Stuttgart: Kohlhammer

Strange, S. (1987), «The Persistent Myth of Lost Hegemony», in: International Organization, Bd. 41, S. 551–574

Suarez, F., S. J. (1965 [1612], «Tractatus de legibus, ac Deo legislatore – Abhandlung über die Gesetze und Gott als Gesetzgeber», in: F. Suarez, Ausgewählte Texte zum Völkerrecht, hgg. v. J. de Vries S. J. u. eingel. v. J. Soder S. J., Tübingen: J. C. B. Mohr (Paul Siebeck)

Taheri, A. (2003), «Democracy in Arabia», in: The Wall Street Journal Europe, 20. Januar, S. A12

Tak, J., Haub, C. und E. Murphy (1979), Our Population Predicament: A New Look, Washington D. C.: Population Reference Bureau

Taylor, P. J., Flint, C. (2000), Political Geography: World Economy, Nation-State and Locality, Harlow/Engl. Et al.: Prentice Hall

Tenet, G. (2002a), «Worldwide Threat – Converging Dangers in a Post 9/11 World: Testimony of Director of Central Intelligence George J. Tenet Before The Senate Select Committee on Intelligence» [6.2.2002], www. Cia.gov/ cia/public_affairs/speeches/dci_speech_02062002

Tenet, G. (2002b), «Worldwide Threat – Converging Dangers in a Post 9/11 World Testimony of Director of Central Intelligence George J. Tenet Before the Senate Armed Services Committee» [19.3.2002], www.cia.gov/cia/public_affairs/speeches/senate_select_hearing_03192002

Tenet, G. (2002c), «Al-Qaida Poised to Strike» [October 17, 2002], Written Statement for the Record of the Director of Central Intelligence Before the Joint Inquiry Committee, www.cia.gov/cia/

Thomas. K. (1997), Religion and the Decline of Magic: Sudies in Popular Beliefs in Sixteenth and Seventeenth Century England England (1971), London: Weidenfeld & Nicolson

Thornhill, J. (2002), «China Is Embracing Capitalism and Flexing Its Political Muscle. No Wonder Its Neighbours Are Getting Nervous», in: Financial Times, 3. Dezember, S. 11

Thornton, R. (1987), American Indian Holocaust and Survival: A Population History Since 1492, Norman/OK: University of Oklahoma Press

Tönnies, S. (2002), Cosmopolis Now. Auf dem Weg zum Weltstaat, Hamburg: Europäische Verlagsanstalt

Tranter, N. (1973), Population Since the Industrial Revolution: The Case of England and Wales, London: 1973

Trenin, D. (2001), The End of Eurasia: Russia on the BorderBetween Geopolitics and Globalization, Moscow: Carnegie Moscow Center [Carnegie Endowment of International Peace; www.pubs.carnegie.ru/english/books/2001/03dt/dt0103all.pdf

Tzemach, G. (2002), «Lured to Germany, Skilled Immigrants Are Now Leaving», in: The Wall Strcct Journal Europe, 4. Juni, S. 1/6

UK [= UK Ministry of Defence] (2000), «New Century Will See Two Largest British Warships», www.defense-aerospace.com/data/communiques/archives/2000Jan/data/2000Jan1444/

UN [United Nations] (1999), World Urbanization Prospects: The 1999 Revision, www.un.org/esa/population/publications/wup1999

UNFPA [United Nations Population Fund] (2002), State of World Population 2002, 3. Dezember, www.UNFPA.org

UNICEF [United Nations Children›s Fund] (2000), The State of the World's Children 2000, www.unicef.org

UNPD [United Nations Population Division] (2003), World Popolation Prospects (2001), www.esa.un.org/unpp/p2k0data.asp

Urban, T., Käppner, J. (2003), «Flirt mit dem Treuesten: Spekulationen über Verlegung von US-Basen nach Polen», in: Süddeutsche Zeitung, 1. Februar,

USBC [US Bureau of the Census] (2001), Foreign-Born Population by World Region of Birth, Citizenship and Year of Entry: March 2000, www.census.gov/population/socdemo/foreign/p20-534/tab0206.txt

USBC [US Bureau of the Census] (2003a), Historical Estimates of World Population, www.census.gov

USBC [US-Bureau of Census] (2003b), Total Midyear Population for the World: 1950–2050, www.census.gov/ipc/www/worldpop

Victoria, F. de (1952 [1539]), De Indis recenter inventis et de jure belli Hispanorum in Barbaros (Vorlesungen über die kürzlich entdeckten Inder und das Recht der Spanier zum Kriege gegen die Barbaren), hgg. v. W. Schätzel, eingel. v. P. Hadrossek, Tübingen: J. C. B. Mohr (Paul Siebeck)

Viel, B. (1976), The Demographic Explosion: The Latin American Experience, New York et al.: John Wiley & Sons

Vinocur. J. (2003), «Dutch Politics Breaks Taboo on Talking About Immigration», in: International Herald Tribune, 20. Januar, S. 1 und 9

Vitvitsky, B. (1990), «Slavs and Jews: Consistent and Inconsistent Perspectives on the Holocaust», in Berenbaum, M., ed., A Mosaic of Victims: Non-Jews Persecuted and Murdered by the Nazis, New York and London: New York University Press, S. 101–108

Wagstyl, S. (2003), «Wider EU ‹Offers Chance› to Deprived Roma People», in: Financial Times, 17. Januar, S. 3

Webb-Vidal, A. (2003), «Bogota and Cracas Tensions at Crisis Point», in: Financial Times, 23. April, S. 6

Wehner, M. (2002), «Es herrscht Krieg in Rußland: Moskaus Feldzug gegen Tschetschenien hat Tausende Tote auf beiden Seiten gefordert», in: Frankfurter Allgemeine Sonntagszeitung, Nr. 43, 27. Oktober, S. 3

Wehner, M. (2003a), «Entführt von Maskierten im Tarnanzug: In Tschetschenien verschwinden nachts junge Männer – meist werden sie ermordet», in: Frankfurter Allgemeine, Nr. 33, 8. Februar, S. 3

Wehner, M. (2003b), «Exodus eines Volkes: Ein Viertel der Armenier hat das Land seit dem Ende der Sowjetunion verlassen», in: Frankfurter Allgemeine, Nr. 59, 11. März, S. 3

Weidenfeld, G. [Lord] (2002), «Wann wird der Terror enden?», in: Die Welt, 14. Dezember, S. 8

Weymouth, L. (2003), «The Former Face of Evil» [Interview mit Gaddafi), in: Newsweek, 20. Januar, S. 16–18

wha (2002), «Marokko entsendet Kriegsschiffe nach Ceuta und Melilla: Spanien erwägt bei Angriff auf Exklaven Besetzung Rabats/Planungen des Geheimdienstes», in: Frankfurter Allgemeine Zeitung, Nr. 194, 22. August, S. 5

White, M. (2002), Death Tolls for the Man-made Megadeaths of the Twentieth Century: Mid-Range Wars and Atrocities of the Twentieth Century, www.users.erols.com/mwhite28/warstat4

Wolf, J. (1931), «Bevölkerungsfrage», in: A. Vierkandt, Hg., Handwörterbuch der Soziologie, Stuttgart:

Wolffe, R., Hirsh, M. (2003), «War and Consequences», in: Newsweek, 2. Februar, S. 14–17

Woodward, B. (2002), Bush at War, New York: Simon&Schuster

World Bank (1997), Household Security in China: Health and Pensions, www.worldbank.org/html/extdr/extme/ampr_007.htm

Wrigley, E. A., Schofield, R. S. (1997), The Population History of England, 1541–1871: A Reconstruction, (1981), Cambridge: Cambridge University Press

WV [Warsaw Voice] (2002), Heard in Passing: Compiled from the Press, 26. Mai, S. 26

WW [=World-Wide] (2003), «European Monitors Pressed Tamil Tiger Leaders to End the Use of Children as Soldiers», in: The Wall Street Journal Europe, 29. Januar, S. 1

Xenos, P., Kabamalan M. (1998b), The Social Demography of Asian Youth: A Reconstruction over 1950–1990 and Projections to 2025, Honolulu/Hawai: East-West Center (Working Papers, Population Series, Nr. 102, Mai)

Xenos, P., Kabamalan M. (1998a), The Changing Demographic and Social Profile of Youth in Asia, Honolulu/Hawai: East-West Center (Asia Pacific Research Reports, Nr. 12, Oktober)

Yamamoto, M. (2000), Nanking: Anatomy of an Atrocity, Westport, CT et al.: Praeger

Yergin, D. (2003), «Gulf Oil: How Important Is It Anayway?», in: Financial Times Weekend, 22./23. März, S. I/III

Yoshihashi, T. (1980), Conspiracy at Mukden : the Rise of the Japanese Military (1963), Westport, CT: Greenwood Press (Yale Studies in Political Science Nr. 9)

Register

Werner Catrina

ABB – Die verratene Vision

ABB galt als Erfolgskonzern par excellence. Das 1988 aus der Fusion der Schweizer BBC und der schwedischen Asea hervorgegangene Unternehmen schien alles zu haben, was Erfolg ausmacht: den bewunderten Leader Percy Barnevik, eine Strategie, die globale Visionen mit dem lokalen Wirtschaften verband, hervorragende Technologien und motivierte Mitarbeiter.

Wie konnte es dazu kommen, dass die Managerelite den ABB-Konzern in rund 14 Jahren in die tiefe Krise führte? Was haben die Barneviks und Lindahls angerichtet? Welche Fehler wurden gemacht?

Werner Catrina, der 1991 den Bestseller «BBC: Glanz – Krise – Fusion» verfasste, hat sich auf die Spurensuche begeben, verschiedene Kontinente bereist und die Zentren von Asea in Schweden und BBC in der Schweiz besucht. Er sprach mit jetzigen und ehemaligen führenden ABB-Managern, darunter mit Eduard von Koerber und Percy Barnevik. Sein Bericht über den rasanten Aufstieg und den tiefen Fall des ABB-Konzerns handelt von der Hybris der Allmachtsfantasien an der Spitze, von willigen Verwaltungsräten und den Leiden einer hoch qualifizierten Belegschaft.

Catrina schildert den Überlebenswillen des heute von Jürgen Dormann geführten Konzerns, der sich – radikal verkleinert – wieder auf alte Tugenden besinnt.

272 Seiten, ISBN 3-280-06004-4

orell füssli

Mit Menschen aus anderen Kulturen erfolgreich kommunizieren

Thomas Baumer

Handbuch Interkulturelle Kompetenz

Jeder Mensch hat seine eigene Geschichte, sein eigenes Leben, und daher auch – in grösserem oder kleinerem Masse – seine eigene «Kultur» respektive kulturelle Zugehörigkeit.

Weltumspannende Kontakte von Unternehmen, Institutionen, Lehranstalten sowie Privatpersonen sind heute an der Tagesordnung, und die Fähigkeit, miteinander erfolgreich zu kommunizieren, ist zunehmend gefragt. Grundvoraussetzungen sind Sensibilität und Selbstvertrauen: das Verständnis anderer Verhaltensweisen und Denkmuster, aber ebenso die Fähigkeit, den eigenen Standpunkt transparent zu vermitteln; Flexibilität zu zeigen soweit möglich, jedoch klar zu sein, wo es notwendig ist.

224 Seiten, gebunden, ISBN 3-280-02691-1

orell füssli

Gunnar Heinsohn
1943 in Polen geboren. Studium der Soziologie, Geschichte, Psychologie, Ökonomie und
Religionswissenschaften an der Freien Universität in Berlin. 1984 wurde er auf eine
Lebenszeitprofessur an die Universität Bremen
berufen und leitet dort seit 1993 das erste
Europäische Institut für Völkermordforschung.
Die umfangreiche Liste seiner Publikationen
umfasst zahlreiche Titel, u. a. das erste «Lexikon
der Völkermorde» (1998).

Mit diesem Buch liefert der Völkermordfor-
scher Gunnar Heinsohn eine spannende und
zugleich provokative Antwort auf den weltweit
eskalierenden Terror. Mit eindrücklichen Bei-
spielen aus der Aktualität und der Geschichte
belegt er, dass weder religiöser Fanatismus
noch Armut für tödliche Gewaltbereitschaft sorgen. Vielmehr erweist sich ein übergrosser
Anteil perspektivloser Jugendlicher an der Gesamtbevölkerung als Hauptgrund für Unruhen,
Terror und Krieg, bis hin zum Aufstieg und Fall
ganzer Nationen.